Birge Krondorfer/Miriam Wischer/Andrea Strutzmann (Hg.)

Frauen und Politik

Nachrichten aus Demokratien

Druck gefördert von:

Bundeskanzleramt Österreich, Sektion II – Frauenangelegenheiten und Gleichstellung

Bundesministerium für Wissenschaft und Forschung, Wien

Magistrat der Stadt Wien, MA 7 – Kultur, Referat für Wissenschaftsförderung

Frauenhetz – Feministische Bildung, Kultur und Politik

Hochschülerinnenschaft der Universität Wien

edition Frauenhetz – Feministische Bildung, Kultur und Politik

Bibliografische Information der Deutschen Bibliothek
Die Deutsche Bibliothek verzeichnet diese Publikation in der
Deutschen Nationalbibliografie; detaillierte bibliografische
Daten sind im Internet über http://dnb.ddb.de abrufbar

Umschlaggestaltung: Gisela Scheubmayr
Lektorat: E. Waldner
Druck: AZ Druck und Datentechnik GmbH
Printed in Germany
ISBN 978-3-85371-280-1

Fordern Sie einen Gesamtprospekt des Verlages an bei:
Promedia Verlag, Wickenburggasse 5/12
A-1080 Wien, Fax: 0043/1/405 715 922
E-Mail: promedia@mediashop.at
Internet: http://www.mediashop.at

Frauen und Politik

Nachrichten aus Demokratien

Birge Krondorfer / Miriam Wischer / Andrea Strutzmann (Hg.)

PROMEDIA

Gerburg Treusch-Dieter ist dieses Buch gewidmet.
Wir vermissen ihre unermüdliche Kritik und dieses widerspenstige Denken.

Inhaltsverzeichnis

Karin Liebhart

Der Rahmen der Geschlechterordnung

Ein Vorwort

„Diese Welt, die immer noch den Männern gehört, behält noch die Gestalt, die diese ihr aufgeprägt haben“, schrieb Simone de Beauvoir 1949. Irgendwie gilt dieser Satz auch heute, zumal dann, wenn das Wort „vorwiegend“ hinzugefügt wird.

Zwar wird keine ernsthaft behaupten, es hätte sich gar nichts geändert in den letzten 60 Jahren – allzu großartig fällt die Bilanz trotz unbestreitbarer Fortschritte allerdings nicht aus. Dies zeigt sich insbesondere, wenn der kritische Blick auf einzelne Dimensionen des Verhältnisses von Frauen und Politik gerichtet wird. Sehr schnell wird dann deutlich, dass politische Institutionen, Strukturen und Prozesse nach wie vor hierarchische Geschlechterverhältnisse produzieren und reproduzieren. Gender fungiert auch zu Beginn des dritten Jahrtausends als Platzanweiser im Feld des Politischen.

Politische Partizipation findet im Rahmen einer Ordnung statt, die zwischen „öffentlichen“ und „privaten“ gesellschaftlichen Räumen differenziert, die Teilhabe und Teilnahme am Politischen mitstrukturiert. Zugleich sind vor dem Hintergrund asymmetrischer Verteilung von sozialer, ökonomischer, kultureller und symbolischer Macht die Chancen – nicht nur zwischen den Geschlechtern – ungleich verteilt, zieht soziale Ungleichheit politische Ungleichheit nach sich: Geschlecht wirkt – oft schon „informell“ und im Vorfeld – als ein Ausschlusskriterium und beschränkt politische Partizipationschancen von Frauen.

Die Politikwissenschaftlerin Carole Pateman erklärt dies aus der Konstruktion des modernen Staates. Dem in Folge der Französischen Revolution entwickelten Staatsmodell war der Frauenausschluss eingeschrieben: Die bürgerliche Gesellschaft konstituierte sich als „modernes“ Patriarchat, als brüderliche Gesellschaft von Gleichen – ungeachtet realer Ungleichheit zwischen Männern. In dieser neuen politischen Ordnung war der ökonomisch selbstständige, waffenpflichtige Mann mit Stimmrecht das staatsbürgerliche Subjekt. Politik und Öffentlichkeit galten als Männerdomänen, in denen Frauen nichts zu suchen hatten. Dafür wurden sie unter Berufung auf natürliche Ungleichheit zwischen den Geschlechtern, weibliche Unfähigkeit zum Kriegsdienst und die reproduktiven Aufgaben der Frau „privatisiert“. Die häusliche Sphäre sicherte männliche Souveränität durch Unterwerfung der Frauen.

Diese Konstruktion steht an der Wiege der modernen Demokratie, sie hat deren Entwicklung bis heute mitgeprägt und hierarchische Rahmenbedingungen für politisches Denken und Handeln von Frauen gesetzt. Die Frage nach dem Ort der

Frau als Sprecherin im öffentlichen Diskurs und als Akteurin im Feld der Politik ist ebenso aktuell geblieben wie jene nach kollektiven Handlungsstrategien und (punktuellen) Bündnispartner/inne/n.

Selbstverständlich haben gesellschaftliche Transformationsprozesse neue Handlungsspielräume für Frauen eröffnet. Zugleich setzen sozio-ökonomische Entwicklungen der letzten Jahre bzw. Jahrzehnte erneut restriktive Rahmenbedingungen. Zwar haben sich in Wechselwirkung mit den gesellschaftlichen Verhältnissen auch deren symbolische Repräsentationen geändert und es ist mittlerweile keine Seltenheit mehr, dass die Thematisierung von Geschlechterverhältnissen mit dem Verweis auf deren Konstruiertheit einhergeht und scheinbar selbstverständliche Zugehörigkeiten infrage gestellt werden.

Dennoch – Frauen als „öffentliche Sprecherinnen" und politische Akteurinnen sind nach wie vor etwas „Besonderes" und damit „anderes".

Daher ist es wichtig und notwendig, die Beziehung Frauen/Politik/Demokratie immer wieder aufs Neue aus einer feministischen Perspektive zu reflektieren, kritische Fragen zu stellen und einzelne Aspekte dieses prekären Verhältnisses zu analysieren.

Genau dies machen die Autorinnen des vorliegenden Bandes. Sie denken aus unterschiedlichen Blickwinkeln über das Thema nach, nähern sich der Fragestellung aus verschiedenen Richtungen und Disziplinen. Daraus entsteht ein notwendigerweise unvollständiges, jedoch sehr facettenreiches Bild, das vor allem vielfältige Anregungen zum Weiterfragen und Weiterdenken enthält.

Wien, im Januar 2008

Miriam Wischer

Ein Haufen Frauen

Visionen und Version einer Tagung

Als wir[1] uns entschieden, im Herbst 2006 eine Tagung zum Thema Demokratie zu organisieren, stand ein im Grunde banaler Wunsch im Vordergrund: einen Haufen Frauen zu versammeln, um gemeinsam wild und gründlich nachzudenken.

Wie viele Frauen ein Haufen sind, stellten wir uns jeweils unterschiedlich vor, und auch wer da kommen sollte und was es dazu braucht, damit eben „wild und gründlich" nachgedacht werden könne.

Ich frage mich heute – nachdem nun viele Gedanken, die auf der Tagung vorgestellt oder dort erst gefasst wurden, neben weiteren spannenden Beiträgen als Manuskript im vereinheitlichten Format vorliegen –, was uns eigentlich dazu bewogen hat, uns an einem Bild der ungeordneten Vielheit zu orientieren. Wir waren schnell dabei, Listen von Fragestellungen anzufertigen, Listen von Disziplinen und Schulen, Listen von Kontexten, die uns mehr oder weniger bekannt und vertraut waren, Listen von Namen und Themen, um uns selbst und den Teilnehmerinnen einen möglichst wirksamen Eindruck der Vielfalt zu vermitteln. Inwiefern unterscheidet das eine feministische Fachtagung von einem Kardiologen-Kongress, welche Vorannahmen über Demokratie und eine „Politik der Frauen" hatten wir getroffen?

Zu den Grundgedanken der Frauenhetz zählt, dass die politische Willensbildung als Voraussetzung gesellschaftlicher Veränderungsprozesse zugunsten von Frauen einen Ort braucht, an dem eine kontroversielle Diskussion jederzeit durch Momente der Selbst- und Struktur-Reflexion neu orientiert werden könne. Eine solche Sphäre zu kreieren, die es Frauen ermöglicht, ohne das Risiko eines Gesichtsverlusts Haltungen zu erproben und sie auch infrage zu stellen, sie zu verändern oder aufzugeben, ist das Objektiv all unserer Veranstaltungsaktivitäten und sozusagen unser Bildungsideal. Das heißt, dass nicht nur der Inhalt, sondern die Form gemeinsamen Sprechens ein gegebenes Thema problematisieren und erst die Aufmerksamkeit füreinander die Neugier auf unterschiedliche Auffassungs- und Ausdrucksstile weckt, deren geduldige Vermittlung untereinander jene Öffnung bzw. Offenheit bemisst, in der jede tatsächlich etwas Neues erfahren kann.

Dazu tritt die von uns geteilte Überzeugung, dass ein symbolisches Selbstberührungstabu, als formaler Garant patriarchaler Genealogien, die Begegnung zwischen Frauen (bzw. auch allgemeiner: Personen, die als Frauen wahrgenommen

1 Verein Frauenhetz – Feministische Bildung, Kultur und Politik; http://www.frauenhetz.at/

werden) in gemischten Kontexten erschwert. Wir versprechen uns daher bereits von der Fokussierung auf die Perspektiven von „Frauen" eine Verschiebung der Parameter dessen, was überhaupt wirklich ist.

Es ist die Idealsituation – dass jede gleichsam durch alle eingeladen wäre, sich zu beteiligen –, die möglicherweise einen Gleichklang zwischen feministischer und demokratischer Utopie hervorruft und uns mitunter hinsichtlich unserer Rolle als Organisatorinnen verwirrte. Wir veranstalteten eine Reihe von „Pre-workshops" und luden zu Kooperationstreffen ein. Wir wollten uns selbst als Teilnehmerinnen sehen und konnten uns selbst doch keine Einladung schicken.

Ich war voller Bewunderung für die vielen weiblichen Persönlichkeiten und ihre unterschiedlichen Diskussionsangebote, beeindruckt von den verschiedenen Inszenierungen des jeweiligen Erkenntnisinteresses, der Spitzfindigkeit mancher Gedanken, der Präzision von Argumenten, der Schlagfertigkeit oder auch Beharrlichkeit von Rückfragen.

Ich fand uns trotz eines halben Jahres kollektiver Vorarbeit in gewisser Weise gänzlich unvorbereitet. Ein ganzer Haufen Frauen, das ist ein überwältigendes Ereignis. Wie könnte ich bemessen, wie tragend, wie unversöhnlich sich unterschiedliche Zugehörigkeiten, Erfahrungen, Identifikationen, Überzeugungen äußern? Es kommt mir seltsam vor, wie attraktiv herbe Kritiken auch etwa an unserer Einladungspolitik – hatten wir eine? –, wie inspirierend bitterste Resümees aktivistischer Erfahrung erschienen, wie unangestrengt Übersetzungen unterschiedlichster Fachsprachen gelangen, wie spannend Vorstellungsrunden sein können.

Erst die Vielheit der Perspektiven gibt Raum, ein Urteil über etwas zu treffen, nicht in einem objektivierenden, vergleichenden Sinn und nicht in einem wetteifernden oder verführenden Sinn, sondern bezogen auf die Möglichkeit von Sinn überhaupt. Exemplarisch ist, was die Einzelne tut oder was im Einzelnen vorfällt, insofern es eine Regel gibt und eben die anderen, die sie erkennen.

Damit ist nicht gesagt, dass wir im Kreis sitzen müssen, dass wir einen Tisch zwischen uns haben oder nicht, dass jeder eine bestimmte Redezeit zur Verfügung steht oder dass jede über alles informiert sein muss.

Ein Haufen Frauen, das folgt nicht paritätischen Prinzipien, das gliedert sich nicht in „panels", da gibt ein Wort das andere, das folgt vielleicht unausgesprochenen Regeln und das geht auch nicht ohne Ausschlüsse. Die Frauen hocken in Grüppchen, quatschen durcheinander, glauben ihrer besten Freundin, kichern einfach los, nehmen sich nicht ernst, sind gleich beleidigt, wenn man ihnen widerspricht, die trauen sich nichts sagen, wenn sie keine kennen, die sind überhaupt skeptisch. Das kann niemand verantworten.

Allerdings, denke ich, kommt es einem Haufen zugute, wenn Umschichtungen möglich sind, unterschiedliche Zusammensetzungen oder Würfelungen, von allen Enden aus Bezugnahmen und Zerstreuungen, Festes und Luftiges.

Ein Haufen Frauen, das könnten sieben sein, fünfzig oder hundert und noch mehr. Ein Haufen Frauen ist gerade noch überschaubar, ist gerade noch die Summe vieler Einzelner.

Damit etwas viel ist, muss es unterscheidbar erscheinen. Auffällig müssen die Frauen sein, in einem Haufen, das ist eigentlich unabhängig davon, wie ähnlich, wie gleich oder wie anders das Unterschiedliche (an ihnen) ist. Ob die synthetisierende Vorstellung „Alle" die Möglichkeit, substanzielle Unterschiede zu machen, bereits unterläuft oder umgekehrt die Notwendigkeit des Unterscheidens bereits jede Fantasie eines geteilten Bezugsrahmens Lügen straft, ist für einen Haufen nicht von Belang.

Möglicherweise ist der Wunsch, diese Vielheit zu symbolisieren, ausschlaggebend dafür, dass wir gleich Differenzen namhaft machen wollen, dass wir Frauen als Vertreterinnen von Standpunkten ansprechen, als wären sie allesamt schon Sprecherin für eine Partei.

So würden wir jede schon auf unseren eigenen Entwurf ihrer Andersheit festgelegt und allen die Möglichkeit genommen haben, tatsächlich „Position zu beziehen", das Zusammenwirken von Gedanken ausschließen und schlimmstenfalls aus dem Haufen ein Ensemble machen.

Unsere Tagung sollte aber auch „professionellen" Kriterien entsprechen. Sie sollte ein Programm und mindestens einen roten Faden haben, ein „design" und allerlei „facilities". Wir stecken auch in allerlei Schuhen, ein bisschen Prestige sollte mit der Fachtagung verbunden sein. Kosten sollte sie möglichst nichts.

Wie offen muss eine Einladung sein, um Unvorhergesehenes einzuräumen, wie verbindlich, um groben Missverständnissen vorzubeugen?

Nachrichten aus Demokratien, so dachten wir, das benennt sehr gut unser Dilemma zwischen kritischen Analysen und poetischen Utopien, ein Changieren zwischen ethischen Kategorien und Werten sowie organisatorischen Kriterien und sozialen wie rechtlichen Vereinbarungen.

Es geht deshalb ums Gelingen genauso wie ums Scheitern; zu sehen, auf welche Weise sich Ordnungsvorstellungen übertragen, welche Modelle unser Denken limitieren – und das Denken der anderen. Mag sein, dass mitten im Sprechen der Gegenstand sich entzieht. Mag sein, dass eine unvermittelbare Konstellation etwas annehmbar macht, eine sensible Spannung sich löst, momentan.

Die sorgsam angepinnten Zettel für die Eintragung zu den Workshops waren bald nicht mehr zu entziffern. Offenbar fand ein Austausch darüber statt, was von den einzelnen Angeboten zu erwarten sei. Manches wurde kurzfristig assoziiert, anderes fand nicht statt, der Raum für spontane Workshopangebote wurde zwar bespielt, doch wenig wahrgenommen.

Ein erstes Treffen, das wir kaffeehausartig in Grüppchen angelegt hatten, um uns über die parallelen Workshops auszutauschen, wirkte sehr anregend, der

Austausch im Plenum dagegen etwas energielos. Feministische Kritik an Demokratien ist erschöpfend!

Möglicherweise ist der Wunsch nach einer Vermittlung und Verknüpfung unterschiedlicher Erkenntnisweisen angesichts ihrer unvergleichlichen Voraussetzungen nicht gleichbedeutend mit der gleichberechtigten Teilnahme an gemeinsamen Erkenntnisprozessen. Möglicherweise sind wir befangen in der endlosen Spiegelung unseres begrenzten Imaginariums und es ließe sich keine Frage so adressieren, dass eine andere sie aufgreifen könnte – „mir" zuliebe.

Ein Haufen Frauen, das geht nur mit viel wohlwollendem Zuhören, mit Zeit für Umwege und Schleifen, mit wenig Eitelkeit und genug Neugier. Das lässt sich ganz sicher nicht organisieren, das organisiert sich selbst.

Die Dekonstruktion der Legende von den Freien und Gleichen hemmt auf sonderbare Weise das Vertrauen in ein kreatives und kritisches Vis-à-vis, ein Gegenüber ohne vorauseilende Gegnerinnenschaft, das ein Korrektiv trügerischer Prämissen und irriger Schlussfolgerungen gewährleisten könnte, während Parolen wie „Wir sind die Guten!" oder „Die Freiheit nehm' ich mir!" in der Konsumwerbung gedeihen.

Unser Veranstaltungskonzept sah vor, im Lauf des Wochenendes eine gemeinsame Resolution, ein feministisches Manifest zu verfassen. Zu diesem Zweck wurden fast allen Workshops zusammenfassende Statements entlockt oder sie wurden zu Erklärungen zum Ergebnis genötigt, die wir uns zwar gegenseitig vortrugen, die aber nie in einem autorisierten Text zusammengefasst wurden. Es ist mir nicht möglich, an dieser Stelle quasi nachträglich einzulösen, was wir einander haufenweise versprochen haben, aber ich möchte annehmen, dass sich in der vorliegenden Publikation vieles von dem, was sich durch eine Auflistung nicht fassen ließe, durch die Beiträge – die überarbeiteten, die neuen, die hinzugekommenen – dennoch manifestiert.

Birge Krondorfer

Die verschlossene Demokratie

Einleitende Bemerkungen

Es ist auch mir gewiß, [...] daß es den Austritt aus der Gesellschaft nicht gibt und wir uns aneinander prüfen müssen. [...] Im Widerspiel des Unmöglichen mit dem Möglichen erweitern wir unsere Möglichkeiten. [...], daß wir uns orientieren an einem Ziel, das freilich, wenn wir uns nähern, sich noch einmal entfernt.

(Ingeborg Bachmann)

Was uns widerfährt, ist eine Erschöpfung des Denkens des Einen und einer einzigen und einzigartigen Bestimmung der Welt: Es erschöpft sich in einer einzigartigen Abwesenheit von Bestimmung, in einer unbegrenzten Expansion der allgemeinen Äquivalenz oder rückwirkend in den gewaltsamen Zuckungen, die die Allmacht und Allgegenwart des Einen, das zu seiner eigenen Monstrosität geworden – oder wieder geworden – ist, erneut bekräftigen.

(Jean-Luc Nancy)

Voraussetzungen

Der Status der Frauen und SklavInnen in der Polis, die Hinrichtung von Olympe de Gouges, die Kämpfe ums passive Wahlrecht, die Unsichtbarkeit der Frauen in den Ämtern der repräsentativen Demokratien noch unter der Bedingung ihrer formal-rechtlichen Gleichstellung indizieren einen Zusammenhang zwischen einer komplementär gewerteten Arbeitsteilung der Geschlechter innerhalb von Gesellschaften und ihrer symbolischen und faktischen Begrenzung.

Die Frage, was Demokratie sei oder sein sollte oder könnte, rührt deshalb sowohl an die Auffassungen vom „Menschen“, worin seine Verschiedenheit begründet wäre, wie sie erlebt wird und erlebbar ist, an die verbindenden und trennenden Wahrnehmungen und Behauptungen von Werten als auch an die sozialen und rechtlichen Vereinbarungen, die diesen entsprechen oder nicht.

Frauen haben angesichts dieser Erscheinungsweisen des Politischen unterschiedlichste Erfahrungen gemacht, eigene Umgangsformen entwickelt und Strategien entworfen. Unser Versuch (bei der Planung und Durchführung der Tagung sowie der Konzeption und Realisierung dieser Publikation) war es, möglichst verschiedene Annäherungen an die Fragen, die eine verallgemeinerte Forderung nach Demokratie aufwirft, miteinander ins Gespräch zu bringen.

Immer wieder tritt akut die Problematisierung der Voraussetzungen oder Rahmenbedingungen für so eine Begegnung auf, nämlich dass Demokratie, wenn sie lebendig ist, stets sich selbst verhandeln und ihre Grundlagen, Verbindlichkeiten,

Tragweiten etc. ausloten muss und daher nie bei sich selbst ankommen kann. Davon können Frauen einiges erzählen. Sie haben vielfach keinen festen Stand, können über ihre Reichtümer nicht frei verfügen, ihr Schicksal nur selten selbst in die Hand nehmen, sich kaum selbst bezeichnen, geschweige denn organisiert repräsentieren. Neben den Anstrengungen, gleichberechtigt mitmischen zu wollen, ist es aus Frauensicht darum „selbstverständlich“, immer schon infrage zu stellen, worauf sich ein kollektives Begehren denn bezieht.[1]

Umsetzungen

Aktuell lässt sich in und zu dem Staat, in dem wir leben – und schlechterdings mag dies paradigmatisch auch für andere noch-nicht-oder-nicht-mehr real existierende Demokratien gelten –, konstatieren:

> „Eine Regierung ist dazu da, die Kunst des Regierens auszuüben.
> Was aber ist der Fall. Hier und heute. [...] Regieren wird in ein unerbittliches Ordnung-Schaffen verwandelt. Die vorgestellte Ordnung wiederum orientiert sich einer nationalstaatlichen Nostalgie entlang, die weder der globalisierten Realität noch dem geltenden Recht der EU entspricht. Eine solche nationalstaatliche Nostalgie funktioniert über die Erfindung von Feinden. Feinde dienen der Herstellung und dem Erhalt von Angst. Besondere Angst macht der Feind innen. Die Ökonomisierung der Außenpolitik hat nun die Feindschaft nach außen aus ökonomischen Rücksichten erstickt. Bei einer Partei, die diese Ökonomisierung selbst aus ideologischen Gründen vorantreiben will, entsteht nun die Frage, was geschieht mit dem wiederum aus emotionaler Ökonomie notwendigen Feind. Wie in allen Bewegungen des Neoliberalen wird der abstrakte Feindbegriff in Personalisierung umgewandelt. Ausländer ist der Begriff, der diese Personalisierung leistet und der in der Mehrzahl wiederum das Abstraktum der Kategorie Feind für eine Staatsvorstellung sicherstellt, die versucht, die Vermischung des Politischen und des Ökonomischen zu leugnen. [...] Diese Feinde im Inneren sind ganz nach den eigenen Vorstellungen patriarchal in Blutsbanden entworfen. Das stellt einen weiteren Versuch des Rückgängig-Machens von mittlerweile auch gelebter Realität einer Geschlechterdemokratie dar. [...] Für uns selber lernen wir, dass den Regierenden nicht das Regieren wichtig ist, sondern der Machterhalt. Wir werden uns das eine Lehre sein lassen müssen. Nach Foucault geht es darum, dass zu viel regiert wird. Bei uns kommt es gar nicht so weit. Es wird die staatliche Gewalt mehr ausgeübt als gestaltet. Zu Demokratie kommt es da selten und höchstens zufällig.“[2]

---

1 Miriam Wischer in Korrespondenz mit Andrea Strutzmann im Vorfeld der Entstehung dieses Buches.

2 Marlene Streeruwitz: Öffentliche Rede am 9. 10. 2007 in Wien auf einer Demonstration gegen die österreichischen Bleiberechtsbestimmungen. In: http://www.auf-einefrauenzeitschrift.at/rede_streeruwitz_bleiberechtdemo_071009 [Zugriff 7. 12. 2007].

Wie aus der Not eine Tugend zu machen sei, die nicht tugendhaft wird, dazu können feministische Demokratieentwürfe beitragen. Diese sind und sollten herrschaftskritisch, partizipatorisch, direktdemokratisch, bindungsorientiert, radikaldemokratisch und offen normativ engagiert sein[3] – als elaborierte (Meta-)Theorien sowie politisch-praktische Haltung und Handlungen. Die entstandene (die Machtlosigkeit des Politischen selbst) und die postulierte (die Abmahnung der Herrschaft nur einer Partikularität) Leerstelle der Demokratie ist für Frauen zwiespältig, denn sie wurde noch nie – kann ja wohl gesagt werden – durch frauenpolitische Anliegen gefüllt. Das Nach-wie-Vor-Denken von/zu Frauen und Politik „muss dazu beitragen, Frauen als politische Gruppe entstehen zu lassen. Als Gruppe, die differente, ja konfligierende Interessen und Identitäten ausbildet. [...] [Feministische Wissenschaft] muss gesellschaftliche und *politische* Unterdrückungsmechanismen in ihrer Vielfältigkeit analysieren, sie muss je differente Begriffe von Geschlecht, gesellschaftlicher Herrschaft und Politik zur Verfügung stellen, mit der die vielfältigen Mechanismen von Ausbeutung, Marginalisierung und Ausschluss benannt, kritisiert und transformiert werden können. [...] Diese ist nicht als ultimative Großtheorie, sondern als ein permanentes Denkprojekt zu begreifen".[4]

In diesem Sinn mögen die Texte verstanden werden.

Einsetzungen

Um mit[5] *Gerburg Treusch-Dieter* zu sprechen, kann Demokratie zum einen heute nur noch als Simulation von Demokratie bezeichnet werden, als ein endloses medialisiertes Gerede. Zum anderen liegt Demokratie, vom Polis-Begriff ausgehend, konstitutiv Ausschlussverfahren auf. In ihrer Verkoppelung an den Nationalstaat ist sie notwendig an Krieg gebunden: nach außen, wie auch die jetzige Terrorapokalyptik zeigt, und nach innen, wo Frauen die Bedrohung der rationalen Vernunft der Staatsraison repräsentieren. Die Ankunft der Frauen in Demokratien – und davon sei auszugehen – nimmt ihren Weg ausgehend von den Hexenprozessen, also dem Ausschluss aus der Öffentlichkeit.

3 Vgl.: Barbara Holland-Cunz: Sieben Thesen zu einer feministischen Theorie der Demokratie. In: Geschlechterdemokratie wagen, Heinrich-Böll-Stiftung (Hrsg.), Königstein/Ts. 2003, S. 52-69.

4 Birgit Sauer: Was kann feministische Wissenschaft für Geschlechterdemokratie leisten? In: Möglichkeiten und Grenzen eines Transfers zwischen Feministischer Wissenschaft und Politik, Feministisches Institut der Heinrich-Böll-Stiftung (Hrsg.), Berlin 2000, S. 13 f. http://www.glow-boell.de/de/rubrik_1/4_35.htm [Zugriff 8. 1. 2008].

5 Dieses „mit" ist hier selbstverständlich der subjektiven Wahrnehmung der Lektüren geschuldet.

Um mit *Chantal Mouffe* zu sprechen, muss der öffentliche Raum gedacht werden in Bezug auf das Projekt der radikalen Demokratie. Diese hat ihren Bezugsrahmen nicht in einer Politik von ExpertInnen, dem heutigen instrumentalistischen Modell, sondern in einem Verständnis des Politischen als nicht-rationalisierbare Dimension von Antagonismen. Der politische Raum ist grundsätzlich pluralistisch und keiner eines vorauszusetzenden bzw. anzustrebenden und in neoliberaler Freiheit zu gewinnenden Konsenses, sondern einer, der über leidenschaftliche (Macht-)Kämpfe und Wir-Sie-Setzungen, die immer wieder zur konfrontativen Verhandlung stehen müssen, erst wirklich wird. Feminismen müssen sich dessen bewusst sein.

Um mit *Gerda Ambros* zu sprechen, ist Demokratie eine Sphäre des Nicht-Definitiven und verfehlt notwendig ihren Anspruch durch explizite Definitionen, die auch bloß der Pluralität des Meinens angehören. Doch existieren begriffs- und realgeschichtlich unendliche Versuche, das Gebilde des Demos zu fassen und zu erfassen, von Ein- und Abgrenzungen von und zu dem Singulärem, den Monismen, auch in ihrer kollektiven Form. Demokratie, in abendländischer Tradition, ist zwar verknüpft mit sozialer Gleichheit, die aber nur gültig ist für die Bürger des Nationalstaates. Die supra-nationale Verfasstheit der EU obliegt der gleichen Voraussetzung und stellt somit kein Vorbild für das Recht auf Menschenrechte dar.

Um mit *Andrea Günter* zu sprechen, ist Demokratie an das Städtische, also den Raum der Pluralität, auch den der Geschlechter, geknüpft. Nicht vom Individuum her kann Gerechtigkeit benannt werden, denn diese ist gebunden an ein relationales Gefüge: Nur die Stadt ist Ort der Politik und der Ethik. Pluralität, wenn sie als Überlebensbedingung und als zu lernende Freude an der Verschiedenheit verstanden wird, ist Voraussetzung für Geschlechterdemokratie – wenn sie nicht auf das Bild der heterosexuellen Familie bezogen bleibt. Dem städtischen Subjekt sei das Ethos von Unvollständigkeit und Offenheit zu eigen, also ein Differenzverständnis, das nicht auf Macht bezogen bleibt.

Um mit *Luise Gubitzer* zu sprechen, ist die Thematisierung von Gerechtigkeit zutiefst verbunden mit Politischer Ökonomie, was bei Fragen nach dem Inhalt demokratischer Entscheidungsprozesse (gegenwärtig) ausgespart bleibt. Nicht die notwendig an Wirtschaft Beteiligten, nicht die notdürftig von dieser Versorgten – überwiegend Frauen – können über die hegemonial gewordene Ökonomie bestimmen. Marktherren und PolitikerInnen, als nur mehr ManagerInnen, sind dabei, die Regulierungsformen des Staates und des öffentlichen Sektors auszuhebeln. Um Demokratie zu erhalten bedarf es Revisionen und einer Re-Kreditierung von Staat aus ökonomischen Begründungszusammenhängen.

Um mit *Eveline Goodman-Thau* zu sprechen, sind Demokratien heute mehr durch die Zwänge der Marktwirtschaft bedroht als durch die Diktaturen des 20. Jahrhunderts. Die EU – als Vision gegen totalitäre Erfahrungen – ist in eine geistige Leere geraten, die weder erinnerungsfähig ist noch sich in ein über sich Hinausweisendes verwandeln kann. Traditionsunterschlagung verunmöglicht es, Deutungen des Vergangenen an jene für die Gegenwart zu knüpfen, und läuft somit in die Gefahr der Wiederholung. Der Verlust des jüdischen Denkens muss in kulturelle Selbstbesinnungen einbezogen werden, um nicht als bloßer Riss der Geschichte zur Selbstentfremdung zu führen, die historisch in Feindschaft – gegen die Juden – gewendet wurde.

Um mit *Elisabeth von Samsonow* zu sprechen, ließe sich die Wiederkehr des Verdrängten bzw. die Abkehr davon am Verhältnis von Kunst und Demokratie als kritisches bzw. krisenhaftes eruieren. Kunst als Markierung einer Spaltung, eines Spaltes zwischen den offenen und verschlossenen Zonen einer Gesellschaft kann, versteht sie sich nicht nur als televisionistische Quotenerfüllung (bzw. wird als solche vernutzt), eine Differenz behaupten, die wenig mit der postmodernen Feier der Differenzen zu tun hat. Genealogisch entstanden aus dem religiösen Bereich, wo sie noch den Auftrag des Gemeinwesens innehatte, diesem sein Anderes zu be/deuten, ist Kunst heute weniger subversiv, als es ihrem Selbstverständnis nach genehm ist.

Um mit *Frigga Haug* zu sprechen, ist der Traum von Demokratie noch nicht – oder nicht mehr – wirklich durchdacht, da die (vorherrschende) Demokratie ihre soziale Dimension, ihre sozialistische Geschichte wegschiebt. Mit einer Reaktualisierung von Rosa Luxemburgs Schriften und deren eigen ambivalenter Perspektive auf das Verhältnis von (Diktatur der) Massen und Freiheit, kann und muss der Anspruch erhoben werden, dass Freiheit nicht nur eine der Wenigen sein darf, auch nicht die der Repräsentanten einer Partei, die das Wohl der Massen prolongiert. Zur Fähigkeit der Menschen, selbst zu handeln, wird aufgerufen als jene, die sie sein könnten und werden wollen.

Um mit *Andrea Ellmeier* zu sprechen, stellt demokratische Entwicklung – unter dem Aspekt der Parteiengeschichte – sich als eine Auslassungsprogrammatik bezüglich der Mitbestimmung von Frauen dar. Es schien und scheint der Ordnung dieser Art politischer Ausdrucksform immanent zu sein, Frauen als Wählerinnen wie als Politikerinnen mitzumeinen, aber ihre Interessen und Notwendigkeiten nicht zu teilen, geschweige denn an repräsentativer Stelle (z.B. Parlament) zu platzieren. Frauen selbst sind in der Option der in diesem Sinn überparteilichen Selbstvertretung bislang ambivalent geblieben – wiewohl die Präsenz von Frauen in Regierungspositionen eine veränderte Geschlechterpolitik zeitigt.

Um mit *Angela Moré* zu sprechen, ist Demokratie historisch nicht von der Selbstermächtigung des gehobenen Bürgertums in der Ablösung des Hofadels durch den Geldadel zu trennen. Die Psychoanalyse entwickelte sich in dieser Zeit – und als deren Spiegel. Sie steht für das selbstdisziplinierte, aufgeklärte Subjekt, aber auch für die Entdeckung des nicht rationalisierbaren Un/heimlichen des Menschen, die dieser als Mann dem „schwachsinnigen“ Geschlecht unterschob und damit Frauen für demokratie-untauglich erklärte. Heute hingegen kann die psychoanalytische Perspektive dazu beitragen, die Dialektik von Sozio- und Psychodynamiken bezüglich Integration/Exklusion in politischen Kulturen zu interpretieren.

Um mit *Maureen Maisha Eggers* zu sprechen, sind demokratische Ansprüche so lange abstrakt, bis sie nicht gleichermaßen für alle Gültigkeit haben. Negativ konnotierte Differenzierungen durch „doing race and doing gender“ sind legitimiert durch Normalisierungsregimes und verleugnen ihre Partikularität. Die Kategorie „class“ als dritte rhetorisch gängige Unterdrückungsorganisationsform ist heute zu wenig in kritische Analysen integriert; bzw. werden – je nach Involviertheit – abschätzige Wertungen gegenseitiger Blindheit vorgenommen. Die Herausforderung besteht darin, diese Unterschiede weder aufzuheben noch zu addieren, sondern sie in ihren Interdependenzen begreifbar zu machen.

Um mit *Claudia von Werlhof* zu sprechen, ist der Zusammenhang von globalisiertem Kapitalismus und dem Patriarchat evident. Diese Weltwirtschaft ist die Fortsetzung von deren Ausbeutungslogik mit neoliberalistischen Mitteln. Für Frauen – überall, wenn auch in unterschiedlichen Maßen – bedeutet dies eine wachsende Prekarisierung, da weder durch Haus- noch Lohnarbeit ihre Existenz ohne Selbstverbrauch zu sichern ist. Sie werden nicht nur durch die Reduktion auf die Ware Arbeitskraft ersetzt, sondern auch die Technologie entspringt den patriarchalen Enteignungsprozessen weiblicher Produktivität. Sie haben die Möglichkeit, diese Prozedur ihrer Abschaffung zu internalisieren oder nach Alternativen zu suchen.

Um mit *Lisbeth N. Trallori* zu sprechen, transformiert die androzentrische neoliberale Ideologie die generative Reproduktion in eine Hightech-Kapitalisierung des Körpers, die geschlechterspezifischen Machtverhältnisse in eine Pseudoaufhebung und die feministischen Anliegen in einen „Genderismus“. Am Begriff und an der Praxis der Selbstbestimmung von Frauen im Kontext der Neuen Frauenbewegung lässt sich dieser Raubbau deutlich ablesen; die aktuell erforderliche Selbstregierung der Individuen stellt die Vereinnahmung eines ehemals politischen und kollektiven Autonomieethos dar, das heute buchstäblich verkauft wird. Die Reanimierung einer „feminist citizenship“ wäre eine zukünftige Option in der Gegenwart.

Um mit *Luzenir Caixeta* und *Elisabeth Cepek-Neuhauser* zu sprechen, kann von allgemein gültiger BürgerInnenschaft keine Rede sein, solange Migrantinnen am Gemeinwesen eines europäischen Staates nicht teilhaben dürfen. Populistische Integrationsdebatten und -maßnahmen rekurrieren auf ein homogenes und stereotypisiertes Bild armer unterdrückter Frauen und auf deren Anpassung an normative Lebens- und Arbeitsformen, von denen sie aber zugleich ausgeschlossen sind: „der“ Migrantin werden die unliebsamen reproduktiven und unterbezahlten Jobs zugeschoben. Um diesen exkludierenden Inklusionen einen Widerpart zu geben, sind migrantisch-politische Selbstorganisierungen unumgänglich.

Um mit *Tove Soiland* zu sprechen, ist es durch die Synonymisierung von (westlicher) Demokratie mit liberaler Marktwirtschaft geboten, darüber nachzudenken, inwiefern das allerorts reklamierte „Gender"-Konzept scheinbar so umstandslos adaptibel geworden ist. Durch die rezente Annahme von Geschlecht als Identitätsfrage wird ein strukturelles Verhältnis auf Zugehörigkeiten reduziert. Die berechtigte Ablehnung von Weiblichkeitsklischees trifft, da diese einem strikt segregierenden System entsprach, im Zeitalter des Postfordismus ins Leere. Zur Frage steht die Kollaboration der diskursiven Zerschlagung feministischer Kollektivitäten mit dem neoliberalen Regime, das flexible und entpolitisierte Individuen fordert.

Um mit *Gudrun Perko* zu sprechen, müssen Demokratien heute als liberale Oligarchien gesichtet werden, die vom Vermeiden politischer Konflikte und Verschwinden widerständiger Anliegen leben. Doch gänzlich lassen sich subversive Haltungen und Handlungen nicht aufheben. Dazu gehört die „queere" Perspektive, die als Theorie- und Praxismodell Alternativen zu normativen Festlegungen intendiert und damit eine plurale Gesellschaft erst ermöglicht. Die Auseinandersetzung mit der politischen Bedeutung von queer bedarf einer Reflexion der verschiedenen Konzepte und Rezeptionen dieser Strategie, die zwischen (dem Vorwurf der) Beliebigkeit sowie Anerkennung der Vielfalt menschlicher Da/Seinsformen schillert.

Um mit *Carla Amina Baghajati* zu sprechen, wird eine Verbindung von muslimischen Frauen und Demokratie a priori kritisch beäugt. So sehr existiert eine Masse ungerechtfertigter, aber auch legitimer Urteile, dass eine sachliche und würdigende Beschäftigung verunmöglicht wird. Islam und Moderne seien genauso wenig kompatibel wie die Partizipation von Musliminnen in (westlichen) Gesellschaften. Aus einer islamimmanenten Perspektive jedoch lässt sich – nach außen wie nach innen – sagen: Die männerdominierte Community bedarf der Aufklärungsarbeit; Musliminnen sind keine einheitliche Gruppe; Traditionen und Theologie sind nicht identisch. Es geht um dringliche Differenzierungen.

Um mit *Utta Isop* zu sprechen, ermangelt es formalen Demokratien an Partizipationsmöglichkeiten von Frauen und Minderheiten. All die Unterschiede soziokultureller Praktiken – für jedes Gemeinwesen konstitutiv – werden öffentlich nicht wahrgenommen bzw. finden nur einige wenige Platz in der Repräsentationshierarchie. Soziale Bewegungen – weltweit – fordern und fördern angesichts der universalistischen Globalisierung Basisdemokratie und Solidarische Ökonomien. Die zapatistische Bewegung z.B. praktiziert in ihrer Selbstverwaltung das „sich nach dem Langsamsten richten", also Entscheidungsfindungen nicht an mehrheitlichen und ökonomisch effizienten Kriterien zu orientieren.

Um mit *Regina Trotz* zu sprechen, sind Erkenntnisse und Erfahrungen der Gruppendynamik vonnöten, soll es um demokratische Entscheidungsfindungs-Prozesse gehen. Kommunikation von – und Kooperation in – verschiedenen Interessenlagen ist eine Kompetenz, die erlernt werden müsste und gelernt werden kann wie jede andere Befähigung auch; sie wird aber von den meisten als besondere Qualität nicht wahrgenommen und nicht gewusst. Wenn kollektive Prozesse nicht bewusst gesteuert werden können und dadurch Frustration und antidemokratisches Verhalten verursachen, sind sie dazu gezwungen, sich zu wiederholen. Eine kleine Handreichung verspricht hier Abhilfe.

Um mit *Birge Krondorfer* zu sprechen, ist jegliche Organisierung von Menschen imprägniert von unsäglichen und zumeist unsagbaren Leiden-schaften. Durch ihre rationalisierte Verleugnung werden sie gebannt und Widersprüche scheinbar nivelliert. Was somit zumeist als demokratischer Konsens „verkauft" wird, ist realiter ein machtdurchzogener Kompromiss. In einer sich universell gerierenden männlich-ökonomisierten Partikularität, die das ihr Andere nicht erträgt und zum Verlöschen bringt, sind Pluralitäten – nicht Pluralistik als systemimmanente Vervielfältigung – nicht existent. Es ginge darum, dass Frauen ihr politisches Begehren nicht entbehren müssen, wozu es der Konfrontationen zwischen ihnen bedarf.

Nachsetzungen

Mit einem solchen Buch ist es so – könnte gesagt werden – wie mit der Demokratie: Es ist niemals zu beenden; es fehlt beständig die eine oder andere, die es braucht zur Ergänzung oder die benötigt wird zum Widerstreit. Die immer wiederkehrende Lehre der Begrenztheit der Mittel korrespondiert (in einer negativen wie affirmativen Dialektik) mit den unerfüllbaren Wünschen als und an Demokratie als die (macht)leere Mitte. An- und verfängliche Vorstellungen einer idealen – oder auch idealisierten oder auch idealistischen – Versammlung der sich miteinander austauschenden Sprechenden oder der einander kontroversiell ergänzenden Beiträge müssen notwendig Illusion bleiben. Der Anspruch der Herausgeberinnen – und der sie Umgebenden[6] – einer Re/Präsentation dessen, was an Evidentem, Kritischem und Entwerfbarem von Frauen zu der historisch aktuellen „Demokratie" so zu sagen sei, ist deshalb dennoch nicht fiktiv geblieben. Uns ging es dabei a priori weder um eine immanent politologische noch um eine ausschließlich wissenschaftlichen Kriterien folgende Verschriftlichung. Es wurde angeboten, nicht eine sich profilierende und nach akademischen Regeln funktionierende Vertextung zur Sache

6 Zum Selbstverständnis unserer Bildungsstätte: Mauerer, Gerlinde/Strutzmann, Andrea: Ein (be)ständiger Ort der Begegnung für Frauen – die Frauenhetz in Wien. In: *Magazin erwachsenenbildung.at. Das Fachmedium für Forschung, Praxis und Diskurs*, Regina Rosc/Margarete Wallmann (Hrsg.): http://www.erwachsenenbildung.at

zu präsentieren, sondern „es" zu versuchen, also einen Essay zum Infragegestellten zu verfassen.

Die Beitragenden haben keinen einheitlichen Fokus; sie argumentieren theoretisch, akademisch, parteilich, konkret; nicht-alle formulieren unmittelbar eine frauenbezogene oder feministische Perspektivierung – auch nicht in geschlechtsdifferenzierender Schreibweise. Wider die Abstraktion durch Gleichung stimmen die hier versammelten Texte ihre je eigene Partitur – in Form und Inhalt, in Herkunft und Option, in Generation und Prominenz – an und sollten für die Lesenden das Inter-Relationale des Verschiedenen betonen. Denn ein wirkliches demokratisches Terrain verbietet Annektionen der Wahrheit durch singuläre Optionen und Lösungen.

> „Das Zusammensein der Verschiedenen, der im Plural geschaffene Mensch, ist [...] eine Tatsache, in der alles Politische ankert und jeglicher Bezug zur Wirklichkeit sich gründet: Das Aufeinander-angewiesen-Sein der verschiedenen Menschen, ihre Fähigkeit, Perspektiven anderer zu vergegenwärtigen und die Aufgabe, die Beheimatung der Verschiedenen in der Welt zu garantieren. Pluralität bezieht sich also sowohl auf die Mitexistenz und das Anwesenheitsrecht konkreter oder abstrakter Anderer als auch auf die Beschaffenheit des Ichs selbst, das in seiner Fähigkeit zum inneren Zwiegespräch selbst plural und damit in der Lage ist, zu denken und Standorte einzunehmen, die nicht die eigenen sind. Das politische Gewicht, das der Pluralität zukommt, ergibt sich aus der Erfahrung ihrer Zerstörung und Zerstörbarkeit: Homogenität, Monokultur, völkisches Denken, totalitäres Denken, Gleichschaltung, Ausschluss, Säuberung. [...] Politik braucht die Anwesenheit der Verschiedenen, und ohne Pluralität ist Freiheit nicht denkbar. Mit ihrer Abschaffung und ihrer Ersetzung durch den Automatismus einer Ideologie wird das Entscheidende, was Menschen tun können, nämlich selber zu denken und zu handeln, aus dem Gang der Ereignisse ausgeschaltet, bis sie sich selbst zum Stoff eines scheinbar zwangsläufigen Geschichtsstroms machen und sich die Frage nicht mehr stellen, wie man das Schwimmen im Strom überhaupt vermeiden kann."[7]

Wären die Beschwörungen des Endes der Politik eine postmoderne bzw. neoliberale Ideologie oder – so eine weitere Vermutung – das Eingeständnis der selbstverschuldeten, da sich von allem und allen anderen abstrahierten Mündigkeit? Es könnte ja sein, dass das Gerede von Posthistoire, Postdemokratie, Postgender usw. davon abzulenken versucht, dass eine androzentristische Formation der Politik ratlos geworden ist.

Das dieser Publikation Gemeinsame ist die Kritik daran, dass die bestehenden Demokratien nur eine bestimmte und endliche Antwort auf das politisch Kollektive

---

7 Thürmer-Rohr, Christina: Grenzen setzen. Demokratiefeindliche Gruppen auf demokratischem Weg an die Macht. In: Fokus: Demokratie. Partizipieren – Intervenieren – Analysieren. Olympe. Feministische Arbeitshefte zur Politik. Heft 25/26, Ottenbach Dezember 2007, S. 101 f. *Wir gratulieren auf diesem Wege den Kolleginnen aus der Schweiz zu ihrem wunderbar komponierten Band!*

als dessen permanente Frage anbieten und damit sich selbst verfehlen. Und es so nicht weiter geht. Das Reden vom Ende birgt die Möglichkeit im Denken und (Ver-)Handeln von Neuanfängen.

Grundsätzliche Überlegungen

Gerburg Treusch-Dieter

Demokratie: Selbstherrschaft oder Volksherrschaft?[1]

Die Ankunft der Frauen in Demokratien – ich finde „Nachrichten aus Demokratien" einen wunderbaren Titel, auch einen bösartigen Titel, einen, der mit der Frage spielt: Sind wir bisher jemals in der Demokratie angekommen? Ist es das gelobte Land Demokratien? Und insofern eine abstrakte Utopie? Oder ist es das Hier und Jetzt einer Gegenwart, in der wir uns immer schon bewegen und möglicherweise nur scheinbar einlösen, was Demokratie sein könnte, sollte oder müsste?

Dass ich mich hier nicht auf Demokratie-Definitionen einlasse, das wird Ihnen wohl recht sein, denke ich. Denn es ist nichts schrecklicher als Begriffsdefinitionen als Vortrag und es soll hier ja auch darum gehen, was Frauen damit zu tun haben, und da gibt es ein zentrales Beispiel, das Jean-François Lyotard in seiner kleinen Schrift „Patchwork der Minderheiten"[2] berichtet. Es wird darin beschrieben, wie man Frauen zu zivilisierten Frauen macht, indem man sie zu Soldaten abrichtet. Beides brächten wir in keiner Weise mit Demokratie in Zusammenhang. Wir sagen: „Um Gottes Willen, niemals! Demokratie ist Gleichheit und Freiheit und leider nur Brüderlichkeit – und sollte auch Schwesterlichkeit sein." Aber da gehen wir dann inzwischen schlicht und einfach davon aus, dass wir das ja hinzufügen und dass das strukturell keinen Unterschied mache, ob nun Brüderlichkeit oder Brüderlichkeit und Schwesterlichkeit ausgesprochen wird oder auch Geschwisterlichkeit, in der Parole der Franzosen. Das ist ein Punkt, auf den ich jetzt auch nicht eingehe, über den man aber sehr viel sagen könnte.[3]

Diese Selbst- oder Volksherrschaft bezieht sich auf die wörtliche Übersetzung von *Demokratie*, was ja Volksherrschaft heißt, und die Antike klagt in vielfacher Form darüber, wie wenig sie funktioniere, wie brutal sie funktioniere, wenn sie denn meine zu funktionieren, und inwieweit man sich nach den durch alle Phasen der Selbstherrschaft gegangenen, geadelten Größen der Gesellschaft zu sehnen habe oder auch sehnt, wenn man Volksherrschaft erlebt habe.

Die Polis, die ja die erste Demokratie gewesen sein soll, war de facto eine mafiose Veranstaltung, eine Oligarchie (also der Zusammenschluss reicher Familien), organisiert wie die Stadtstaaten der Renaissance. Das war keine Demokratie im Sinn etwa einer Art Räterepublik, also einer unmittelbaren Volksvertretung durch ein Volk, das die Phase der Selbstherrschaft, wie sie dem Adel zukommt, gar nicht

1 Der hier abgedruckte Text ist die von Miriam Wischer gekürzte Fassung des Vortragstranskripts „Demokratie. Volks- und Selbstherrschaft – oder wie?", Wien 27. 10. 2006.

2 Lyotard, Jean-François: Patchwork der Minderheiten, Berlin 1977, S. 53 ff.

3 Vgl.: Treusch-Dieter, Gerburg: Die Schuld der Verneinung oder Alles ist erlaubt. In: Treusch-Dieter (Hrsg.): „Schuld" (Konkursbuch 37), Tübingen 1999, S.77 ff.

zu durchlaufen hätte, weil es aus sich heraus, klar und deutlich und gar unter Berufung auf Natur und so fort spricht. Das wäre ebenso mit Demokratie verbunden wie später die Pariser Commune oder die Sowjets, die Räterepublik.

Das sind nur einige kleine Punkte, die zumindest markieren sollen, dass Demokratie nicht nur definitorisch, sondern auch in ihren Formen nicht zu erfassen ist, dadurch, wie sie tradiert wird, im Sinn des Polis-Paradigmas.

Ich würde doch meinen, dass wir erst auf dem Weg nach Demokratien sind, wenn man es denn als konkrete Utopie verstehen wollte. Und dass wir das bisher noch nicht realisiert haben, denn die Alternativen, die sozusagen als Extreme bleiben, sind eben, anders als die unmittelbare Volksvertretung, über Plebiszit und anderes zu haben.

Dem entgegen steht nun die mittelbare Volksvertretung, die wir heute haben. Das ist die repräsentative Demokratie, eine Demokratie, wo eben doch wieder nur eine Minderheit, die aber angeblich von einer Mehrheit gewählt sei, entscheidet.

Also – Österreich hat ja nun links gewählt. „Ja", werden Sie sagen, „jajaja, aber nur ganz knapp." Das war ja bei uns (in Deutschland) auch so. Herausgekommen ist die große Koalition und damit war das ganze Wahlergebnis auch verfälscht und „umgefälscht" oder ist eben „umfälschbar" geworden. Das Ergebnis sehen wir als Auf-der-Stelle-Treten.

Also, die Minderheit hat das Sagen, obwohl die Mehrheit das Recht hatte – auch da ein Grundnerv der Demokratie.

Weder stimmt es, dass die Mehrheit immer recht hat, noch stimmt die Parole „Freiheit, Gleichheit, Brüderlichkeit" – wenn man stillschweigend oder auch lauthals Schwesterlichkeit hinzufügt – mit dem überein, was Demokratie als Volks- oder Selbstherrschaft sein könnte. Maximal könnte man sagen, sie stimmt mit Demokratie als Volks- bzw. Selbstherrschaft insofern überein, als alle Volksherrschaft dann auf einer rigiden Selbstherrschaft basieren würde. Das widerspräche selbstverständlich dem Begriff der Freiheit.

Wir hätten darüber hinaus mit diesem Gedanken der „Gleichheit, Freiheit, Brüderlichkeit" bzw. Geschwisterlichkeit in jedem Fall eine Unifizierung als Ausgangspunkt, die nur mit Zwang zu machen ist. Eine Freiheit unter Zwang bzw. eine nicht realisierte Freiheit. Darüber hinaus eventuell Formen der Geschlechterpolitik, die auf eine Geschwisterlichung, Verschwisterlichung drängen und im selben Maß auch entsexualisiert wären.

Die Frage der unmittelbaren Demokratie, die sich in endlosen Prozessen der Auseinandersetzung erschöpft: „Wie machen wir es denn nun?" Und zwar so lange sich erschöpft, bis von außen der Angriff läuft, zum selben Zeitpunkt, zu dem der Angriff von innen her auch schon droht, im Sinn des: „Wir haben einander jetzt alle satt, keiner hat hier eine gültige Lösung, ich bequeme mich aber derjenigen des anderen oder der anderen nicht an."

Die unmittelbare Volksherrschaft – auch nicht verbunden mit der Bemühung, keine Selbstherrschaft damit zu verknüpfen – hat jedenfalls bisher auch nicht funktioniert.

Und dann gibt es ja noch eine nächste kalte Dusche, nämlich das, was Hitler sagte (mich hat das immer schwer beeindruckt): „Ach, Leute, die Demokratie, die haben wir doch mit ihren eigenen Mitteln geschlagen." Neuerdings läuft wieder eine Diskussion etwa in der Art „Lieber Tyrannei als Diktatur" oder auch umgekehrt, das ist in sich verkehrbar.[4]

Ja, wieso haben wir die Demokratie mit ihren eigenen Mitteln geschlagen? Also, der Nationalsozialismus war ja ein Doppelstaat, cs wurde absolut gar nichts geändert an dcr Weimarer Verfassung, die Demokratie bestand weiter als repräsentative Demokratie, als formale Demokratie, als Demokratie, die eben über ein Vertretungssystem arbeitet; und es wurde nur jedem so genannten Volksvertreter ein Parteivertreter an die Seite gestellt. Der hat dem also einen Knuff in die Rippen gegeben und gesagt: „Tut mir leid, also das Dekret, das zu diesem Punkt, zu jenem Punkt, oder der Erlass, der zu diesem oder jenem Punkt ergangen ist, sieht ein bisschen anders aus, oder die Bestimmung sieht so und so aus, also bitte: Mitverwirklichen!" Also die Diktatur in demokratischer Form verwirklichen oder umgekehrt die Demokratie in diktatorischer Form. Eine Nationalsozialistin der ersten Stunde hier in Österreich hat gesagt: „Die Diktatur ist doch einfach nur die bessere Demokratie, und die wünschen wir uns doch alle zurück."[5] Sie war davon überzeugt, dass etwa keine Umweltpolitik durchzusetzen wäre ohne solche diktatorischen Maßnahmen, die Demokratie realisieren.

Die Ausbeute ist aus meiner Sicht bitter, insbesondere heute zeichnet sich ab – spätestens seit 9/11 –, dass diese In-sich-Verkehrbarkeit, diese Möglichkeit, die Demokratie mit ihren eigenen Mitteln zu schlagen, wieder gegeben ist, und de facto funktioniert sie auch schon Punkt für Punkt, von allen Seiten: diese Übernahme demokratischer Strukturen durch diktatorische Maßnahmen. Übrig bleibt aber keine Ruine von Demokratie, sondern ein perfekter Schutzmechanismus für die Diktatur!

Demokratie wird zurzeit letztlich über Sprechblasen aufrechterhalten. Die Medienöffentlichkeit, eine Art Zwischenreich, realisiert tagtäglich ein endloses Geschwätz, als ob wir alle mitreden würden, als ob wir alle beteiligt, als ob wir über alles informiert seien, als ob wir tiefste Einblicke bekämen in das, was läuft.

---

4 In einem Interview wurde jedenfalls dieser Hitler-Satz von Joachim Fest zitiert (Treusch-Dieter).

5 Gerburg Treusch-Dieter führte und bearbeitete im Auftrag des Friedensforschungszentrums Stadtschlaining lange, intensive Interviews. Siehe: Paul-Horn, Ina (Hrsg.): Die Faszination des Nationalsozialismus für österreichische Frauen (Schriftenreihe des Studienzentrums für Friedensforschung Stadtschlaining, 8), Stadtschlaining 1992, S. 9 ff.

Bis schließlich angesichts dieser Beanspruchung, von morgens bis abends Demokratie zu simulieren, es gar nicht möglich ist, Demokratie zu handeln.

Und unter diesem perfekten Schutz von simulierter Demokratie vollziehen sich zunehmend diktierte Prozesse. Diktiert nicht durch Führerfiguren, die beim Schopf zu packen wären, sondern über die Dinge selbst wirksam und – nach Maßgabe der Medien – über Mittelbarkeit, die unmittelbar wirkt, also schlicht über Technik.

Ich kann ein Gerät so bauen, dass sein Gebrauch, obwohl ich es demokratisch erworben habe, ausschließlich absoluten Gehorsam zulässt. Der Computer ist der Inbegriff eines Beispiels. Ganze politische Entscheidungsprozesse werden inzwischen auf die lange Bank geschoben, weil der Computer ausfällt oder ausgefallen ist, könnte sein durch Protestaktionen ausgefallen ist, könnte sein sowieso ausgefallen ist, sei es auch, dass er ausgefallen ist, weil die Politik einen Test auf sich selbst gemacht hat. Auch der Zugang zum Geld in den Banken – das ist sicher allen hier im Raum schon passiert: „Guten Tag, ich möchte bitte die und die Summe abheben." – „Geht nicht, Computer ist im Augenblick nicht funktionsfähig."

Dieser Computer wäre das Gehirn Gottes. Der Mensch betet darin sein kontrollierendes Hirn selbst an. Thomas Hobbes hat über die bürgerliche Vernunft gemeint: „Sie kann eines, nur eines, sie kann rechnen."[6] Und Demokratie soll nun darauf beruhen, dass – selbst wenn jemand hier einen Ferrari in der Tasche hat und jemand anderer dort nur einen Apfel – Gleichheit gegeben sei. Erstens handelt es sich jeweils um ein Stück, eins und eins, zweitens haben beide etwas in der Tasche, also handelt es sich auch um eine absolute Gleichheit. Beides sind Waren und können deswegen vermittels Wertabstraktion in einem Dritten verglichen werden. Ich rechne sie um, beispielsweise auf die gesellschaftlich notwendige Arbeitszeit. Ich will mich jetzt nicht auf diese trüben Bereiche der Ökonomie einlassen. Ich kann nur diesen Ausgangspunkt andeuten, der ja vielfach schon in Rede stand, bezogen auf das, was die Gleichheit der Geschlechter genannt wird, an deren Stelle eben Gleichberechtigung gefordert wurde, da Gleichheit nur als abstrakte Gleichheit zu haben ist. Das ist auch ein Punkt, auf den ich gerne eingehe.

Der moderne Staat, das ist in erster Linie oder als Voraussetzung „Schutz durch Bedrohung". Hannah Arendt hat das ja weitgehend auseinandergelegt und gezeigt, was da an Möglichkeiten der Machtergreifung für die Moderne drin liegt. Nur durch absolute Bedrohung behauptet der moderne Staat von sich, ein Schutz zu sein; der Leviathan ist eben das Ungeheuer, das von innen her genauso bedroht wie von außen. Also – wenn ihr hier nicht tickt, wie ihr sollt, kommt die apokalyptische Katastrophe über euch. Und wir, die wir also Unfreiheit bzw. Beherrscht-Werden längst mit Lust besetzt haben – und es ist mir im Augenblick auch nicht

6 Hobbes, Thomas: Leviathan oder Stoff, Form und Gewalt eines kirchlichen und bürgerlichen Staates, 9. Aufl., Frankfurt a. M. 1999, S. 32.

erfindlich, wie diese Lust von dieser Unfreiheit abzuziehen wäre. Also – unser libidinöser Haushalt wird wirklich jeden Tag damit gefüttert, dass wir doch wenigstens, wenn wir gar nichts anderes bekommen haben, zumindest geliefert bekommen: „Es ist wieder ein Zugunglück geschehen" oder „In Bagdad gingen wieder ein paar Bomben hoch" oder „In Afghanistan spielen Menschen mit Totenköpfen" – das ist doch wunderbar. Darunter macht man es nicht.

Der Terrorrückgriff ist ja nun der Inbegriff dieser Bedrohung, die Schutz zu liefern hätte. Deshalb hat Bush auch ein Heimatministerium – für einen Kontinent wie die USA, der den Globus doch mit einer gewaltigen Ausdehnung besetzt; ein Heimatministerium – ich würde ja nichts sagen, wenn das in Tirol errichtet worden wäre, aber es ist nun mal in den USA errichtet worden. Gut, es hätte auch in Neubrandenburg errichtet werden können. Was macht den modernen Staat unter diesen Bedingungen aus? Etwas, das vorher noch nicht dagewesen war. Der moderne Staat sieht sich zwar weiterhin wie alle absolutistischen oder feudalabsolutistischen Staaten oder Staatsgebilde, die vorangehen, konfrontiert mit dem Feind von außen, da hat der Krieg die Form der Privatfehde.

Die Kriegsform, die folgt, ist der von Staats wegen geführte Krieg. Und Schutz durch Bedrohung ist selbstverständlich in erster Linie ein Schutz durch Krieg. D.h., in dem Augenblick, in dem sich der Staat nicht mehr imstande sieht, der Gewalt im Innen Herr zu werden, muss Krieg geführt werden, damit die Gewalt nach außen verlagert werden kann. Immer zu derselben Bedingung, indem die entsprechende Bedrohung gepredigt wird.

Foucault stellt die Frage zu Recht: Er möchte wissen, wie aus dem Schlamm der Schlachten eigentlich der Nationalstaat entstanden ist, und er kommt in etwa auf das, was ich jetzt in aller Kürze angedeutet habe: Der Nationalstaat ist notwendig an den Krieg gebunden, aber an eine andere Kriegsform, die sich sowohl von der Privatfehde, wie ich sie vorhin ansprach, als auch von der jetzigen neuen Form des Krieges unterscheidet

Wir haben heute nicht mehr die großen Lager, die einander gegenüberstehen, an den Grenzen treffen, mit ausgelagerter innerer Gewalt das Außen jeweils bekämpfend, sondern wir haben jetzt eine Kriegsform, die mit Spezialeinheiten geführt wird, die geheimdienstmäßig geführt wird, die keine Öffentlichkeit mehr erhält und die bedeuten könnte, dass drei oder vier gut ausgestattete Spezialkräfte, wenn sie ihren Einsatz gut erfüllen, imstande wären, eine ganze Stadt auszuhebeln oder die Bevölkerung eines ganzen Landes stillzustellen. Sei es über Biowaffen, sei es über Zerstörung der Energieanlagen in aller Stille, es müssen ja nicht die lauten Bomben sein. Abgesehen davon, dass es inzwischen ja auch die Konvertierbarkeit von chemisch hergestellten Nahrungsprodukten in chemisch hergestellte Waffen gibt. Diese neue Form des Krieges wurde an sich mit 9/11 angezettelt. Und sie schließt in ihrer Vorbereitung auch ein, dass der moderne Staat auf einem inneren Feindbild beruht. Das mag in der Bedrohung durchaus wiedererkannt werden, aber es ist in erster Linie ein inneres Feindbild!

Ein Punkt noch, um den kalten Kuss zu beenden, den ich voranschicken wollte: Es ist nicht mehr der Herrscher über Tod und Leben, der im Namen Gottes sagt: „Das hier ist ein dem Teufel würdiges Geschöpf, wir köpfen es, vierteilen, verbrennen oder rädern es." Welche spektakuläre Strafe auch immer angewendet wurde bis zum 17. Jahrhundert, das ist hier zudem einer wie du und ich, das ist jemand, der nicht mehr erkennbar ist als Teufelsgeschöpf. Das ist jemand, den müssen wir ausspähen, noch bevor es so weit ist, noch bevor er durch seine Tätigkeit im vollen Umfang zum teuflischen Geschöpf werden kann. D.h., wir müssen das Motiv ausspionieren, wir müssen das Verborgene, das Unsichtbare wissen, vielleicht sogar noch, bevor es der Täter weiß.

Die Hexenprozesse funktionieren auf diese Art der Spionage im Innen, die also die Elemente für dieses Feindbild im Inneren der Gesellschaft sucht. Es sind in erster Linie die Frauen; es heißt, die Ankunft der Frauen in Demokratien nimmt ihren Weg – zumindest soweit wir noch auf dem Weg sind – ausgehend von den Hexenprozessen. Das ist der erste Versuch, Frauen auf den Weg der Demokratie zu setzen. Ja, es klingt ein bisschen komisch, aber eine anständige Hexe oder ein Bund von Hexen in einer Stadt wie Wien oder Berlin, das war schon was, damit konnte man schon die ganze Bevölkerung unter den Knüppel bringen, das war kein Problem. Und da wir uns in einer Zeit befinden, in der die Städte erst zu wachsen beginnen, in der die Verstädterung sich erst sozusagen auf den Weg nach Demokratien macht – die Städteentwicklung ist ja von der so genannten Demokratieentwicklung nicht zu trennen –, ist das Land noch von sehr viel größerer Bedeutung. So war es gar nicht so wichtig, in Wien oder in Berlin Hexen aufzuspüren, es war viel wichtiger in irgendeinem Dorf – ich darf hier noch einmal Tirol nennen oder beispielsweise bei uns das Frankenland. Weil der gesamte Reichtum noch an die Agrarwirtschaft gebunden war, noch nicht der gesamte, aber doch als eine Fundierung, bis wir dann 250 Jahre später ins große Zeitalter der Industrie gelangen bzw. 300 Jahre später zur Französischen Revolution.

Der Weg der Frauen nach Demokratien ist also der Weg ihrer Stigmatisierung als Hexe. Sie werden als Feindbild fixiert, auf das man sich beziehen kann, um die Bedrohung ins Innen zu wenden, und von da aus funktioniert dann ihre Selbstherrschaft. „Um Gottes Willen, das und das und das kann ich nicht mehr machen, so und so kann ich nicht mehr aussehen, mit der und der kann ich nicht mehr sprechen, wenn ich nicht als Hexe bezichtigt werden will. Da und da darf ich nicht mehr gesehen werden." Und damit wird auch erreicht, was erreicht werden soll: Die Frauen verschwinden aus der Öffentlichkeit!

Sie verschwinden im Privaten, sie verschwinden in einem Bereich, der ganz und gar der Reproduktion übereignet wird, gemäß der Form, die schon in der Antike gilt: Frauen bringen nichts hervor außer eben das, was männlicherseits im Innen angestoßen wird – sie produzieren, was der Mann produziert.[7] Das wird erst in der Moderne verwirklicht.

Man muss überhaupt einbeziehen, dass die großen Linien der Geschichte oft erst 50 oder 100 Jahre später verwirklicht werden. Was der Nationalsozialismus vorhatte, einen Weltstaat, das wird erst jetzt verwirklicht.

Wer hätte das gedacht – die Hexe als Ausgangspunkt der Demokratie. Wenn man sich die Demokratie mal ein bisschen anders anschaut – ja. Und die Hysterikerin, in die sich die Hexe sozusagen verwandelt, ist dann auch im Privaten die Bedrohung, die diesen Ruf nach dem Schutz durch Rationalität garantiert, durch einen Staat, der die Vernunft repräsentiert.

Es gibt in allen Revolutionen ab dem ausgehenden 18. Jahrhundert nicht wirklich eine Solidarisierung der Männer mit den Frauen. Zumindest nicht unter dem Aspekt, es würden gemeinsame Interessen vertreten. Das Interesse war eigentlich immer dasjenige der Männer, die nach dem starken Staat rufen, unter dem Aspekt: „Wir sind bereit, unsere Vernunft für ein solches Gebilde aufzugeben, wenn es uns vor der Bedrohung schützt, in der wir drinstecken."

Also kann auch diese Bedrohung, in der wir drinstecken, verwendet werden: Die Frau als Katastrophe, die Geburt als Katastrophe, die vielen Albträume, die mit dem Weiblichen verbunden sind, werden insbesondere im 19. Jahrhundert gehegt und gepflegt durch jede Art von Gelehrtentum. Das Matriarchat, das aus meiner Sicht im 19. Jahrhundert aus der Taufe gehoben wird, ist genau so ein ambivalentes Gebilde. Einerseits ist am Grund der Dinge die verschlingende, im Sumpf hausende, polygame Hetäre, die ununterbrochen, wie eine Kanone, Menschenfutter auswirft, und umgekehrt ist es die Zimmerpflanze, die, wenn nicht richtig platziert, verblasst, und wenn nicht ganz richtig gegossen, auch vertrocknet – aber macht ja nichts. Die Frau als Ehefrau ist immer noch besser als ein solches Sumpfweib.

Ich könnte jetzt auch sagen: Diese Art von innerer Feinderklärung führte dazu, dass im 19. Jahrhundert die Folter wieder eingeführt wurde. Sie wurde tatsächlich zusammen mit der Inquisition von der bürgerlichen, revolutionären Bewegung Ende des 18., Beginn des 19. Jahrhunderts abgeschafft. Aber da der bürgerliche Staat sich nicht aufrechterhalten kann ohne diese schon genannte Formel, ist er daran gebunden, die Bedrohung auf etwas Unsichtbares zu fixieren. Dafür ist das Weibliche der Inbegriff und auch für etwas, das aus dem Inneren der Gesellschaft kommt, und dafür, dass etwas zu ahnden ist, das noch vorweggenommen werden soll, bevor es zum Verbrechen wird. – Dafür ist so gesehen das Weibliche ebenso der Inbegriff. Man muss das Motiv erhascht und durchleuchtet haben, noch bevor das

---

7 Vgl.: Treusch-Dieter, Gerburg: Von der sexuellen Rebellion zur Gen- und Reproduktionstechnologie, Tübingen 1990, S. 13 ff.

Motiv auf dem Tisch liegt und das Geschrei anheben kann, die Gegenwehr anheben kann. Man könnte auch sagen, dass alle Formen von aus politischen Gründen Inhaftierten das Stigma des Weiblichen aufgedrückt bekommen.

Der Aufbruch nach Demokratien geht also zur Zeit vom Gegenstück aus, von der Abkehr vom Glauben, im Abfall von Gott im 16./17. und hinein bis ins 18. Jahrhundert – die Hexenprozesse –, dann aber, wenn der Staat an die Stelle Gottes tritt (er ist es ja auch, der die Kirchen protegiert), vom Abfall vom Staat.

Es galt auch nicht zuletzt aus diesem Grund – ich springe in die jüngste Vergangenheit – Ulrike Meinhof als die weitaus gefährlichere Terroristin als Andreas Baader. Und sie wurde zu einer solchen gemacht, weil sich in ihr alles traf. Sie wäre der Inbegriff [weiblicher Bedrohung] und ich finde es auch interessant, dass die so genannten Selbstmordattentäterinnen, die im Vorderen Orient teilweise auftreten, bis auf kleine Hinweise vollkommen verschwiegen werden. Es wird ihnen spaßeshalber mal der Doktorhut aufgesetzt oder es wird ihnen unterstellt, sie könnten ohne ihren Mann nicht leben, deshalb müssten sie als Witwen den sozialen Tod durch ihren Selbstmord nachvollziehen, oder aber es wird eben unterstellt, dass sie da einfach nur höher gesinnt bzw. Nacheifernde wären. Irgendein Recht, dass sie wüssten, was sie tun, wird ihnen nicht zugestanden.

Und von hier aus komme ich zurück auf mein Beispiel. Ich habe den folgenden Text im Oktober 2001 geschrieben, einen Monat nach 9/11. Ich war zu einem Vortrag mit dem Titel „Frauen gemeinsam sind stark, aber was stärkt Frauen?“[8] gefragt und dabei fiel mir erst mal Folgendes ein:

„Dass es so weitergeht, das ist die Katastrophe“, sagte Walter Benjamin.[9] Es geht so weiter. Seit der Katastrophe vom 11. 9. 2001 steht die Frage, die behandelt werden sollte – die Frage nach der gemeinsamen Stärke von Frauen und danach, was sie stärkt –, wieder im globalen Kontext von Krieg. Ich möchte deshalb die Geschichte zitieren, die François Lyotard in „Das Patchwork der Minderheiten“[10] berichtet. Es ist eine doppeldeutige Geschichte, eine Parabel, die dem bisherigen „Gang der Geschichte“ sowohl widerspricht als auch entspricht. Am Schluss des Vortrags können Sie selbst entscheiden, wie Sie diese Geschichte verstehen wollen, in der Sun Tze, ein chinesischer General, vom König von Wu die Order erhält, hundertachtzig seiner Frauen zu Soldaten auszubilden.

---

8 Treusch-Dieter, Gerburg: Frauen gemeinsam sind stark, aber was stärkt Frauen? In: Stadt Freiburg i.B. (Hrsg.): Frauen Macht Zukunft. Kongressdokumentation, Freiburg 2002; *AEP-Informationen*, 1/2007, S. 11 ff.

9 „Der Begriff des Fortschritts ist in der Idee der Katastrophe zu fundieren. Daß es ‘so weiter’ geht, ist die Katastrophe. Sie ist nicht das jeweils Bevorstehende sondern das jeweils Gegebene.“ Benjamin, Walter: Zentralpark. In: ders.: Abhandlungen. Gesammelte Schriften, Bd. I.2, Frankfurt/Main 1991, S. 683.

10 Lyotard, Jean-François: Patchwork der Minderheiten, Berlin 1977, S. 53 ff.

„Sun Tze läßt die Frauen in zwei Reihen, die von den beiden Lieblingsfrauen angeführt werden, antreten und lehrt sie mit der Trommel den Befehlskodex: zwei Schläge: rechts um; drei Schläge: links um; vier Schläge: kehrt. Anstatt zu gehorchen, lachen und schwätzen die Frauen. Er wiederholt die Übung mehrere Male: die Frauen versichern, den Kodex verstanden zu haben, aber jedesmal gibt es nur ein großes Gelächter und allgemeines Durcheinander. Nun gut, sagt Sun Tze, Ihr lehnt Euch auf, dafür sieht das Militärgesetz den Tod vor: Ihr werdet also sterben. Man unterrichtet den König, der ihm verbietet, die Frauen schlecht zu behandeln, besonders die Lieblingsfrauen. Sun Tze läßt ihm antworten: Ihr habt mir den Auftrag gegeben, sie in die Kriegskunst einzuführen, das Übrige ist meine Sache. – Und mit seinem Säbel schlägt er den beiden Führerinnen den Kopf ab. Sie werden durch andere ersetzt und das Exerzieren wird wieder aufgenommen. ‘Und als ob diese Frauen ihr Leben lang nur das Kriegshandwerk betrieben hätten, folgten sie schweigsam und fehlerlos den Befehlen.’“

Den Frauen ist das Lachen vergangen. Sie machen mit. „Auf Linie“ gebracht durch eine mit Gewalt durchgesetzte Organisationsstruktur, exerzieren sie zwecks Aufschub ihres Todes, der ihnen ab jetzt vorausgesetzt ist. Doch sie konfrontieren sich nicht mit ihm. Denn von einem Aufstand, bei dem die Frauen Sun Tze den Kopf abgeschlagen hätten, berichtet die Geschichte nichts. Lyotard zitiert sie als Gleichnis dafür, dass der weibliche Exerzierplatz des Friedens das männliche Schlachtfeld des Krieges spiegelt und stützt. Er ist sein Kehrbild, soweit es Frauen sind, die exerzieren. Und er ist sein Doppelbild, soweit diese Frauen mit Männern verwechselt werden können. Doch es besteht ein Unterschied, eine Differenz in der Gleichheit zwischen Frauen und Männern. Nach Lyotard wird dieser Unterschied über die Tötung der beiden Führerinnen als „Geschlechtsunterschied“ hergestellt. Er ist für das je verschiedene Verhältnis von Frauen und Männern zum Tod ebenso ausschlaggebend wie für ihr je verschiedenes Verhältnis zu Herrschaft und Unterwerfung.

Die Frauen begegnen dem Ernst der militärischen Organisationsstruktur vorerst unernst, um sich ihr „schlagartig“ zu fügen, nachdem Sun Tze die Köpfung ihrer Führerinnen vollzogen hat. Ihre aktuelle Tötung steht für die potenzielle Tötung aller Frauen, ohne dass dieser Geschichte entnommen werden könnte, ob die „schweigsam und fehlerlos“ exerzierenden Frauen sich an diese Führerinnen erinnern oder nicht. Würden sie sich erinnern, wäre das Gemeinsame dieser Frauen nicht die Organisationsstruktur einer Todesmacht, die sie „auf Linie“ brachte, sondern sie hätten in dieser Geschichte selbst eine Geschichte. In ihr könnten sie sich auf die Köpfung der beiden Führerinnen ebenso wie auf ihren Grund – auf das gemeinsame Lachen – beziehen, in dem Sun Tze einen Aufstand sah. Sie aber, die Frauen, nicht: Sie lachten einfach so, ohne Aufstand.

Doch die Frauen erinnern sich nicht, wie es scheint. Ihre Führerinnen sind ebenso vergessen wie der Anlass ihrer Köpfung, das Lachen? Kein Zweifel, diese

Köpfung wirkte als Schock. Die Frauen sind traumatisiert. Ihr Sich-Erinnern müsste eine Enttraumatisierung einschließen, die diesen Schock rückgängig macht: und zwar in dem Maß, wie jene Köpfung, die sich in einem Augenblick vollzog, einen „Geschlechtsunterschied“ konstituierte, der „ein Leben lang“ wirkt. Innerhalb dieses Lebens bestimmt er nicht nur das je verschiedene Verhältnis von Frauen und Männern zum Tod, sondern er bestimmt auch ihr je passives oder aktives Verhältnis zur Gewalt und ihre geschlechtsspezifische Arbeitsteilung. Sie aber funktioniert strukturgleich zum Herrschafts- und Unterwerfungsverhältnis zwischen Frauen und Männern entsprechend der kehr- und doppelbildlichen Formel: Frauen sind für den Frieden da, Männer für den Krieg. [...][11]

Es geht eben um diese symbolische Kastrierung, die mit dieser Köpfung durchgesetzt wird, und damit auch um die These, dass eigentlich nicht das Geschlecht im realen Sinn weggekratzt wird, sondern im symbolischen Sinn der Kopf genommen wird. Die Frau wird um einen Kopf kürzer gemacht innerhalb dieser Formel: Frauen sind für den Frieden da – Männer für den Krieg. Und das ist die Formel der Demokratie, der formalen Demokratie, eine Formel, die einschließt: Wenn Frauen nicht für den Frieden da sind, können sie nur für einen Krieg da sein, der eben nur als Untergrundkrieg, als Verschwörung, als Abfall vom Staat wirksam ist – eben alles das, was ich mit dieser katastrophischen Platzierung der Frau schon angedeutet habe. Und Lyotards Schluss aus der Geschichte, die er nacherzählt, ist der, dass er sagt: Wirklich zivilisierte Frauen sind Tote oder Männer. Entweder sie machen mit, im Sinn dessen, dass sie „für den Frieden da“ sind und Männer „für den Krieg“, dann sind sie Tote; aber diese Krankenschwesterposition lässt sich eben auch in die wenden, die ihren Mann steht. Und selbst wenn Frau im Namen ihrer Gegenmacht etwas auf die Beine bringt, dann ist sie die Verschwörerin, diejenige, die die Gesellschaft in die Brüche gehen lässt.

11 Der vollständige Artikel kann unter http://www.frauenhetz.at abgerufen werden.

Chantal Mouffe

Agonistische Politik, Pluralistische Demokratie und Feminismus

Die Frage, die ich diskutieren möchte, ist folgende: Wie sollten sich jene, deren Ziel es ist, das radikale demokratische Projekt zu stärken, den öffentlichen Raum vorstellen: als einen Raum der Deliberation und des Konsenses oder als einen Raum der agonistischen Konfrontation?

Theoretische Rahmenbedingungen

Zu Beginn möchte ich den theoretischen Kontext herausarbeiten, der meinem Ansatz zugrunde liegt. Seine zentralen Referenzen wurden in mehreren früheren Arbeiten entwickelt[1] und ich möchte mich hier auf jene Aspekte konzentrieren, die für meine Argumentation in Hinblick auf den „öffentlichen Raum" relevant sind. Ich beginne mit der von mir vorgeschlagenen Unterscheidung zwischen „Politik" und dem „Politischen". In der Alltagssprache ist es nicht üblich, über „das Politische" zu sprechen, aber ich denke, dass diese Unterscheidung wichtige Möglichkeiten der Reflexion eröffnet, und viele TheoretikerInnen haben sich diese Unterscheidung zu eigen gemacht. Allerdings besteht unter diesen keine Einigkeit über die Bedeutung der Begriffe – ein Umstand, der vielfach zu Verwirrung führt. Dennoch gibt es Gemeinsamkeiten, die einige Orientierungspunkte bieten können. So schlagen beispielsweise diejenigen, die diese Unterscheidung machen, die Differenzierung zweier verschiedener Ansätze vor: zwischen den politischen Wissenschaften, die sich mit dem empirischen Gebiet der „Politik" auseinandersetzen, und politischer Theorie als Domäne der PhilosophInnen, welche nicht die Fakten der „Politik", sondern das Wesen des „Politischen" erkunden. Wollen wir eine solche Unterscheidung philosophisch auf den Begriff bringen, könnten wir in Anlehnung an Heidegger sagen, Politik beziehe sich auf die „ontische" Ebene, während das „Politische" auf der „ontologischen" Ebene angesiedelt sei. Das bedeutet, dass es auf der ontischen Ebene um die vielfältigen Praktiken der Politik im konventionellen Sinn geht, während die ontologische die Art und Weise betrifft, in der die Gesellschaft symbolisch eingerichtet ist.

1 Laclau, Ernesto/Mouffe, Chantal: Hegemony and Socialist Strategy. Towards a Radical Democratic Politics, London 1985; Mouffe, Chantal: The Return of the Political, London 1993; Mouffe, Chantal: The Democratic Paradox, London 2000.

Aber diese Unterscheidung beinhaltet noch immer die Möglichkeit vieler Unstimmigkeiten darüber, was das „Politische" ausmacht, und das hat folgenreiche Konsequenzen auf die Art und Weise, wie wir uns „Öffentlichkeit" vorstellen. Wie wir später sehen werden, stellen sich einige TheoretikerInnen das Politische als einen Raum der Freiheit oder der öffentlichen Deliberation[2] vor, während andere es als einen Raum der Macht, des Konflikts und des Antagonismus beschreiben. Mein Verständnis des „Politischen" ist eindeutig der zweiten Perspektive zuzuordnen. Genau genommen ist es diese Unterscheidung, die meine Definition des „Politischen" und der „Politik" begründet: Das „Politische" beziehe ich auf die Dimension des Antagonismus, der meiner Ansicht nach konstitutiv ist für die menschliche Gesellschaft. Im Gegensatz dazu beziehe ich „Politik" auf ein Ensemble von Praktiken und Institutionen, über die eine Ordnung hergestellt wird, welche das menschliche Zusammenleben im Kontext jener Konfliktualität organisiert, die das Politische bedingt.

Das Politische als Antagonismus

Politische Fragen sind nicht rein technische Angelegenheiten, die von ExpertInnen zu lösen wären. Dezidiert politische Fragen erfordern vielmehr immer Entscheidungen, d.h. die Wahl zwischen miteinander in Konflikt stehenden Alternativen. Das Unvermögen, politisch zu denken, ist zu einem großen Teil eine Auswirkung der unangefochtenen Hegemonie des Liberalismus. In Hinblick auf den gegenwärtigen Kontext verstehe ich unter „Liberalismus" einen philosophischen Diskurs mit vielen Varianten, der nicht durch eine gemeinsame Grundlage, sondern durch eine Vielfalt vereint wird, die Wittgenstein als „Familienähnlichkeiten" bezeichnet. Natürlich gibt es viele Liberalismen, die mehr oder weniger progressiv sind, aber mit wenigen Ausnahmen geht die dominante Strömung im liberalen Denken von einem rationalistischen und individualistischen Ansatz aus, der nicht in der Lage ist, die pluralistische Beschaffenheit der Welt des Sozialen samt den Konflikten, die zum Pluralismus gehören, angemessen zu begreifen – Konflikte, für die es niemals eine rationale Lösung geben wird und die so die Dimension des Antagonismus konstituieren, welcher die menschliche Gesellschaft kennzeichnet. Dem typisch liberalen Verständnis von Pluralismus zufolge leben wir in einer Welt, in der es verschiedene Sichtweisen und Werte gibt, die wir uns auf Grund von empirischen Beschränkungen niemals in ihrer Gesamtheit zu eigen macht können, die aber, wenn sie zusammengesetzt werden, ein harmonisches und konfliktfreies Ganzes ergeben könnten. Eine der zentralen Säulen dieses Liberalismus ist der rationalis-

2 Duden: Beratschlagung, Überlegung (Anm. d. Üb.).

tische Glaube an die Möglichkeit eines auf Vernunft basierenden universellen Konsenses. Der Liberalismus muss den Antagonismus verleugnen, weil dieser, indem er das unumgängliche Moment der Entscheidung in den Vordergrund rückt – und zwar im Sinn der Notwendigkeit einer Entscheidung auf einem unentscheidbaren Terrain –, die Grenzen jedes rationalen Konsenses offenlegt.

Wenn wir die unterschiedlichen Sichtweisen untersuchen, die es innerhalb des liberalen Denkens gibt, können wir zwei Hauptparadigmen ausmachen: Das erste, gelegentlich als „aggregativ" bezeichnet, versteht unter Politik die Herstellung eines Kompromisses zwischen widerstreitenden Kräften in der Gesellschaft. Die Individuen sind demnach rationale Wesen, die vom Bemühen um maximale Verwirklichung ihrer Eigeninteressen angetrieben werden und in der politischen Welt auf im Grunde instrumentelle Weise agieren. Hier wird die Idee des Marktes auf das Feld der Politik übertragen und über Konzepte aus der Ökonomie verständlich gemacht. Das andere, „deliberative" Paradigma wurde als Reaktion auf dieses instrumentalistische Modell entwickelt und zielt auf die Herstellung einer Verbindung zwischen Moral und Politik ab. Seine VerfechterInnen möchten die instrumentelle Vernunft durch eine kommunikative Rationalität ersetzen. Sie definieren die politische Diskussion als ein besonderes Anwendungsgebiet von Moral und glauben an die Möglichkeit, im Bereich der Politik mittels freier Diskussionen einen rationalen moralischen Konsens herzustellen. In diesem Fall wird Politik nicht über die Wirtschaft, sondern über Ethik und Moral verständlich gemacht. Was in beiden Fällen ausgeblendet wird, ist die bedeutende Rolle, die das, was ich „Leidenschaft" nenne, im Feld der Politik spielt. Beide Fälle vernachlässigen die affektive Dimension, die für die Bildung kollektiver Formen von Identifikation zentral ist, und ohne Einsicht in die Prozesse der Identifikation ist es unmöglich, die Konstruktion von politischen Identitäten zu verstehen. Politische Identitäten sind immer kollektive Identitäten und das ist ein weiterer Grund, weshalb der Liberalismus mit seinem methodologischen Individualismus nicht in der Lage ist, das Besondere des Politischen zu begreifen. In der Politik haben wir es immer mit einem „Wir" und einem „Sie" zu tun, weshalb, wie ich noch zeigen werde, der Antagonismus nicht eliminiert werden kann.

Ich behaupte, dass das „Politische" in seiner antagonistischen Dimension anerkannt werden muss, bevor die zentrale Frage demokratischer Politik gestellt werden kann. Diese Frage lautet nicht (wie dies liberale TheoretikerInnen behaupten): Wie kann ein Kompromiss zwischen konkurrierenden Interessen ausgehandelt oder wie kann ein „rationaler", d.h. ein alle einschließender Konsens, ein Konsens ohne Ausschluss, hergestellt werden? Ungeachtet dessen, was viele Liberale uns glauben machen wollen, liegt die Besonderheit demokratischer Politik nicht in der Überwindung des Wir-Sie-Gegensatzes, sondern in der unterschiedlichen Weise seiner Herstellung. Demokratie erfordert eine Form der Wir-Sie-Unterscheidung, die mit der Anerkennung des für die moderne Demokratie konstitutiven Pluralismus vereinbar ist.

In der Erarbeitung dieses Punktes fand ich das Konzept des „konstitutiven Außen“ besonders hilfreich, weil es verdeutlicht, was bei der Konstitution von Identität auf dem Spiel steht. Der Ausdruck wurde von Henry Staten[3] vorgeschlagen und bezieht sich auf mehrere Themen, die von Jacques Derrida um Konzepte wie „Supplement“, „Spur“ und „Différance“ entwickelt wurden. Er soll die Tatsache hervorheben, dass die Ausbildung einer Identität immer auf der Einführung einer Differenz basiert, und zwar einer Differenz, die oft auf der Grundlage einer Hierarchie konstruiert wird – etwa zwischen Form und Materie, Schwarz und Weiß, Mann und Frau etc. Wenn wir verstehen, dass jede Identität relational ist und zwangsläufig die Bestätigung einer Differenz, d.h. die Wahrnehmung von etwas „Anderem“, das sein „Außen“ konstituiert, erfordert, dann werden wir auch verstehen, weshalb Politik auf der Schaffung eines „Wir“ basiert, das nur über die Abgrenzung zu einem „Sie“ bestehen kann. Dabei muss es sich selbstverständlich nicht notwendig um eine Freund-Feind-Beziehung, also um eine antagonistische Beziehung, handeln. Wir sollten aber anerkennen, dass die Wir-Sie-Beziehung unter gewissen Umständen immer antagonistisch werden kann. Dies geschieht genau dann, wenn das „Sie“ als etwas wahrgenommen wird, das die Identität des „Wir“ infrage stellt und ihre Existenz bedroht.

Um erste theoretische Schlussfolgerungen aus der vorangegangenen Reflexion zu ziehen: Die Wir-Sie-Unterscheidung, welche die Voraussetzung für die Möglichkeit der Bildung politischer Identitäten darstellt, kann immer zum Ort eines Antagonismus werden. Da alle Formen politischer Identitäten auf einer Wir-Sie-Abgrenzung basieren, kann die Möglichkeit der Entstehung antagonistischer Bedingungen nie ausgeschlossen werden. Der Antagonismus ist eine immer präsente Möglichkeit; das Politische gehört zu unserer ontologischen Verfassung und wenn wir über den öffentlichen Raum nachdenken, müssen wir das berücksichtigen.

Politik als Hegemonie

Neben dem Antagonismus bildet in meinem Ansatz das Konzept der Hegemonie einen weiteren Schlüsselbegriff in der Untersuchung des „Politischen“. Wer der Dimension des „Politischen“ als stets präsenter Möglichkeit des Antagonismus Rechnung tragen will, muss sich mit dem Fehlen eines letzten Grundes und der Unentscheidbarkeit, die jede Ordnung begleitet, abfinden. Mit anderen Worten, er/

3 Staten, Henry: Wittgenstein and Derrida, Oxford 1985.

sie muss den hegemonialen Charakter jeglicher gesellschaftlichen Ordnung anerkennen, ebenso wie die Tatsache, dass jede Gesellschaft das Ergebnis einer Reihe von Praktiken ist, die in einem Kontext von Kontingenz Ordnung herzustellen versuchen. Das Politische ist mit den Handlungen hegemonialer Institutionen verknüpft. In genau diesem Sinn muss das Gesellschaftliche vom Politischen unterschieden werden. Das Gesellschaftliche ist ein Bereich sedimentierter Praktiken, d.h. Praktiken, die den Ursprung ihrer kontingenten, politischen Institution verschleiern und als selbstverständlich vorausgesetzt werden, als ob sie in sich selbst verankert wären. Das Gesellschaftliche und das Politische haben daher, mit Heidegger gesprochen, den Status von „Existentialien", d.h., sie sind notwendige Dimensionen jedes gesellschaftlichen Lebens. Wenn zum Politischen – in seinem hegemonialen Sinn – die Sichtbarkeit der Handlungen sozialer Institutionen gehört, dann ist es unmöglich, unabhängig von jedem kontextuellen Bezugsrahmen a priori zu bestimmen, was gesellschaftlich und was politisch ist. Gesellschaft kann nicht als das Entfalten einer ihr äußerlichen Logik betrachtet werden – was auch immer als Quelle dieser Logik angenommen wird: die Produktionskräfte, der Hegel'sche „absolute Geist", geschichtliche Gesetzmäßigkeiten etc. Jede Ordnung ist die temporäre und prekäre Artikulation kontingenter Praktiken. Die Grenze zwischen dem Gesellschaftlichen und dem Politischen ist notwendigerweise instabil, sie setzt eine kontinuierliche Verschiebung und Neuverhandlung zwischen den sozialen AkteurInnen voraus. Dinge könnten immer auch anders sein und deshalb basiert jede Ordnung auch auf dem Ausschluss anderer Möglichkeiten. In diesem Sinn sprechen wir vom „Politischen", da es der Ausdruck bestimmter Machtverhältnisse ist. Macht ist für den Bereich des Gesellschaftlichen konstitutiv, da das Gesellschaftliche ohne die ihm seine Form verleihenden Machtverhältnisse nicht sein könnte. Was zu einem gegebenen Moment als „natürliche" Ordnung betrachtet wird – gemäß dem ihr entsprechenden Common Sense –, ist das Ergebnis sedimentierter hegemonialer Praktiken; die Ordnung ist niemals Manifestation einer tieferen Objektivität, die sich von den Praktiken trennen ließe, denen sie ihr Dasein verdankt.

Um diesen Punkt zusammenzufassen: Jede Ordnung ist politischer Natur und basiert auf einer Form von Ausschließung. Es gibt immer andere unterdrückte Möglichkeiten, die wieder belebt werden können. Die artikulatorischen Praktiken, durch die eine gewisse Ordnung hergestellt und die Bedeutung von gesellschaftlichen Institutionen festgelegt wird, sind „hegemoniale Praktiken". Jede hegemoniale Ordnung ist anfällig für gegenhegemoniale Praktiken, d.h. Praktiken, die versuchen, die bestehende Ordnung zu disartikulieren, um eine andere Form von Hegemonie einzuführen.

Mit den kollektiven Identitäten verhält es sich ähnlich: Identitäten sind das Ergebnis von Identifikationsprozessen und können niemals völlig fixiert werden. Wir haben es niemals mit „Wir/Sie"-Gegensätzen zu tun, die essenzialistische Identitäten zum Ausdruck bringen, welche bereits vor dem Prozess der Identifikation bestehen. Da das „Sie" die Bedingung der Möglichkeit des „Wir" ist, d.h. dessen „konstitutives Außen" darstellt, ist die Konstituierung eines bestimmten „Wir" immer von dem Typ des von ihm unterschiedenen „Sie" abhängig. Dieser Punkt ist zentral, da wir hiermit die Möglichkeit verschiedener Wir-Sie-Beziehungen erfassen können, die jeweils der Konstruktionsweise des „Sie" entsprechen.

Welches Wir-Sie für die demokratische Politik?

Wenn wir die stets präsente Möglichkeit des Antagonismus anerkennen, dann verstehen wir auch, weshalb es eine der zentralen Aufgaben demokratischer Politik ist, den potenziellen Antagonismus, der in sozialen Beziehungen schlummert, zu entschärfen. Wenn wir akzeptieren, dass dies nicht mittels einer Transzendierung der Wir-Sie-Beziehung, sondern lediglich durch eine andere Form ihrer Konstruktion geleistet werden kann, dann stellt sich uns folgende Frage: Was könnte für eine „gezähmte" antagonistische Beziehung konstitutiv sein, welche Form des „Wir" und des „Sie" würde dies voraussetzen? Wie könnte der Konflikt als legitim akzeptiert werden und eine Form annehmen, welche die politische Gemeinschaft nicht zerstört? Voraussetzung hierfür ist, dass eine Art gemeinsames Band zwischen den sich im Konflikt befindlichen Parteien besteht, damit sie die jeweiligen GegenspielerInnen nicht als zu vernichtende FeindInnen betrachten, deren Forderungen illegitim sind; eben dies geschieht in der antagonistischen FreundIn-FeindIn-Beziehung. Die GegenspielerInnen können aber auch nicht nur als KonkurrentInnen gesehen werden, mit deren Interessen durch reines Verhandeln oder über Deliberation umgegangen wird, da in diesem Fall das antagonistische Element einfach eliminiert würde. Wenn wir auf der einen Seite die Dauerhaftigkeit der antagonistischen Dimension des Konflikts und auf der anderen Seite die Möglichkeit seiner „Zähmung" zulassen, dann müssen wir eine dritte Beziehungsform in Aussicht stellen. Diese Beziehungsform bezeichne ich als „Agonismus". Während der Antagonismus eine Wir-Sie-Beziehung ist, in der sich Feinde ohne irgendeine gemeinsame Basis gegenüberstehen, ist Agonismus eine Wir-Sie-Beziehung, bei der die im Konflikt befindlichen Parteien die Legitimität ihrer GegnerInnen anerkennen, auch wenn sie einsehen, dass es keine rationale Lösung für ihren Konflikt gibt. Sie sind „GegnerInnen", keine FeindInnen. Obwohl sie sich also im Konflikt befinden, sehen sie sich dennoch als Zugehörige einer politischen Gemeinschaft; sie teilen den gemeinsamen symbolischen Raum, in dem der Konflikt stattfindet.

Was in dem agonistischen Kampf auf dem Spiel steht, ist die spezifische Konfiguration der Machtverhältnisse, die eine gegebene Gesellschaft strukturiert; es ist ein Kampf zwischen unvereinbaren hegemonialen Projekten, die niemals rational versöhnt werden können. Die antagonistische Dimension ist immer gegenwärtig; sie ist eine reale Konfrontation, die allerdings durch eine Reihe demokratischer, von den GegnerInnen akzeptierter Verfahrensweisen reguliert wird. Eine agonistische Konzeption von Demokratie weiß um den kontingenten Charakter der hegemonialen politisch-ökonomischen Artikulationen, die die konkrete Konfiguration einer Gesellschaft zu einem gegebenen Zeitpunkt bestimmen. Es handelt sich um prekäre und pragmatische Konstruktionen, die disartikuliert und transformiert werden können, weil sie das Ergebnis eines agonistischen Kampfes unter GegnerInnen sind. Im Gegensatz zu verschiedenen liberalen Modellen sieht der agonistische Ansatz, den ich verfechte, die Gesellschaft als immer notwendigerweise politisch verankert und vergisst dabei niemals, dass das Terrain, auf dem die hegemonialen Interventionen stattfinden, stets das Ergebnis vorausgehender hegemonialer Praktiken ist und deshalb niemals neutral sein kann. Deshalb verweigert dieser Ansatz auch die Möglichkeit einer demokratischen Politik, die nicht auf GegnerInnenschaft gebaut ist, und kritisiert jene, die, indem sie die Dimension des „Politischen" ignorieren, Politik auf eine Reihe anscheinend fachspezifischer Schritte und neutraler Verfahren reduzieren.

Welcher öffentliche Raum?

Die wichtigste Konsequenz ist, dass das agonistische Modell die weit verbreitete Konzeption herausfordert, welche die Vorstellung des öffentlichen Raumes als ein Terrain hervorgebracht hat, auf dem ein Konsens hergestellt werden kann. Im Gegensatz dazu sieht dieses Modell den öffentlichen Raum als ein Schlachtfeld, auf dem einander unterschiedliche hegemoniale Projekte ohne Aussicht auf Versöhnung begegnen. Ich muss nun sofort spezifizieren, dass wir es hier nicht mit einem singulären öffentlichen Raum zu tun haben. Dem agonistischen Ansatz zufolge sind öffentliche Räume immer im Plural zu denken; die agonistische Konfrontation findet auf einer Vielfalt an diskursiven Oberflächen statt. Ich möchte auch auf einem zweiten wichtigen Punkt bestehen: Während es kein grundlegendes Prinzip der Einheit, kein vorbestimmtes Zentrum in dieser Vielfalt an Räumen gibt, existieren doch immer unterschiedliche Formen der Artikulation und wir sind daher nicht mit einer Art Streuung konfrontiert, wie sie einige postmoderne DenkerInnen konstatieren. Wir haben es hier auch nicht mit einer Art „glattem" Raum zu tun, wie das Deleuze und seine NachfolgerInnen sehen. Öffentliche Räume sind immer gerifflet und hegemonial strukturiert. Eine gegebene Hegemonie ist das Ergebnis einer spezifischen Artikulation einer Vielfalt an Räumen und das bedeutet, dass der hegemoniale Kampf sich aus kontinuierlichen Versuchen zusammensetzt, die darauf abzielen, eine andere Form von Artikulation in öffentlichen Räumen herzustellen.

Welcher Agonismus?

Mein Ansatz unterscheidet sich damit entschieden von dem von Habermas vertretenen Ansatz, der den politischen öffentlichen Raum – bei ihm „öffentliche Sphäre" genannt – als eine unvoreingenommene Arena der öffentlichen Debatte über Angelegenheiten des allgemeinen Interesses beschreibt. Er hat inzwischen eingesehen, dass es angesichts der Begrenzungen des sozialen Lebens unwahrscheinlich ist, dass so ein Konsens effektiv hergestellt werden kann, und beschreibt deshalb die ideale Sprechsituation als eine „regulative Idee". Aber aus meiner Perspektive ist das Problem seiner idealen Sprechsituation nicht empirischer, sondern ontologischer Natur, denn der rationale Konsens, den er als regulative Idee präsentiert, ist de facto eine konzeptionelle Unmöglichkeit. Sie würde die Möglichkeit eines Konsenses ohne Ausschließung voraussetzen, eines „Wir" ohne „Sie", das nicht möglich ist. Deshalb müssen wir auch die Idee des öffentlichen Raumes als Arena einer rationalen und kritischen Debatte, die dem Zweck der Konsensbildung dient, verabschieden.

Ich möchte darauf hinweisen, dass trotz ähnlicher Terminologie meine Konzeption des agonistischen öffentlichen Raumes sich auch von jener Hannah Arendts unterscheidet. Das zentrale Problem mit ihrem Verständnis von „Agonismus" ist, um es kurz zu fassen, dass es sich dabei um einen „Agonismus ohne Antagonismus" handelt. Ich meine damit, dass Arendt zwar die menschliche Pluralität betont und darauf besteht, dass Politik mit Gemeinschaft und der Wechselwirkung unterschiedlicher menschlicher Wesen zu tun hat, sie aber gleichzeitig niemals anerkennt, dass diese Pluralität den Ursprung antagonistischer Konflikte darstellt. Ihrer Argumentation zufolge ist politisches Denken mit der Fähigkeit gleichzusetzen, Dinge aus verschiedenen Perspektiven betrachten zu können. Wie ihr Bezug auf Kant und dessen Idee der „erweiterten Denkungsart" deutlich macht, unterscheidet sich ihr Pluralismus nicht grundlegend vom liberalen Pluralismus, da auch sie die Vorstellung einer zwischenmenschlichen Übereinstimmung ins Zentrum ihrer Überlegungen rückt. Tatsächlich sucht Arendt in Kants Doktrin des ästhetischen Urteils ein Verfahren, mit dessen Hilfe zwischenmenschliche Übereinstimmung im öffentlichen Raum hergestellt werden kann. Trotz wichtiger Unterschiede zwischen den beiden Sichtweisen stellt sich Arendt, so wie Habermas, den öffentlichen Raum am Ende als einen konsensualen Raum vor. Konsens sollte in ihrem Fall zweifelsohne über den Austausch von Meinungen (im Sinn der griechischen *doxa*) und nicht, wie bei Habermas, über einen rationalen „Diskurs" hergestellt werden. In beiden Fällen finden wir die Illusion der Möglichkeit eines rationalen Konsenses, keiner von beiden ist in der Lage, die hegemoniale Natur jeglicher Form von Konsens und die Unauflösbarkeit des Antagonismus – das Moment des „Widerstreits", was Lyotard als „differend" bezeichnet – anzuerkennen.

Arendt und Feminismus

Welche Implikationen haben diese unterschiedlichen Auffassungen von Agonismus für feministische Politik? In der Beantwortung dieser Frage wende ich mich nun jener Debatte zu, die von Feministinnen geführt wird, die von Hannah Arendt inspiriert wurden. In ihrem Artikel „Toward an Agonistic Feminism: Hannah Arendt and the Politics of Identity"[4] argumentiert Bonnie Honig, dass die Bedeutung von Arendts Arbeit für Feministinnen darin liegt, dass sie diese mit einer agonistischen Politik der Performativität ausstattet, die nicht reproduziert und repräsentiert, „was" wir sind, sondern agonistisch generiert, „wer" wir sind, indem neue Identitäten produziert werden. Tatsächlich ist das Selbst für Arendt ein komplexer Ort der Mannigfaltigkeit, dessen Identitäten immer performativ produziert werden. Ihrer Sichtweise zufolge droht eine politische Gemeinschaft, die sich selbst auf der Basis einer vorausgesetzten, geteilten und stabilen Identität konstituiert, den Raum der Politik zum Erstarren zu bringen und die Vielfalt, die politisches Handeln postuliert, zu unterdrücken. Honig bestätigt zwar, dass Arendt sich niemals als Feministin präsentierte, betont aber, dass ihre agonistische Politik der Performativität sich besonders gut für feministische Politik eignet, da sie es möglich macht, sich Feminismus als einen Ort der Verhandlung von Bedeutungen, Praxen und Politiken von Geschlecht und Sexualität vorzustellen. Über Arendt versucht Honig die festgeschriebenen Positionalitäten von Identität mit deren Politik irreduzibler Identitäten zu sprengen; ihr Ziel ist es, Geschlecht zu überwinden und Identität (sowie den Begriff „Frauen") von jenen restriktiven Kategorien zu befreien, die Handeln auf ein Sein reduzieren und Differenz der Gleichwertigkeit des Gleichen opfern. Wie Mary Dietz betont, findet Honig in Arendts Politik „einen kraftvollen Ausgangspunkt für die Artikulation eines aktions-orientierten Feminismus, der die Kategorie 'Frauen' als kritischen Brennpunkt seiner Politik aufrechterhält, diese aber nicht zur politischen Identität seiner Akteurinnen erklärt".[5] Identität wird durch „Identitäten" ersetzt und somit ist es unmöglich, „Frauen" als unhinterfragten Ausgangspunkt feministischer Politik vorauszusetzen. Dieser „dekonstruktive

4 Honig, Bonnie (Hrsg.): Feminist Interpretations of Hannah Arendt, Pennsylvania 1995.
5 Dietz, Mary: Feminist receptions of Hannah Arendt. In: Honig (Hrsg.): Feminist Interpretations of Hannah Arendt, S. 17-50.

Feminismus" sieht den öffentlichen Raum der Politik als ein Wortspiel des Disputes und des Wettbewerbs, in dem nicht die Frage ausgehandelt wird, WAS wir tun sollten, sondern WER wir sind. Die Frage, die sich für Feministinnen nun stellt, ist: Was konstituiert eine wirklich emanzipatorische Sprache?

Honigs Aneignung von Arendt wird von Seyla Benhabib herausgefordert, die eine alternative, von Habermas geprägte Interpretation des Arendt'schen öffentlichen Raumes vorschlägt. Dem von Honig vertretenen nietzscheanischen agonistischen öffentlichen Raum hält Benhabib das entgegen, was sie einen „assoziativen öffentlichen Raum" nennt, der ihrer Ansicht nach zum Ausgangspunkt einer feministischen Transformation des öffentlichen Raumes erklärt werden sollte. In ihrem Artikel „Feminist theory and Hannah Arendt's concepts of public space" beschreibt Benhabib das Assoziationsmodell mit Verweis auf gemeinsame Aktionen, die über Sprache und Überzeugungskraft koordiniert werden.[6] Sie bestätigt, dass man bei Arendt Verweise sowohl auf das agonistische wie auch auf das assoziative Modell finden kann, aber sie behauptet, dass Feministinnen das assoziative Modell bevorzugen sollten, da es der moderneren Konzeption von Politik entspricht. Ihrer Ansicht nach setzt der agonale Blick auf Politik eine moralisch homogene und politisch egalitäre, aber exklusive Gemeinschaft voraus, während der moderne Raum durch Heterogenität gekennzeichnet ist. Der agonale Raum, sagt sie, basiert eher auf Wettstreit als auf Kooperation, er ist auf Größe, Heroismus und Überlegenheit – und nicht auf Zusammenarbeit – ausgerichtet. Er individuiert jene, die daran teilhaben, und grenzt sie von anderen ab, statt sie aneinander zu binden. Im Gegensatz dazu ist der assoziative Raum Gegenstand und Ort von Handlungen, die in Übereinstimmung mit anderen durchgeführt werden. In solchen Räumen nimmt Sprache nicht die Form einer agonistischen verbalen Performativität, sondern die eines Gesprächs über Rechtfertigungen ein, die sich in Übereinstimmung mit der Norm einer egalitären Reziprozität entfalten. Für Benhabib ist nicht die Verbreitung von Identitäten, sondern die Verbreitung von Belangen wichtig, die über reflexives Fragen thematisiert werden, und zwar von jenen, die von den Konsequenzen betroffen sind. Mary Dietz, die in ihrer Diskussion der feministischen Rezeption von Hannah Arendt Honig und Benhabib vergleicht, betont, dass dieser Austausch die Neuauflage einer Dichotomie kennzeichnet, die in früheren Interpretationen als Gegenüberstellung von phallozentrisch versus gynozentrisch vorgefunden werden konnte. Diese Dichotomie nimmt nun die Gegenüberstellung von nietzscheanischer versus habermasianischer Konzeption des öffentlichen Raumes an.

Ohne Zweifel können wir bei Arendt Elemente finden, die beide Argumente rechtfertigen können. Was mich betrifft, so finde ich beide, Honigs und Benhabibs

---

6 Benhabib, Seyla: Feminist theory and Hannah Arendt's concept of the public space. In: *History of the Human Sciences*, 6/1993, S. 97-114.

Konzeptionen des öffentlichen Raumes, für Feministinnen unzulänglich. Was Honig betrifft, so denke ich nicht, dass der agonistische Kampf sich auf die Dekonstruktion eines „Wer-Seins" und die Verbreitung von Identitäten konzentriert und dabei die Frage nach dem ausblendet, was wir als BürgerInnen tun sollten. In diesem Punkt stimme ich mit Hannah Pitkins Kritik an Arendt überein, die in ihrem Artikel „Justice: On Relating Private and Public" Arendt dafür kritisiert, dass sie den Aspekt von Freiheit zu sehr betont und dabei die Frage nach Gerechtigkeit und dem, was getan werden sollte, nicht ernsthaft anspricht.[7] Offensichtlich handelt es sich hierbei um einen Aspekt, der bei Benhabib stärker präsent ist als bei Honig, aber ihr Problem liegt in der Annahme, dass die Frage nach dem, was getan werden sollte, mittels Deliberation konsensual geregelt werden kann. Im Gegensatz dazu schlage ich vor, dass die agonistische Dimension für demokratische Politik zentral ist, aber dass Agonismus nicht – wie das bei Honig der Fall ist – als reiner Kampf um Identitäten und als Streit darüber, wer wir sind, verstanden werden kann; er sollte auch die Frage danach adressieren, was wir tun sollen. Und wenn wir diese Frage verfolgen, dann ist es notwendig, die Besonderheit demokratischer Politik zu berücksichtigen, das heißt, wir müssen die Unauflösbarkeit des Antagonismus und der hegemonialen Natur jeglicher Form von sozialer Ordnung anerkennen. Diese Annahme impliziert, dass auch in Hinblick auf die Frage, was wir als BürgerInnen tun sollten, immer ein agonistischer Kampf zwischen verschiedenen hegemonialen Perspektiven stattfinden wird. Feministinnen müssen in diesem Streit Position beziehen, aber wir können nicht davon ausgehen, dass alle Feministinnen die gleiche Entscheidung treffen werden. Es wird immer eine Pluralität an Feminismen geben. Mein Gedanke ist folgender: Feministinnen, die sich an dem Kampf zur Radikalisierung der Gesellschaft beteiligen wollen, müssen sich der Natur des agonistischen hegemonialen Kampfes bewusst sein. Diese Einsicht wird ihnen die Tragweite einer weit gefassten Äquivalenzkette zwischen jenen deutlich machen, die für eine radikale Demokratie kämpfen. Ohne eine solche Verbindung werden sie den Herausforderungen, mit denen sie konfrontiert werden, nicht gewachsen sein.

Übersetzung: Anette Baldauf (unter Mitwirkung von Therese Kaufmann)

---

7 Pitkin, Hannah: Justice: On Relating Private and Public. In: *Political Theory*, 9/1981, S. 327-352.

Gerda Ambros

Die unvollendete Demokratie

Im Blick auf ihre geschichtliche und rechtliche Bedingtheit

Die Demokratie gilt nicht erst heute als das, was man jeweils für sich beansprucht, in dessen Namen man zu sprechen behauptet, als ob es etwas ist, das man hat oder nicht hat und das für alle das sein sollte, was es zu haben gilt. Das, wovon man nicht genug haben kann oder wovon es stets zu wenig gibt: mehr Demokratie! Es sei denn, man behauptet ein Maß gegen ein Übermaß, worin sie sich selbst gefährdet, und also: weniger Demokratie! Im Namen der Demokratie würde man der Architektur folgen und modern behaupten: Weniger ist mehr.

Die Demokratie aber, wenn sie überhaupt ist, wenn es sie überhaupt geben kann, ist notwendig unvollendete Demokratie. Man nähert sie dann ihrem Ende an, wenn man sie ausdrücklich bewahren will, wo immer man ihre Wahrheit und ihre Dauer kapitalisiert oder behaupten möchte. Das heißt nicht, dass man die Demokratie in eine Beliebigkeit des Meinens stellt, sondern dass man sie in die Sphäre der Differenz und Artikulation der Meinungen selbst verweist. Wie anders könnte Demokratie demokratisch sein?

Jede Rede von der Demokratie, jedes Kriterium, mit dem man sie unterscheidet, tritt somit in die Sphäre des Meinens ein, wo sie auf andere Perspektiven anderer trifft in einer per se offenen, auch in keinem endgültigen Überzeugen, keinem vorbehaltlosen Konsens und ebenso wenig in einem definitiven Dissens zu Ende kommenden Deliberation. Man wird vielleicht mit Jacques Derrida[1] sagen können, dass Demokratie dem „ist" und dem „es gibt" nur als das zukommt, was hier und jetzt im Kommen bleibt: eine „Demokratie im Kommen".

Nach dieser versuchsweisen Definition des Nicht-Definitiven in der Behauptung einer nicht aufs Hier und Jetzt festzulegenden Sphäre der Pluralität des Meinens, dessen notwendige Publizität die Frage nach jeweiligen Räumen des Öffentlichen anzeigt, verengen wir den Raum auf das, was man oft mit dem Titel der formalen Demokratie belegt: auf die Zelle, worin vereinzelte Stimmberechtigte ihre Wahl treffen. Ein Wählen, das entweder vorformulierte Vorschläge in Verfassungs-, Rechts-, Sachfragen unterstützt oder ablehnt, oder ein der repräsentativen Demokratie zugrunde liegendes Wählen von zur Wahl gestellten Repräsentanten, sich der Wahl stellenden Personen oder Parteien.

Das allgemeine und gleiche, direkte und geheime, aktive und passive (Verhältnis- oder Mehrheits-)Wahlrecht von Wahlberechtigten – und dies heißt zumeist von

---

1 Vgl.: Derrida, Jacques: Das andere Kap. Die vertagte Demokratie. Zwei Essays zu Europa, Frankfurt am Main 1992.

volljährigen StaatsbürgerInnen – charakterisiert das gewöhnliche Verständnis von Demokratie. Es setzt das Demokratische als dem Staatlichen zugehörig voraus. Für die Differenz von direkter und repräsentativer Demokratie rekurriert man zumeist auf die Unterscheidung der antiken von der modernen Demokratie oder man spricht vom Heute als dem der Massendemokratie. Noch ehe man „demos" mit „Volk" übersetzt oder nach Macchiavellis „lo stato" vom Staat spricht, bezeichnet die Demokratie bloß das größte Quantum an Herrschern: Als Herrschaft der Vielen ist sie jener der Wenigen und jener von Einem konfrontiert, wobei Monarchie wiederum von Despotie oder Tyrannis unterschieden sein kann – bis hin zum Modell der konstitutiven Monarchie, deren gegenwärtige europäische Formen wie die präsidentalen und parlamentarischen Regierungssysteme man schlicht „westliche Demokratien" nennen wird. Jedenfalls bringt man direkte Demokratie oder Volksherrschaft traditionskonform mit der Anfälligkeit für Demagogie und mit unbedachten Entscheidungen einer wankelmütigen Menge in Verbindung. Ferner aber ist die – abgesehen von der Schweizer „Konkordanzdemokratie" – begrenzte Rolle des Plebiszits nicht mit der Frage der Partizipation von „basisdemokratisch" organisierten Assoziationen der Zivilgesellschaft zu verwechseln.

Auf die Volkswahl verzichten freilich auch Regimes nicht, die sich über die Verfolgung jeder Opposition an der Macht halten, ohne dass man sie damit schon demokratisch nennen wird. Ebenso wird man umgekehrt fragen, ob je – und wenn, wann – der Ausschluss von Gruppierungen, Parteien, Einzelnen vom Wahlrecht gerade einer Demokratie zugehören kann.

Und das Andere der Demokratie, das nicht ihr eigenstes Anderes wäre? Ihre Opposition, ihre Gegner oder doch die Feinde der Demokratie? Hier das demokratisch Wahre, dort der schlechthin ungerechte Feind, mit dem es keine Koexistenz gäbe? Also Demokratie und Menschenrechte und ihre Feinde. Und schon muss man sie derart schützen, ihre Erhaltung um jeden Preis betreiben, dass man das, was es zu erhalten gibt, bis auf Weiteres aussetzt: Bürgerrechte wie Menschenrechte. Das Autoimmunitäre, wie es Derrida beschreibt. Was wäre dagegen eine demokratische internationale Politik oder eine demokratische Außenpolitik? Wie steht es um die Fürsprache im Namen und an Stelle derjenigen, die man somit zuerst als Unmündige deklariert, um sie auf diesem Weg zu ihrer Mündigkeit aufzurufen? Und die andere Meinung, der die Anerkennung, Meinung zu sein, versagt wird?

Ein formaler *double bind* würde hier besagen, dass der Demokratie die Freiheit zukommt, sich abzuschaffen, und dass sie sich abschafft, wenn sie sich die Freiheit nimmt. Ein weiterer wäre, dass ihre Definition, die eben dieses *finis*, dieses Ende oder diese Grenze, festzuschreiben sucht und darin vielleicht auch ihre Finalität, ihren Zweck, ihren Horizont oder ihr Ziel – gerade den Anspruch des Demokratischen – unterläuft, wo in der Stimme der anderen das andere Meinen anderer sich zu Gehör bringen kann, um die Zustimmung anderer zu gewinnen, um in den Prozess des Meinungsstreits einzutreten, der immer auch einer der Meinungsbildung sein kann. Dieser Anspruch markiert vielleicht die einzige Grenze darin, dass es Bedingungen für einen offenen Meinungsstreit in Zukunft geben kann.

Eine offen gehaltene Artikulation von Dissens ist in jeder Totalisierung gefährdet und auch in einer Mehrzahl von Monismen verfehlt, wie zumal auch in der Frontstellung eines Dualismus oder Antagonismus. Politisches Verstehen verengt sich darin zum bloßen Abhören von Worten als Indizien dieser oder jener Zugehörigkeit und begreift sie sodann als deren symptomatischen Ausdruck. Spricht man dagegen von radikaler Pluralität, dann im Hinweis auf die Singularität jedes und jeder Einzelnen in ihren unterschiedlichen Zugehörigkeiten, als – keineswegs souverän verstandene – Sprechend-Handelnde, und zugleich im Hinweis auf ein verstummendes als privatives Handeln, das gerade in der Absenz eines öffentlich-agonistischen Erscheinen-Könnens die Nähe von Ohnmacht und Gewalt anzeigt. Die Ansprache als Chance und Herausforderung einer Verantwortung ist Ansprache nur, wo sie zugleich eine Öffnung des Hörens gegen die assoziierten Verkettungen des Zugehörens ermöglicht. Sie verweist auf einen vielleicht unerhörten Krieg oder *polemos*, auf eine Macht oder *dynamis*, die eine Sachlichkeit im Widerstreit der Sprache anzeigt. Eine Sachlichkeit, die nicht in der pragmatischen Prosa, im *pragmaton* als Objekt aufgeht: als ob es Sachlichkeit nur als Eindeutiges einer rationalen Objektivität gäbe.

Eine solche liegt freilich in der Zählung der berechtigten Stimmen als Modus der demokratischen Entscheidung, ob als Wahl oder Abstimmung. Was oder wer darin Unterstützung findet, erhält nach dem verhältnismäßigen Quantum der Macht der Meinungen das größere Maß an Zustimmung und Vertrauen – ein Begriff, den, verbunden mit einer dem gesellschaftlichen Leben zugehörenden stillschweigenden Zustimmung, erstmals John Locke im vertragstheoretischen Konzept des „trust" gegenüber der Regierung einführt.

Jene Formalität der Teilhabe in der bloßen Ermittlung der Stimmenanzahl aber scheint der kategorialen Überlieferung nach zumeist nur ermöglicht durch ein quasi-substanzielles Pendant. Demokratisches Abstimmen, so sagt man einhellig in kritischer oder affirmativer Absicht, setze stets eine vorgängige Stimmigkeit voraus.

Dies korrespondiert zum einen mit der Gleichsetzung von Demokratie und Mehrheitsprinzip, wobei dann nicht Minderheitenschutz oder relative Autonomie gegen die „Tyrannei der Mehrheit", sondern die Inexistenz von Minderheiten als beste Voraussetzung für den Anspruch kollektiver Gleichheit und „Selbst"-Gesetzgebung gilt. Zum anderen verbindet sich damit das Denken des Konsenses aller, wobei hier das Gegen- oder Umspringbild der Übereinstimmung das auf die Sollensforderungen von Rationalität und Vernunft, von Moralität und Gerechtigkeit ausgerichtete Konsens-Versprechen ist.

Wo der berechtigten Stimme eine politisch-juridische Gleichheit als „formale“ zugeordnet wird, erscheint zumal Gleichheit als Rechtsstatus jeder einzelnen Person bzw. Gleichheit vor dem Gesetz als „formal“.

Man fragt dann nicht mehr nach dem Unterschied, den es ausmacht, wenn sie überhaupt fehlt, und auch nicht nach einem Modus des Mit- und Gegeneinander, worin Verschiedenste und Einzigartige aufeinander „wirklich“ als Gleiche bezogen wären.

Die Behauptung vorgängiger Homogenität aber teilt sich entlang der überkommenen Unterscheidung von Staat und Gesellschaft oder Staat und Volk in die Reihen des Ethnischen-Kulturellen-Nationalen und des Ökonomischen-Sozialen.[2] Man muss für das Entstehen kapitalistischer Gesellschaften keinem ökonomischen Determinismus folgen, um die Frage der politisch-juridischen Form mit jener der industriellen und technologischen Produktivkraftentwicklung zu verbinden – und vor allem auch mit einer vor- wie nachmarxistischen „politischen Ökonomie“ des Regierens.[3]

Ein gegenwärtiges Verständnis von Demokratie ist nicht nur auf die Revolutionen des 18. Jahrhunderts bezogen, sondern ist auch untrennbar von ihrer Ausgestaltung im Zuge der sozialen Kämpfe des 19. Jahrhunderts.

Zugleich mit dem Hinweis auf Jeffersons späte Version einer Bewahrung der amerikanischen Republik als *constitutio libertatis* im Modell eines Delegationssystems von *wards* oder *councils* als kommunalen Räten hat Hannah Arendt gezeigt, wie das vom souveränen Nationalstaat und seinem Parteiensystem geprägte, zur Einparteiendiktatur transformierte sozialistische Revolutionskonzept die Einsichten von Marx bis Trotzki über die politische Form der Volksgesellschaften von 1789, der späteren Kommunen, Räte oder *Sovjets*, als „einzig echte Form unmittelbarer Demokratie“[4] zunichtemacht. Zum anderen verbindet sich die Option für den Parteienstaat einer parlamentarischen Demokratie[5] mit dem wohlfahrtsstaatlichen

2 Soziale Gleichheit wird erstmals als „equality of condition“ in Alexis de Tocquevilles „Über die Demokratie in Amerika“ formuliert, deren exemplarische republikanische Gründung zugleich mit dem Stillschweigen über die Bedingungen der Sklaverei verbunden war. Bereits mit Rousseau kann man das verwerfen, was die Ungleichheit der Bürger und ihrer Lebensverhältnisse bedingt, wo jeder dem Staat und damit seinem eigenen Allgemeininteresse durch Armut und Überfluss entfremdet sei und wo es dem, was Rousseau noch „Luxus“ nennt, gelingt, „die einen zu Knechten der anderen und alle zu Knechten der herrschenden Meinung zu machen“ (Rousseau, Jean-Jacques: Vom Gesellschaftsvertrag oder Grundsätze des Staatsrechts, Stuttgart 1994, S. 73).

3 Vgl.: Foucault, Michel: Die Gouvernementalität. In: Bröckling, Ulrich/Krasmann, Susanne/Lemke, Thomas (Hrsg.): Gouvernementalität der Gegenwart. Studien zur Ökonomisierung des Sozialen, Frankfurt am Main 2000.

4 Arendt, Hannah: Über die Revolution, München 1974, S. 331.

5 Für Arendts Republikanismus steht öffentliche Partizipation und Assoziation selbst im Vordergrund – nicht zuletzt als pluraler Modus einer Dissens-Erfahrung, die der totalitären Ein-

Anspruch, „eine Oligarchie im Interesse der Massen zu sein“[6], und impliziert Politik als Interessenausgleich und Verwaltung der „Dinge und Menschen“[7]. Das Demokratische aber findet sich im gesellschaftlichen Indiz der statistischen Durchlässigkeit für verschiedene Bevölkerungsgruppen in ihren Karrierechancen oder solchen des Aufstiegs in die politische Klasse wieder, deren gesellschaftspolitisches Pendant etwa entsprechende Quotenregelungen sind. Chancengleichheit ist dabei auf das jeweils vorherrschende Verständnis von Leistung angewiesen, womit sich hier Demokratie und Meritokratie verbinden.

Die ökonomisch-soziale Gleichheit wird jedenfalls hier zum Zweck oder Objekt von Politik, wobei „Demokratie“ das Mittel zu diesem Zweck wäre – respektive das Mittel zur Erreichung oder Bewahrung ihrer eigenen Voraussetzung, ihrer eigenen Vorbedingung in einem gewissen Maß des nicht allzu Heterogenen. Insofern steht sie auch im zirkulären Bedingungsverhältnis von sozialen Standards, Bildung und Zugang zu politisch-juridischer Partizipation, worin erst die Trennung von sozialstaatlichen Eingriffen und Übergriffen von liberalen oder aber liberalistischen Freistellungen verhandelbar wird.

Umgekehrt kann man fragen, inwiefern dies schlicht meint, dass unter Bedingungen von gravierenden Wirtschaftskrisen, Arbeitslosigkeit und Massenarmut es niemanden und nichts gibt, das die politische Stabilität „der Demokratie“ garantieren kann. Sonach würde man nach bestimmten ökonomischen Konzepten[8] darauf hinarbeiten, dass solche Bedingungen nicht eintreten mögen, die im 20. Jahrhundert mit einem Europa der Diktaturen und totalitären Regimes verbunden waren.

An die Stelle des Ausgleichens tritt im totalitären Konzept das anti-politische Prinzip eines souveränen Herstellens „wirklicher“ als konfliktloser Homogenität. Tut sich in der Rede von totalitären Demokratien eine äußerste Ambivalenz im Verständnis von Demokratie auf, so kann man sie als Nähe des Besten und des Schlimmsten bereits in den divergenten Lesarten von Rousseaus „Gesellschaftsvertrag“ und seiner Einführung des Willens-Konzepts der Volkssouveränität finden.[9]

---

mütigkeit widerstehen kann: Die Bürger sind „repräsentiert, doch repräsentiert und delegiert können nur Interessen und die Sorge um die allgemeine Wohlfahrt der Wählerschaft werden, keinesfalls aber ihre Fähigkeit zu handeln oder auch nur ihre Meinungen“, sofern es solche ohne Teilhabe an einem „Prozess öffentlicher Diskussion“ (Arendt: ebd., S. 346) überhaupt gibt.

6 Ebd., S. 347.

7 Ebd., S. 353.

8 So ist eine Version des Ausgleichs im Namen der sozialen Demokratie angetreten, auf den jener der sozialen Marktwirtschaft folgen konnte, die mehr oder weniger frei, d.h. liberalistisch werden kann, wie es die Europäische Union als – vermeintlich politisch-juridisches – Prinzip festschreibt: als offene Marktwirtschaft mit freiem und unverfälschtem Wettbewerb.

9 Der für Rousseau einzig legitimen Staatsform, der auf volkssouveräner Selbstgesetzgebung basierenden Republik, entzieht die Regierungsform der – direkten – Demokratie die Trennung

Entsprechend schließt Demokratie nach Carl Schmitt eine Ungleichbehandlung Ungleicher aus, für deren Ausschließung seine Definition plädiert: Demokratie umfasse „erstens Homogenität und zweitens – nötigenfalls – die Ausscheidung oder Vernichtung des Heterogenen", sodass „sie das Fremde und Ungleiche, die Homogenität Bedrohende zu beseitigen oder fernzuhalten weiß".[10]

Dem ökonomisch-sozialen Gleichheitspostulat jedenfalls entsprach historisch auch der Ausschluss der Besitzlosen von bürgerlich-politischen Rechten bzw. das Zensuswahlrecht.

Ist die der Demokratie vorausgesetzte Stimmigkeit in dieser Weise verstanden, wonach die Bürger zwar Freie und Gleiche, aber eben nicht alle Bürger sind, dann fragt man zumeist nicht mehr, worin unter den so Privilegierten die Struktur, die Erfahrung oder der Modus des Demokratischen bestehen kann, sondern konfrontiert ihn mit dem „Alle". Für das „Alle" aber bleibt die Bedingung einer relativen Freistellung vom Lebensnotwendigen und der freien Zeit die entscheidende. Zum anderen ist es dieses Alle und sein Bezug zu allgemeinen Menschenrechten, welches die Gleichheit zuallererst mit der Diskriminierung verbindet und die zentrale Frage oder die Leitfrage demokratischer Kritik prägt – jene nach Zugehörigkeit oder Zugang und nach Nicht-Zugehörigkeit oder Ausschluss.

Was das „Nicht allzu Unterschiedliche" angeht, so kann man allem voran und angesichts einer Bereichsteilung, die den *homo politicus* von der *femina privata* im Kontext der Familie trennt, eine prä-politische Homogenität als fortwährende Orientierung an der „Brüderlichkeit" notieren, wonach das Maß von Gleichheit in der Unterstellung von Gleichartigkeit gründet. So wird die Frage der Gleichheit sich als eine der als gleichartig qualifizierten Bürger und der ausgeschlossenen, diskriminierten Nicht-Bürger schon immer mit den Unterscheidungen der Eingeborenen und Nicht-Eingeborenen im Sinn des *jus sanguinis* (der Abstammung), aber auch des *jus soli* (des Territoriums) verbunden zeigen mit jenen der Männer und der Frauen, der Erwachsenen und der Kinder, der Mündigen und der Unmündigen. Die Unterstellung von Gleichartigkeit lässt gemeinhin sowohl den Begriff

---

der Gewalten, die wiederum nach Kant allein von einer politischen Form zu sprechen erlaubt, wo sie als Legislative, Exekutive und Judikative unterschieden sind. Die vollendete sittliche Freiheit kann sich, da sie allein einer Immanenz des Übereinstimmens überlassen ist, demnach in die Essenz einer vor dem 20. Jahrhundert unbekannten totalen Herrschaft transformieren, denn nach Rousseaus Gesellschaftsvertrag, den jeder mit sich selbst als dem eigenen Allgemeinen oder eigenen Gemeinwillen im Versprechen der Feindschaft gegen sich selbst als gegen sein davon abweichendes Eigeninteresse wie auch gegen ein solches der anderen schließt, kann der irre eigene Gemeinwille aller in seiner Einmütigkeit auch durchaus darin bestehen, dass man selbstlos einstimmt, beispielsweise als Asthmatiker hingerichtet zu werden, um nicht dem Ideal einer gesunden Volksrasse im Wege zu stehen.

10 Schmitt, Carl: Die geistesgeschichtliche Lage des heutigen Parlamentarismus, Berlin 1996, S. 13 f.

des Volkes wie auch den der Nation als Staatsbegriff nicht aufhören, eine ethnisch-kulturelle Abstammungsgemeinschaft zu bezeichnen. Die Annahme eines Substanz- oder Subjektbegriffs der Gemeinschaft, des Kollektivs, des Volkes oder der Gesellschaft rechnet das öffentliche Leben einem stets doublierten singulär-kollektiven Subjekt als Eigenschaft, Besitz und Eigentum zu. Eine Eigenschaft, die von einem Wir beansprucht wird: als unsere Kultur oder unsere Sprache.[11] Ein selbst-verständlicher Zugang, der doch zugleich den Unterschied des Vertrauten und Unvertrauten verspielt, als ob es Zugehörigkeit nur um den Preis der Taubheit gäbe – arretiert in der Kapitalisierung von Eigentumsgrenzen, welche auch den Unterschied des Politischen verdeckt.

Freilich steht auch gerade das „Selbst" in seinen Komposita als Selbstbestimmung, -regierung, -gesetzgebung im Konzept einer kollektiven Entität und Identität wie auch in der Definition von Demokratie als Identität von Herrschern und Beherrschten.

Das demokratietheoretische Denken der Symbolisierung des Konflikts kann dagegen auch als Umschrift der vertragstheoretischen Differenz von *status naturalis* und *status civilis* lesbar sein, wobei sich seine politische Form im nach-absolutistischen Staat gerade nicht als bloß rousseauistische Umkehrung der Souveränität in den Immanentismus des Kollektivwillens darstellt.

Das Philosophem der Demokratie ist historisch-politisch, als es eine nicht-teleologische Geschichtsphilosophie *in nuce* enthält, die sich dem Ökonomismus des marxistischen Denkens der Gesellschaftsformation entzieht. Es handelt sich vor allem um drei selbst in geschichtlichen Bezügen charakterisierbare Elemente: zuallererst um die Leerstelle der Macht, die jede souveräne Repräsentation als geschlossene Inkarnation des Sozialen nur mehr als deren imaginäre Besetzung zu erkennen gibt, da kein Rückgang zur vormodernen, dem Religiösen zukommenden Symbolisierung mehr denkbar ist. Die verkörperte Geschlossenheit ist Claude Leforts Modell[12] der totalitären Demokratie, die sowohl die Trennung von Macht, Recht und Wissen bzw. Meinen einkassiert als auch ein der Leerstelle der Macht korrespondierendes, jedoch radikal transzendentes Außen. Dem Immanentismus entzieht sich nicht nur die Struktur des transzendenten Außen, das die Zukünftigkeit von Legitimitätsbezügen für politische bzw. Rechts-Ansprüche im Namen von Freiheit-Gleichheit offen hält. Die arche-teleologische Verschränkung in der Vorstellung eines über Selbstnegationen sich dialektisch fortentwickelnden Kollektiv-

11 Der Bezug des „Mein" ist gleichsam falsch gestrickt, wo doch meine Sprache, die mir nicht gehört, mich zuallererst zur Welt kommen lässt. Die verleugnete Fremdheit in der Äußerlichkeit der Welt, ihre Verinnerlichung im „Mein" ist Symptom der Weltentfremdung, der kleinen privaten Aneignung im Phantasma von Kultur als singulär-kollektivem Besitz.

12 Vgl.: Rödel, Ulrich (Hrsg.): Autonome Gesellschaft und libertäre Demokratie, Frankfurt/Main 1990.

körpers wird auch bezüglich der *arché* oder eines Ursprungs aufgebrochen, worin Volkssouveränität – zumal in Rousseaus Gesellschaftsvertrag als Akt einer Selbsthingabe aller Einzelnen an den Kollektivwillen – gründet. Kein identitärer Punkt des Anfangs, sondern eine *differánce*. Diese als ursprüngliche Teilung mag sich zwar zu leicht in die Kurzfassung eines von seiner Spaltung her verstandenen oder bloß gespaltenen Kollektiv-Subjekts übersetzen lassen, sie öffnet aber – spiegelbildlich zur Durchstreichung jeder Verfügbarkeit eines transzendenten Maßstabs oder *telos* – als jeder Instituierung vorgängig die Zukünftigkeit von Differenz und Konflikt.

Die Leerstelle der Macht aber markiert eine doppelt offengehaltene Symbolisierung: jene der repräsentativen Demokratie als Wettstreit um den Zugang zur Macht, dessen Übertragung stets nur zeitlich befristete Besetzung ist und dabei die konsensuelle Spielregel der Akzeptanz der Gesetzgebung und Regierung impliziert, sodass im fortgesetzten Streit die Opposition die analoge Chance erhält; und jene der gesellschaftlichen Assoziierungen, die ihre Ansprüche öffentlich zur Geltung bringen und darin in ihren Perspektiven eine noch unerhörte Legitimität artikulieren mögen.

Diese Berufung auf – jeweils bestreitbare – Legitimität ist in jenem einzigen Menschenrecht verankert, das nach Hannah Arendt im Recht besteht, Rechte zu haben. Das Recht, Rechte zu haben, spricht die Konjunktion von Demokratie und Menschenrechten an der Unterscheidung von Bürger- und Menschenrechten an und damit an den Privilegien von StaatsbürgerInnen selbst noch als bloß gleichem Recht unterworfene Untertanen. Demnach wären im Normalfall ihre bürgerlichen Rechte auf Leben, Freiheit, Eigentum, ihr Schutz gegen willkürliche Verhaftung, das Recht auf ein faires Verfahren im Instanzenzug unabhängiger Gerichte usf. garantiert, während umgekehrt ihre freie Zustimmung zur Rechts-Suspension en detail den Status politischer Freiheit in die Aporie des Ausnahmezustands verstrickt. Unterteilt man den Rechtsstatus jedes Einzelnen nach politischen, bürgerlichen und sozialen Rechten, so kann man entsprechend dem Prinzip der „Selbst"-Gesetzgebung darauf verweisen, dass alle von Rechtsnormen und Regelungen – sowie dem Fehlen solcher – Betroffenen maximalistisch in deren Artikulation, Diskussion und Entscheidung einzubinden wären, minimalistisch aber das Recht zu deren Bestreitbarkeit haben, als Recht auf ein öffentliches Gehörtwerden, das gerade in Berufung auf Prinzipien der Legitimität auch gewaltlose Formen des zivilen Ungehorsams umfassen mag und mindest als Möglichkeit der Petition, des Rechtsweges, der Anrufung von Höchst-Gerichten instituiert sein muss.

Darin ist bereits die Herausforderung eines Politisch-Juridischen im Denken eines „Wir ohne wir" angezeigt, die das strukturelle Bündnis der ökonomistischen Kategorien des nationalen oder supranationalen Regierungshandelns im Namen des Gemeinwohls mit der imaginär-privativen Familialisierung des Politischen verwirft. Im Bruch mit der sozial-nationalen Solidaritätsbeschränkung können die verdeckten Fragen eines republikanisch-demokratischen Staats- und Weltbürgertums auch gerade im Blick auf ökonomische Interdependenzen zuallererst zum Vorschein kommen.

Wo man der pseudofamilialen Denkform des „Unsrigen" als singulär-kollektivem Eigentum oder international anerkanntem Territorial-Besitz als „Souveränitäts"-Grenze jene der Anerkennung von Grenzen als solche politisch-juridischer Öffentlichkeiten mit einem ebensolchen Status der Gleichheit der Bewohner entgegenhält, impliziert dies nicht notwendig die völlige Durchlässigkeit von Grenzen, sehr wohl aber die Orientierung an Freiheit-Gleichheit. Zu dieser gehört schon nach Kant ein „Besuchsrecht" oder nach Grotius jenes zur Auswanderung, die auf einer von Staaten-Welten besetzten Erde notwendig mit dem Recht auf Einreise verbunden sein muss.

Der angezeigte Unterschied ist nicht nur an der von Kant im Namen von Recht und Freiheit verworfenen rousseauistischen Fusion von Gerechtigkeit und kollektivem Eigeninteresse im volkssouveränen Staatsbegriff zu ermessen, sondern an einer im Imaginären verfangenen Logik nationaler Sozial-Staaten, die sich – nach dem totalitären Kompositum – im ökonomistischen Regierungsdiskurs des Firmenmanagements und seiner Experten wiederfinden.

Und wie verhält sich dazu ein supra-nationales Gebilde, das seine genuine Orientierung in einem bestimmten ökonomischen Denken mit der Berufung auf Aufklärung und Menschenrechte zu verbinden sucht?

Die Demokratiefrage in der Europäischen Union kann auf verschiedenen Ebenen gestellt werden, in ihrer Orientierung an Gleichheit/Diskriminierung aber ist sie bereits im Konzept der allein über ihre jeweilige Staatsbürgerschaft zum Recht auf Freizügigkeit, Niederlassung, Familienzusammenführung befugten, in jedem anderen Mitgliedsstaat zu kommunalem Wahlrecht berechtigten Unionsbürger virulent. Die Regelung des Zugangs zur Staatsbürgerschaft bleibt den Einzelstaaten überlassen, in denen oft große Teile der Bevölkerung selbst vom kommunalen Wahlrecht ausgeschlossen bleiben, teils auch Grundrechte wie die Assoziation zu politischen Gruppierungen und Versammlungsfreiheit nicht gewährleistet sind. Drittstaatsangehörige werden zu Objekten gesetzgeberischer Sonderbehandlung, während ihnen der Zugang zur Staatsbürgerschaft verwehrt ist, wo europäische Staaten Doppelstaatsbürgerschaft nicht akzeptieren oder Herkunftsstaaten einen Austritt nicht erlauben. Im Gegensatz zu EU-Bürgern können Zuwanderer aus Drittstaaten oft selbst in der zweiten und dritten Generation keinen prinzipiellen Rechtsschutz gegen Ausweisung beanspruchen. Abgesehen von Denaturalisierung als Verletzung internationalen Rechts aber kann ein Schutz vor Ausweisung stets „souverän" infrage gestellt werden, wo immer man sich über einen Schutzauftrag des Staates auf die Gefährdung der öffentlichen Ordnung, Sicherheit, Gesundheit

– auf das alltägliche Pendant des rechtssuspensiven Notstands oder Ausnahmezustands – beruft. Dieser ist in das Konzept des sozial-nationalen Staates bereits im Namen der Nützlichkeit eingeschrieben, seit Staatsräson sich im Ideologem des singulär-kollektiven Gesamtinteresses legitimiert. Entsprechend verwechselt man meist kulturalistisch-nationalistische Assimilation mit einer nur auf Rechtsgleichheit gründbaren Integration. Von verordneter Assimilation sind Unionsbürger befreit, wie auch gemeinhin „geborene" Staatsbürger – hinsichtlich der Frage nach staatsbürgerlichen Qualifikationen[13] – unqualifiziert bleiben können.

Auch wenn Elspeth Guild[14] auf die Neudefinition von Staatsbürgerschaft im Feld der Menschenrechte hinweist, das von Einzelstaaten verfehlt und von den beiden europäischen Höchstgerichten ins Spiel gebracht wird, dann bleibt doch die Problematik, dass dabei ein von materiellen und abwägbaren Kriterien abhängiges System diversifizierter Rechtsstellungen der Einzelnen entsteht, das sich umgekehrt mit Formen der Aushöhlung der Rechte von Staatsbürgern verbinden kann.[15]

Wo Diskriminierung von Nicht-Staatsbürgern – mit verwaltungsstaatlich vorgeführten, nicht auf „Hetze", sondern auf „Gesetzen" und „Verordnungen" gründenden Formen von Rechtsverweigerung oder auch systematischer Rechtsunsicherheit und damit evozierter Behördenwillkür – aktiv zur Unterentwickelung des Rechtsstaats-Verständnisses der Bürger beiträgt, kann man dies als nicht nur psychologischen Effekt einer inneren Kolonialisierung verstehen. Dass nicht Ignoranz und Unterlassung von Hilfeleistung, sondern die Rettung von Menschenleben vor europäischen Küsten zu einer Anklage und eventuellen Verurteilung führen kann, muss die Frage aufwerfen, welches Beispiel – und sei es allein als Vorbild für das Handeln der eigenen Bürger – ein zu Demokratie und Menschenrechten sich bekennendes Europa geben kann.

---

13 Gegenüber Kriterien wie „Nützlichkeit" oder politisch-moralischen „Fähigkeiten" – eines idealiter seiner Staatsbürgerschaft freiwillig beitretenden oder sie auswechselnden Individuums – wäre vielmehr von der Unqualifizierbarkeit der Einzelnen auszugehen. Der gleiche Rechtsstatus als dringliches Anliegen jedes demokratischen Rechtsstaates ist in den Vordergrund zu stellen.

14 Guild, Elspeth: The Legal Elements of European Identity. EU Citizenship and Migration Law, The Hague 2004.

15 Nach österreichischem Fremdenrecht bleibt nicht-wohlhabenden Staatsbürgern nur die Alternative, ihr Land zu verlassen oder auf ein Ehe- und Familienleben mit Nicht-EU-Bürgern zu verzichten. „Armut" tritt hier an die Stelle des Verbrechens bzw. oft bloß geringfügiger Straftaten, für die auch lange in EU-Staaten lebende, arbeitende und steuerzahlende Drittstaatangehörige nicht allein nach rechtsstaatlichen Sanktionen, sondern mit Ausweisung „bestraft" werden.

Andrea Günter

Die Stadt, die Geschlechter und die Politik der Pluralität

Die Stadt und das Politische

Bei Platon findet sich die ungewöhnliche Idee, dass Menschen sich als städtische Wesen begreifen müssen, wenn sie ihr Zusammenleben gerecht gestalten wollen.[1] Wird Gerechtigkeit nämlich über das Individuum definiert, so gelangt man lediglich zu Vorstellungen von Ungerechtigkeit. Denn Gerechtigkeit benennt, wie Menschen miteinander in Beziehung stehen: wie sich das, was getan wird, auf andere und auf das Zusammenleben der Menschen auswirkt, ob es eine gerechte oder ungerechte Wirkung auf Mitmenschen entfaltet. Stellte man eine Einzelperson und ihre Anliegen ins Zentrum, dann würde allein sie zum Maß von Gerechtigkeit. Die Definition von Gerechtigkeit über allein ein Individuum läuft der Gerechtigkeit als zwischenmenschlicher Größe zuwider.

Als Alternative zum Ausgangspunkt „Individuum" nennt Platon die Stadt. Die Stadt kennzeichnet eine bestimmte Qualität, in der Menschen miteinander in Beziehung stehen. Sie stellt eine Weise dar, wie Menschen ihr Leben gemeinsam ordnen. Stimmt das Beziehungsgefüge, gelingt die Ordnung, kann gerecht gehandelt werden. Das Städtische ist gleichermaßen ein Ausdruck von Politik und Ethik.

Ähnlich wird von der neueren Stadtsoziologie die Stadt als der soziale Raum beschrieben, in dem die moderne Idee der Gleichheit mit der praktischen Ungleichheit im Leben der Menschen in Beziehung gesetzt wird.[2] Der besondere Reiz dieser Deutung liegt darin, dass die Gleichheit oder die Ungleichheit nicht als ein Ergebnis von Politik, sondern beide als gleichzeitig vorhandene Ausgangspunkte sichtbar werden. Die beiden Ausgangspunkte „abstrakte Idee der Gleichheit" und „Erfahrung praktischer Ungleichheit" können so zueinander in Beziehung gesetzt werden, dass sie sich in etwas Weiteres verwandeln: in städtisches Leben als gerechtes Leben.

Der Begriff der Gerechtigkeit beginnt zu schillern. Er erscheint als Öffnung des Dualismus von Gleichheit und Ungleichheit und dessen Verbindung mit dem Dualismus von Abstraktion/Idee und Erfahrung/Praxis. Analog dem Entweder-

1 Vgl.: Platon: Politeia, 369b.

2 Häussermann, Hartmut/Siebel, Walter: Stadtsoziologie. Eine Einführung, Frankfurt/M. 2004. Vgl.: Günter, Andrea: Welt, Stadt, Zusammenleben. Pluralität und Geschlechterphilosophien, Königstein 2007, S. 58.

Oder von Gleichheit und Ungleichheit sowie Abstraktion/Idee und Erfahrung/Praxis lässt das Städtische eine Unmenge von Dualismen rekonstruieren, die mit Politik zu tun haben: Autonomie und Gebundenheit, Individualismus und Kommunitarismus, Privatheit und Öffentlichkeit, (totalitäre) Einheit und Fragmentalität/Dezentrierung/Pluralität der Einzigartigen.[3]

Städtische Bezogenheit beinhaltet gerade auch die Pluralität der Geschlechter. Die Stadt war für Frauen immer ein Lebensort, der ihnen die unterschiedlichsten Lebensbereiche und Möglichkeiten eröffnete. Wird heute über die Zukunft der Städte nachgedacht, dann geht es um die Zukunft der Lebensmöglichkeiten von Frauen und der Verhältnisse der Geschlechter. Auch die UNO hebt diesen Zusammenhang deutlich hervor. 2030 wird die Stadtbevölkerung fünf Milliarden Menschen umfassen. Das Wachstum der Städte birgt besonders für Frauen aus den ärmeren Ländern des Südens Chancen. Von den Vorteilen der urbanen Räume profitieren Frauen, die in Slums wohnen, jedoch kaum. Diese Stadtteile aber sind es, die am schnellsten wachsen.[4]

Wie also hängen das Städtische und das Leben von Frauen zusammen? Platon definiert sehr genau, was Pluralität für ein geschlechterdemokratisches Gesellschaftsgefüge besagen kann.

Menschen sind städtische Wesen

Städtisch zu sein ist eine menschliche Eigenschaft. Insofern gilt nicht nur historisch, dass die Städte neben den Sippen die ältesten Gefüge des menschlichen Zusammenlebens bilden.[5] Vielmehr verweist das Städtische auf eine anthropologische Größe.[6] Folgt man Platon, dann ist diese Größe maßgeblich von Pluralität geprägt, von der Tatsache, dass Menschen unter der Bedingung der Pluralität miteinander in Beziehung stehen. Ein Mensch genügt sich nicht selbst, sondern bedarf vieler verschiedener Menschen, führt Platon aus. Anderer zu bedürfen ist dabei nicht nur dem geschuldet, dass ein Mensch allein nicht am Leben bleiben, überleben kann und deshalb auf Unterstützung und Arbeitsteilung angewiesen ist. Menschen entwickeln vielmehr durchaus auch eine Freude an der Vielheit und Verschiedenheit der Menschen. Die Erfahrung der Freude an der Vielheit und Verschiedenheit der Menschen ist die Voraussetzung dafür, Pluralität nicht nur als unabwendbares Übel, sondern als Gewinn und Wert für das Zusammenleben zu schätzen.

---

3 Vgl.: Günter: Welt, Stadt, Zusammenleben, S. 49-59.

4 Vgl.: Weltbevölkerungsbericht 2007, ZWD Berlin, 21. 8. 2007.

5 Benevolo, Leonardo: Die Geschichte der Stadt, Frankfurt/M. 2000; ders.: Die Stadt in der europäischen Geschichte, München 1999.

6 Sternberger, Dolf: Die Stadt als Urbild. Sieben politische Beiträge, Frankfurt/M. 1985.

Die Notwendigkeit für das Überleben und die Freude an der Pluralität sind die beiden Momente, die die Vielheit und Verschiedenheit der Menschen als ausschlaggebende Macht ihres Zusammenlebens deutlich machen. Menschliche Vielheit und Verschiedenheit veranlassen zu der Suche nach Organisationsformen des Zusammenlebens. Hierin begründet sich Politik. Es ist eine Politik, die eine Ableitung des Politischen aus der Familie und folglich eine ganz bestimmte – nämlich die heterosexuell-familiale – Form als maßgebliche Geschlechterbeziehung ablehnt. In den Worten von Hannah Arendt: „Politik handelt von dem Zusammen- und Miteinandersein der Verschiedenen. Politisch organisieren sich die Menschen nach bestimmten wesentlichen Gemeinsamkeiten in einem absoluten Chaos oder aus einem Chaos der Differenzen. Solange man politische Körper auf der Familie aufbaut und im Bild der Familie versteht, gilt Verwandtschaft in ihren Graden als das, einerseits, was die Verschiedensten miteinander verbinden kann, und als das, andererseits, wodurch wieder Individuen-ähnliche Gebilde sich von- und gegeneinander absetzen. In dieser Organisationsform ist die ursprüngliche Verschiedenheit ebenso wirksam ausgelöscht, wie die essentielle Gleichheit aller Menschen, sofern es sich um *den* Menschen handelt, zerstört ist. Der Ruin der Politik nach beiden Seiten entsteht aus der Entwicklung politischer Körper aus der Familie. Hier ist bereits angedeutet, was im Bild von der Heiligen Familie symbolhaft wird, dass man der Meinung ist, Gott habe nicht so sehr den Menschen als vielmehr die Familie geschaffen."[7]

Arendt hält es für menschliche Hybris, dass Menschen sich gleich machen, „im Ebenbild seiner selbst *den* Menschen schaffen", aus der Verschiedenheit herauskommen wollen.[8] Zugleich stellt sie die Pluralität – das Zusammenleben von Vielen und Verschiedenen – als ein Grundphänomen menschlichen Lebens heraus.

Der Verweis auf die Werthaltigkeit der Pluralität allein ist demnach keine Antwort für das Zusammenleben unterschiedlicher Menschen. Vielmehr zeigt der Verweis auf den Wert „Pluralität" an, dass überkommene, auch zuvor hochgehaltene Praktiken der Pluralität sich nicht länger bewähren, sondern neue Wege entwickelt werden müssen, um das Chaos der Differenzen in ein – immer wieder vorläufig – sinnvolles Zusammenleben zu verwandeln. Die Frage der Integration von Migran-

---

7 Arendt, Hannah: Was ist Politik, München 1993, S. 9 f. Arendt grenzt sich hiermit klar von der Idee ab, dass die Familie die Keimzelle des Staates ist. Sie stellt sich eindeutig auf die Seite Platons, für den familiale Organisationsstrukturen zu Begünstigung und damit zum Tod der Politik führen. Arendt kann also nicht als Aristoteles' Tochter betrachtet werden, wie das oft vorschnell geschieht. Z.B. Fritz-Vannahme, Joachim: Des Aristoteles verzweifelte Tochter. Über Hannah Arendt. In: Greiner, Ulrich (Hrsg.): Revision. Denker des 20. Jahrhunderts auf dem Prüfstand, Hamburg 1993, S. 43-49. Vgl.: Günter: Welt, Stadt, Zusammenleben, S. 44, 64.

8 Ebd.

tinnen und Migranten steht derzeit exemplarisch für diese Aufgabe. Hierbei ist zu beachten, dass die Tyrannei oder der Fundamentalismus, das Dogma der Unfehlbarkeit des Papstes und die Demokratie gleichermaßen – wenn auch sehr unterschiedliche – Praktiken sind, Pluralität zu organisieren. Der gegenwärtig häufig zu vernehmende Hinweis auf den Wert „Pluralität" fordert ein demokratisches Selbstverständnis also dazu heraus, die Demokratie zu erneuern.

Die Stadt und die Pluralität, das Beispiel der Geschlechter

Nachdem Platon den anthropologischen Ausgangspunkt, dass Menschen vieler bedürfen, eingeführt hat, beschreibt er ein komplexes und ausdifferenziertes menschliches Beziehungsgefüge. Das, was die einzelnen Teilnehmer im städtischen Beziehungsgefüge miteinander tun, ist eine Antwort auf alle möglichen menschlichen Bedürfnisse und Interessen. Es reicht von der Versorgung mit dem Lebensnotwendigen über das Militärische und die Entfaltung individueller Begabungen bis hin zu der gemeinsamen Auseinandersetzung mit religiösen und seelischen Anliegen im persönlichen Gespräch, dem Austausch von Erfahrungen, Lebenswünschen und dem Feiern von Festen. Eine solche Ausdifferenzierung und Verdichtung menschlicher Beziehungen ist nur dann sinnstiftend möglich, wenn einzelne Menschen oder Gruppen von Menschen nicht über einen einzigen Zweck definiert werden. Dies macht Platon paradigmatisch an den Geschlechterbeziehungen deutlich. Platon betont, dass der Unterschied zwischen Mann und Frau nur im Hinblick auf einen einzigen Zweck für das Zusammenleben wichtig ist: für die Fortpflanzung. Das Zusammenleben von Frauen und Männern umfasst aber mehr Aspekte als die Fortpflanzung. Auf alle anderen Zwecke, die das Zusammenleben von Frauen und Männern ausmachen, kann der eine Unterschied, der sich über einen bestimmten Zweck definiert, nicht übertragen werden.

Für Platon folgt aus dieser Klarstellung: Für alle Zwecke des Zusammenlebens sind die Unterschiede zwischen Frauen ebenso wie die zwischen Männern wichtiger als der Geschlechtsunterschied, der im Zusammenhang mit der menschlichen Fortpflanzung zum Tragen kommt. Konsequent spielt Platon durch, dass einzelne Frauen ebenso wie einzelne Männer dafür begabt sind, Sport zu treiben, Krieg zu führen und Staatsgeschäfte zu leiten, und einzelne Männer ebenso wie einzelne Frauen backen, kochen, handarbeiten und Kinder sowie Alte versorgen können. Was eine einzelne Frau oder ein einzelner Mann jeweils tut, hängt von ihrer/seiner individuellen Begabung und den Bildungsangeboten ab, die die Gesellschaft ihr/ihm offeriert.[9]

9 Platon: Politeia, 454-456c.

Platons Konzept dafür, die Pluralität und die Geschlechterverhältnisse zusammenzubinden, lässt sich auf andere Gruppen übertragen. In Bezug auf den Zweck von kultureller Herkunft und Muttersprachlichkeit beispielsweise gibt es Gemeinsamkeiten zwischen Menschen, die in einem Land zusammenleben, sodass unterschiedliche kulturelle Herkünfte und Sprachgruppen unterschieden werden. In Bezug auf andere Zwecke aber können und dürfen von dieser Bestimmung her keine weiteren Eigenheiten abgeleitet werden. Eine jegliche Hierarchisierung ist fragwürdig. Vermutlich verdeckt sie Machtinteressen, wenigstens Gewohnheiten.

Diese Vermutung legt sich durch die Erwiderung des Aristoteles auf Platon nahe. Aristoteles will die vorhandenen Herrschaftsverhältnisse und insbesondere das Patriarchat stabilisieren.[10] Auch er findet, dass die Frage des Geschlechterverhältnisses der Angelpunkt hierfür ist. Aristoteles (miss)braucht den Geschlechtsunterschied, um in diesem das Herrschen und Beherrschtwerden, das Bedientwerden und Dienen eindeutig und unveränderlich zu verankern. Er argumentiert, dass sich an dem, wie und wo man geboren ist und welche soziale Position man daher hat, nichts ändern lässt. Alle weiteren Zwecke und Unterschiede werden von ihm entlang des ersten und grundlegenden, „natürlichen" Zwecks definiert. Historische Entwicklungen fixiert Aristoteles naturrechtlich. Sie sind Ergebnisse eines Prozesses, dessen Ergebnis aufrechtzuerhalten ist, weil der Prozess so stattgefunden hat, dass es zu diesem Gesamtergebnis kam, sodass seine Teile und ihre Zusammensetzung nebensächlich sind und er daher objektiviert ist. Folgt man Aristoteles, dann dürfen und können Ergebnisse und gewachsene soziale Verhältnisse, obgleich sie selbst Folge von Veränderungen und Zufälligkeiten sind, nicht mehr mittels der Kraft der Veränderung und des Zufalls umgestaltet werden. Mitten in die Bewegungen hinein müssen weitere Bewegungen eingestellt werden, damit etwas Entstandenes als einzig richtig und daher unveränderlich deklariert werden kann. Für solche Einstellungsversuche stehen etwa fundamentalistische Strömungen. Auch diese sind Praktiken dafür, im Chaos der Differenzen Ordnung zu gewinnen.

Mit Aristoteles kann man verstehen, wie bestimmte historische, zufällige Entwicklungen und Zugehörigkeiten zu stabilen Verhältnissen werden. Man lernt von ihm, wie man diese legitimiert und gegen Veränderungen abschottet: Man stellt alte, frühere Zwecke und Zugehörigkeiten über die neuen Bedürfnisse und Notwendigkeiten und hierarchisiert sie zugleich. Allerdings gibt Aristoteles gerade durch seine Abgrenzung von Platons Idee der Zweckunterscheidung auch preis, wie man gegebene Herrschaftsverhältnisse überwindet. Man öffnet sie, indem man neue Zwecke definiert und von diesen her neu sortiert.[11] Hierzu braucht es die Be-

10 Vgl.: Aristoteles: Politik, 1252a-b.

11 Oft werden, statt nach neuen gemeinsamen Anliegen zu suchen, die vorhandenen einfach neu gewertet und hierarchisiert, sodass der Machtkampf bleibt.

reitschaft, die alten Zwecke zu dezentrieren und infolgedessen auch die Hierarchisierungen über Bord zu werfen. Dazu muss man sich selbst verändern, die eigene Position leicht halten. Simone de Beauvoir hält folglich fest: Frauen müssen eigene Zwecke und sich selbst Projekte definieren.[12]

Das städtische Subjekt

Kennzeichen einer offenen Gesellschaft ist also, Zwecke frei zu verbinden und neue zu eruieren. Statt einer Hierarchisierung folgt sie einer Logik der Unvollständigkeit. Es gibt Leerstellen. Die Verhältnisse offen zu halten und immer wieder zu öffnen ist ein städtisches Ethos. In der Stadt lernt man sich zu bewegen, ohne überall zu sein, alles zu kennen und alles selbst zu tun. Man lernt, sich mit relativer Gewissheit zu orientieren, ohne dass Kontrolle notwendig wäre oder aber totale Ungewissheit verunsichert. Relative Gewissheit schützt vor Nihilismus ebenso wie vor Fundamentalismus. Gemeinsamkeiten werden bestätigt: punktuell. Die Freude an Heterogenität, an der Unauflösbarkeit von Differenzen wird zu der Kraft, die Verbindlichkeit hervorzubringen vermag.

Die Stadt basiert auf dem Miteinander-Wohnen in einem Raum, der größer ist als ein Wohnzimmer, eine Sozialwohnung, eine Villa oder ein Reihenhaus. Es handelt sich um einen Raum, in dem verschiedenste Lebensformen nebeneinander bestehen und zugleich auf unterschiedliche Weise Alltag miteinander geteilt wird, ohne dass dadurch alle Bezüge in familienähnliche Zusammenhänge verwandelt werden müssen. Bekennende Singles leben mit bekennenden Singles im gemeinsamen Raum, manchmal benutzen sie denselben Haus- oder sogar Wohnungseingang.

Die Stadt fordert dazu heraus, so die politische Theoretikerin Iris Marion Young, den Dualismus zwischen Individualismus und Gruppe sowie ein falsches Gruppenidentitätsdenken zu überwinden. Denn in einer Stadt treffen nicht einfach unterschiedliche Individuen, sondern Individuen als Teil unterschiedlicher Gruppierungen aufeinander: Angestellte, Freischaffende, Arbeitslose, Mächtige, Unscheinbare, Hausfrauen und möglicherweise -männer, Sportliche, Engagierte, Müßiggänger, Reiche, Wohlhabende, Arme, Alteingesessene, Zugezogene, Migranten und Migrierwillige, Unbesorgte, Ängstliche, Selbstsichere und so weiter. Dabei zeigt das Stadtleben, dass die Einzelnen nicht als ganze, sondern in unterschiedlichen Teilbezügen miteinander in Beziehung stehen, wobei die Teilbezüge sich verändern und wechseln können. „Politik muss als eine Beziehung zwischen Fremden verstanden werden, die einander nicht auf persönliche und unmittelbare Weise ver-

12 Vgl.: Beauvoir, Simone de: Das andere Geschlecht. Sitte und Sexus der Frau, Hamburg 1951, S. 31 ff.

stehen und durch die Zeiten und Distanzen hindurch miteinander in Beziehung stehen."[13]

Die Differenz, die Politik der Mitte und die Anfechtung

Fremdheit, Unverständnis, Distanz prägen den Lauf der Zeit. Es sind diejenigen Momente, die veranlassen, Beziehungen zu erneuern und neue Beziehungen zu stiften. Politik von diesen Momenten her zu begreifen heißt, sie nicht länger über Dualismen wie Freund und Feind, Herrscher und Beherrschte, Sieger und Verlierer zu definieren, wie es in der politischen Theorie üblich ist.[14] Das Politische wäre vielmehr aus den Momenten des Chaos und der Differenz als denjenigen Kräften herzuleiten, die Pluralität begleiten und nach Gemeinsamkeiten und Bindungen suchen lassen, so wie es Arendt konturiert.

Das Zerstreuen und Aus-der-Zerstreuung-wieder-Sammeln stellt die Geschichte des Turmbaus zu Babel im Alten Testament (Gen 11,1-10) als den politischen Akt dar, der Totalitarismus verhindert. Gott intervenierte, als die Menschen begannen, sich einem einzigen Projekt zu verschreiben, sich nur noch mit einer einheitlichen Sprechweise und einem vereinheitlichten Willen zu äußern. Das Totalitäre löst die Gottheit durch das Wieder-Zerstreuen und Durcheinanderkommen auf. Das (Unter-) Scheiden/Zerstreuen und Sammeln aus der Zerstreuung ohne vereinheitlichende, totalisierende Zweckvorgabe ist die politische Tätigkeit schlechthin.[15]

Anstatt dass die Differenz – der Logik der Andersheit folgend – monozentristisch fixiert wird, wird sie zu dem, was eine vorhandene Beziehung öffnet. Statt also der einen Person oder Gruppe die Position der Macht und der anderen durch die rein logische Ableitung „das Andere dazu" – die Nicht-Macht – zuzuweisen, wird die Differenz als die Macht anerkannt, die das politische Feld aufstellt.

Die Politik der Differenz verteilt Ambivalenzen und Widersprüche nicht auf Positionen wie die von Freund und Feind. Sie fasst sie mitten im Zentrum der Bezogenheit als die Beweglichkeiten im Raum „Beziehung", erzeugt durch die ihr innewohnende Kraft. Somit dezentriert sie Vorhandenes, Festgefahrenes und ermöglicht Öffnungen für die Zukunft. Neues kann geschehen.

Die Politik der Differenz ist eine Politik der Mitte. Aber nicht der sozialen, politischen Mitte zwischen Rechts und Links. Vielmehr der Mitte in der Bezogenheit, aber auch der Mitte zwischen Vergangenheit und Zukunft.

13 Vgl.: Young, Iris Marion: Justice and the Politics of Difference, New Jersey 1990, S. 234.
14 Vgl.: Günter: Welt, Stadt, Zusammenleben, S. 68-70.
15 Vgl.: Günter, Andrea: Geist schwebt über Wasser. Postmoderne und Schöpfungstheologie, Wien 2007, S. 26-29.

Während die Mitte zwischen Rechts und Links gefüllt ist, meint die Mitte, die die Differenz dartut, eine Lücke, eine Leerstelle. Diese Leerstelle ist aber nicht leer. Hier ist nicht Nichts. Hier tobt vielmehr der Konflikt, erfährt die Reibung ihren Höhepunkt. Denn diese Leerstelle definiert sich nicht über Inhalte und ihre Entgegensetzungen. Diese Leerstelle definiert sich über das Bewegliche, Ambivalente, aber auch über die Zeit und die Zeiten.

Hannah Arendt hat diese Eigenheit genau gefasst. Arendt hält fest, dass die Menschen in Bezug auf Vergangenheit und Zukunft immer in einem gleichen Abstand stehen. Sie stehen immer in der Mitte zwischen Vergangenheit und Zukunft. Dabei treffen die Kräfte aus der Vergangenheit und Zukunft genau an diesem Punkt aufeinander. Wenn die Kräfte aufeinandertreffen, dann nivellieren sie einander nicht. Sie potenzieren einander hingegen. Sie stoßen ins Unendliche vor.[16] Die Zeit bricht im Raum auf.

Zementierte Machtverhältnisse, als unauflösbar geltende Verhältnisse sind Fehlentwicklungen in der Politik der Unterscheidung, Zerstreuung und Sammlung. Bricht die Zeit im Raum auf, ist der Raum für Bewegung gewonnen. Das Unterscheiden kann wiederbelebt werden. Es kann neu unterschieden und versammelt werden.

Deutlich ist: Die Politik der Zerstreuung und Sammlung transportiert keine falsche Harmonisierung und Konfliktvermeidung. Allerdings kann das Konflikthafte neu umrissen werden. Statt als Freund-Feind-Positionierung kann es als Dezentrierung aktiviert werden. Die Dezentrierung scheint das Mittlere und Maß zwischen chronischer Verwirrung und festfahrender Zementierung. Sie weiß um die Notwendigkeit des Schutzes menschlicher Beziehungen auf Grund ihrer Fragilität. Dann kann sie sich von der spirituellen Kunst der Anfechtung tragen lassen.[17]

Die Kunst der Anfechtung beruht auf der Fertigkeit, sich anfechten zu lassen, aber auch auf der, kunstvoll anzufechten. Etwas wird dann angefochten, wenn es sich nicht – länger – bewährt. Es wird der Prüfung unterzogen. Einem Zustand wird damit seine Gültigkeit entzogen.

Die Anfechtung markiert, dass etwas seine Gültigkeit in der Zeit hat und folglich immer wieder geprüft werden muss. Etwas hat so lange Gültigkeit, bis es angefochten wird. Mit der Anfechtung können sich Zustände und Rechte als nichtig erweisen. Es kann sich herausstellen, dass bisherige Selbstbilder, Überzeugungen und vorhandenes Wissen nicht standhalten. Die Prüfung fordert dazu heraus, etwas als gültig zu erfahren.

---

16 Arendt, Hannah: Zwischen Vergangenheit und Zukunft. Übungen im politischen Denken 1, München 1994, S. 13-19.

17 Hentig, Hartmut von: Ach, die Werte! Ein öffentliches Bewußtsein von zwiespältigen Aufgaben, München 1999, S. 26.

Dabei gehört zur Anfechtung, dass eine Gültigkeit auch rückwirkend infrage gestellt wird. Das, was als gültig und daher unveränderlich gilt, kann sich als Folge eines Irrtums, einer Täuschung oder gar einer Bedrohung herausstellen. Die Anfechtung ist das Indiz für die Notwendigkeit, gewachsene Gültigkeiten immer wieder infrage zu stellen.

Auflösen und Herausbilden

Unterscheiden, Zerstreuen und Sammeln: Auch der postmoderne Denker Jean-François Lyotard beschreibt diese Bewegung als Inbegriff des Politischen im Sinn des Städtischen. Die Stadt steht Lyotard zufolge für die Bewegung, in und durch Auflösung etwas herauszubilden. Diese Geste des Politischen verdankt sich der Bedingung, dass den Menschen durch die Natur nicht einfach vorgegeben ist, wie das menschliche Miteinander gestaltet ist. „Im Abendland ist die Gesellschaft nicht vorgegeben, sie sucht sich, sie versucht, ihr Miteinandersein und ihr In-der-Welt-Sein herauszubilden und zu regulieren. Sie zerrüttet ihre Archaismen, Sklaven, Bauern, Bergleute und die früheren Fabrikarbeiter und wirft sie aus der Bahn. Und dann morgen alle Arbeitnehmer? Durch tausend Episoden hindurch bleibt ihre Geste konstant, sich herauszubilden, indem sie das, was sie ist, auflöst. Die Überreste dieses metaphysischen und urbanistischen Festmahls treffen ihr Schicksal in der Zone: Man betritt sie, man verlässt sie, man geht hindurch. Die Vorstadt ist das permanente Überbleibsel der gelehrten Untersuchung des abendländischen Geistes zum Thema der Gemeinschaft und des bewohnbaren Zeitraumes. Diese Untersuchung oder Historia, dieser hartnäckige Neubeginn, Initiative und Destruktion, drückt sich in der Art und Weise des Wohnens ebenso aus, wie die Philosophia, Erbauung und Kritik, unaufhörlich die Denkweisen organisiert und desorganisiert. Die Philosophie ist nicht in der Stadt, sie ist die Stadt, die denkt, und die Stadt ist die Unruhe des Denkens, das seinen Wohnsitz sucht, während es diesen doch verloren hat, während es die Natur verloren hat.“[18] Nun kann die Postmoderne als die Zeit verstanden werden, die besonders nach neuen Möglichkeiten des Herausbildens zu fragen hat. Denn es handelt sich um eine Geste der Moderne, „Gefrorenes aufzutauen“ (Hegel/Arendt) und alle möglichen neuen Determinismen aufzuzeigen und Selbstverständlichkeiten zu zerlegen.

Die Aufkündigung tradierter Bindungsweisen konfrontiert nach deren Desorganisation mit der Aufgabe des erneuten Bindens. Auch hierfür stehen die Geschlechterbeziehungen paradigmatisch. Frauen untergruben überkommene sozia-

18 Lyotard, Jean-François: Zone. In: Keller, Ursula (Hrsg.): Perspektiven metropolitaner Kultur, Frankfurt/M. 2000, S. 120.

le Formen der Geschlechterbeziehungen, weil sie sich gelingende Beziehungen wünschen und sich anders binden wollen. Die Pluralisierung der Lebensformen ist die Folge hiervon. Wenig zur Sprache kommt hingegen, welche konkreten Versprechen die Menschen einander hierbei geben. Diese Versprechen wären die neuen Bindungsmodalitäten, das, was neues Gemeinsames zu stiften vermag.

Gerechtigkeit und die Verteilung von Freude und Leid

Noch in einem weiteren Sinn existiert eine Übereinstimmung zwischen Platons Konzeption der Gerechtigkeit als städtischer und einem postmodernen Theoriedesign. Gerechtigkeit bildet eine Unbekannte im Prozess menschlichen Zusammenlebens. Sie lässt sich nicht von einer Idee, einer materiellen Bedingung und deren Verteilung ableiten. Sie ist jeder Ab- und Herleitungskausalität fremd. Sie folgt keiner Machbarkeit und Herstellungslogik. Denn Gerechtigkeit fragt nach der tatsächlichen Wirkung auf die Einzelnen und ihr Zusammenleben. Platon bringt dies folgendermaßen auf den Punkt: Die Bürger sollen sich in den ständigen Bewegungen von menschlichem Tun und Veränderungen, dann, wenn „etwas entsteht oder vergeht, auf die gleiche Weise freuen oder betrüben“.[19]

Deutlich wird: Das Stabile im Zusammenspiel von Festem und Veränderlichem entsteht nicht dadurch, dass den Veränderungen Einhalt geboten wird. Es ist vielmehr in den Wirkungen der Veränderungen zu suchen, darin, ob Freude und Leid gleichermaßen verteilt sind. Hiermit gibt Platon der Idee der Gerechtigkeit durch gerechte Verteilung ein besonderes Profil. Denn er definiert die Verteilung nicht über das, was materiell verteilt wird und in welcher Quantität es verteilt wird. Die Gerechtigkeit findet sich vielmehr in der Verteilung von Freude und Leid, von dem Unbehagen und dem Wohlbehagen, die aus Entscheidungen und Handlungen resultieren.

Die Verteilungsgerechtigkeit ist Platon zufolge also nicht über das Materielle und materielle Güter definiert, sondern über das Seelische und seelische Güter. Die berühmte Parallele von Seele und Staat, die Platon in seinem Text aufstellt, bildet nicht nur einen Vergleichspunkt, um das Politische entlang der Seele besser zu verstehen. Das Seelische ist vielmehr der Dreh- und Angelpunkt dessen, was sinnvolle Politik und gerechtes Handeln begründet: das Bedürfnis nach ihnen entstehen lässt und zugleich die Möglichkeiten vorgibt, sie entstehen zu lassen.

Bei Platons Entdeckung des seelischen Zentrums der Gerechtigkeit handelt es sich nicht einfach nur um einen liebenswürdigen Einfall. Platon rückt damit das ins Zentrum, was Gerechtigkeit geradewegs ausmacht. Gerechtigkeit benennt eine

19 Platon: Politeia, 462a-b.

Qualität menschlicher Bezogenheit. Die Seele wiederum ist die Instanz, mit der ein Individuum seine Bezogenheit erlebt und verarbeitet. Insofern sind die Seelen der Menschen der Dreh- und Angelpunkt dessen, was Gerechtigkeit ausmacht. Sie geben das Kriterium vor, an dem sich Gerechtigkeit entscheidet: am Vergleich der Verteilung von Freude und Schmerz auf die unterschiedlichen Menschen, die zusammenleben. Ins Zentrum für die Praxis der Gerechtigkeit rücken seelische Kriterien. Alle anderen wie die Bewertung der Verteilung von Besitz und materiellen Gütern müssen als Variation und Folge hiervon verstanden werden. Entlang der Verteilung von Freude und Leid können sie immer wieder unterschieden und neu versammelt werden.

Luise Gubitzer

Was, wie, von wem, wann, wo?

Zentrale Fragen einer feministischen Politischen Ökonomie

Einleitung

Was, wie, von wem, wann, wo an Gütern produziert und an Dienstleistungen erbracht wird, entscheidet darüber, ob und wie alle Frauen, Männer und Kinder existenzsichernd versorgt sind und ein gutes Leben führen können. Es geht um die Frage, die verkürzt verschieden formuliert wird: Was soll durch Marktprozesse und was durch staatliche Allokation bereitgestellt werden; was soll durch Gesetz und was durch Geld bestimmt werden, was durch Marktmacht und was durch Staatsmacht? Dies ist politisch, demokratisch zu entscheiden.

Seit Jahren wird darüber überwiegend von Marktherren gemeinsam mit PolitikerInnen, die sich als ManagerInnen verstehen, intransparent, ohne öffentliche Meinungs- und Willensbildung bestimmt. Dies hat dazu geführt, dass die Versorgung von immer mehr Menschen, überwiegend Frauen und Kindern, gefährdet ist, dass Einkommen und Vermögen sehr ungleich verteilt sind und Frauen mehr unbezahlte und mehr schlecht bezahlte Arbeit leisten müssen.

Was, wie, von wem, wann, wo an Gütern produziert und an Dienstleistungen erstellt wird, wurde zu zentralen Fragen einer Politischen Ökonomie und ist es auch heute; vor allem einer feministischen Politischen Ökonomie. Denn Entscheidungen zu diesen Fragen sind wesentlich auch Entscheidungen darüber, wann und wie viel Frauen arbeiten – bezahlt und unbezahlt, adäquat oder zu gering bezahlt.

Es ist für Frauen von großer Bedeutung, ob die Entscheidungen über obige Fragen nach dem Prinzip „eine Person, eine Stimme" gefällt werden oder ob die Entscheidungen vor allem von denen beeinflusst werden, die über das meiste Geld und Vermögen verfügen.

Die Frage „Was?" ist die nach der Art, Anzahl und Qualität der Güter und Dienstleistungen. Sie ist z.B. die Frage danach, ob die Finanzmarktökonomie, die durch Rohstoff- und „Wertpapier"-Spekulationen die Grundversorgung gefährdet, reguliert werden soll. Ob die Care-Tätigkeiten, die persönlichen Dienstleistungen qualitativ und umfassend zur Verfügung stehen. Die Frage „Wie?" ist die nach den Produktionsverfahren, dem Verhältnis von Kapital und Arbeit, den Arbeitsbedingungen und den Bedingungen, unter denen Kapital verwertet werden kann, sowie die nach den Organisationsformen, in denen Dienstleistungen verrichtet werden. Sie ist aber auch die Frage, ob die Leistungen bezahlt oder unbezahlt erbracht werden. Die Frage „Von wem?" ist die Frage, ob die Güter und Dienstleistungen vom

Haushaltssektor, vom gewinnorientierten Sektor, vom Dritten Sektor, vom öffentlichen Sektor oder vom illegalen-kriminellen Sektor geleistet werden. Z.B. ob Pflege im Dritten Sektor von Non-Profit-Organisationen und auch im illegalen-kriminellen Sektor[1] in Form von Schwarzarbeit geleistet werden soll. Die Frage „Von wem?“ ist aber auch die Frage, ob die Leistungen von Männern oder von Frauen erbracht werden. Die Frage „Wann?“ ist die nach der Zeit. Z.B. ob Leistungen rund um die Uhr erbracht werden sollen (Ladenöffnungszeiten) oder müssen (Pflege). Es ist die Frage nach der Zeit-Dauer, z.B. 60 Stunden die Woche ohne Überstundenzuschlag zu arbeiten, und nach der Zeit-Lage – z.B. Tages- oder Nachtzeit, Sonntag oder Wochentag. Die Frage des „Wo?“ ist die nach dem Ort, an dem die Leistung erbracht werden kann, z.B. das Nähen von Sportschuhen verlagert nach Bangladesch oder die Pflege einer Steirerin in ihrem Dorf zu Hause. Das alles sind Fragen des Inhalts demokratischer Entscheidungsprozesse.

Die Notwendigkeit, dass Frauen am Diskussions-, Willensbildungs- und Entscheidungsprozess über diese Fragen gleichberechtigt teilnehmen und ihre Inhalte einbringen, lässt sich aktuell verschieden ökonomisch begründen. Z.B. mit der Care-Ökonomie, mit der Versorgung mit persönlichen Dienstleistungen, die heute zu regulieren und zu finanzieren sind. Frauen sind durch die ihnen historisch zugewiesene Rolle Expertinnen der Care-Ökonomie, sie sind es, die die bezahlten und unbezahlten Care-Tätigkeiten überwiegend leisten. Dies mit enormen Nachteilen, was Mascha Madörin die Frage formulieren ließ, wie es gesellschaftlich organisiert sei, dass Frauen diese Arbeit tun, obwohl sie dafür „ihr Leben lang ökonomisch bestraft werden“.[2]

Ich argumentiere im Folgenden für Staat und Demokratie als mögliche Regulierungsformen, für eine ökonomische Rolle des Staates und für einen öffentlichen Sektor. Das tue ich in einer Zeit, in der Staat und Demokratie kritisiert und geschmäht werden; in der die RepräsentantInnen des Staates alles tun, um den KritikerInnen noch mehr Gründe für ihre Kritik zu bieten. Dies berücksichtigend, schreibe ich über die Diskreditierung des Staates, über den frauenfreundlichen Teil des Staates, bringe Beispiele von ökonomietheoretischen Begründungen von Staatsaktivitäten, gebe Beispiele von Demokratiekritik von Ökonomen und führe Finanzmarktökonomie und Care-Ökonomie als aktuelle Beispiele für eine ökonomische Begründung von Staat und Demokratie aus.

---

1 Ich bezeichne als illegale Erwerbstätigkeit jede Schwarzarbeit, d.h. Erwerbstätigkeit, die gesetzlich erlaubt ist, bei der aber die Gesetze nicht beachtet werden. Kriminelle Erwerbstätigkeit sind Tätigkeiten, die gesetzlich verboten sind, wie z.B. Frauenhandel, Drogenhandel.

2 Madörin, Mascha: Plädoyer für eine eigenständige Theorie der Care-Ökonomie. In: Niechoj, Torsten/Tullney, Marco (Hrsg.): Geschlechterverhältnisse in der Ökonomie, Marburg 2006, S. 279.

Der diskreditierte Staat

Er ist mir als öffentlich Bedienstete begegnet. Z.B. bei Podiumsdiskussionen und bei Aussagen von der für BeamtInnen zuständigen Vizekanzlerin Susanne Riess-Passer in ihrer Amtszeit und vor Kurzem bei solchen der Frauenministerin Doris Bures zu den bevorstehenden Lohnverhandlungen für die Beschäftigten im öffentlichen Dienst. Ich empfand es jeweils als abschätzig und abwertend, unsere Arbeit missachtend.

Weniger persönliche, aber sehr eindringliche Beispiele, wie diskreditiert Staat heute ist, bringt Erhard Eppler (2005) in seinem Buch „Auslaufmodell Staat?". Die Abwertung hat insbesondere in Deutschland und Österreich eine jüngere Geschichte. Unter „Hitler und Stalin [verkam] das staatliche Gewaltmonopol zum Mordmonopol."[3] Ein „Zivilisationsbruch", der nicht zum ersten Mal geschah. Aber zum ersten Mal in diesem Ausmaß und in dieser Form. „Demokratie war altmodisch, überholt, dekadent. Jetzt galt das Führerprinzip. Einer befahl, die anderen hatten zu folgen."[4]

Nicht mehr gewählte Vertreter des Volkes, sondern Parteigänger entschieden. Der „Normenstaat" wurde großteils durch den „Maßnahmenstaat" ersetzt, Staatlichkeit durch Nationalismus. Der Normenstaat war zumindest berechenbar. Alle Bürgerinnen und Bürger waren gleich zu behandeln. Der Maßnahmenstaat „gehorchte barbarischer Willkür"[5] und war totalitär.

Frauen und Mädchen wurden spezifisch in diesen Staat und das große „Männerereignis" Krieg eingebunden. Christina Thürmer-Rohr[6] analysiert eine 250-seitige Textsammlung für 11-jährige Mädchen von 1939. Diese handelt, fast ohne Ausnahmen, „überhaupt nicht von Frauen/Mädchen, sondern von Männern, Vätern, Söhnen, Jungen".[7] Damit sollte Mädchen ein bestimmtes Männer- sowie Heimat- und Staatsbild vermittelt werden. Zu diesen sollte eine Beziehung aufgebaut werden. „Frauen/Mädchen sollen ihre Gefühle, Gedanken und Interessen auf diese Männer"[8] und dieses Vaterland, diesen Staat ausrichten, sich mit ihnen identifizieren. Sie sollten sich selbst dafür aufopfern und auch aufwerten.

Die „68er-Generation" zeigte u.a. auf, dass mächtige Männer des Maßnahmenstaates (teils entnazifiziert) noch in den 1960er Jahren Posten und Ämter innehatten. Sie lernte den Staat in seinen Maßnahmen gegen ihre Rebellion als Repressionsstaat kennen. Er war für viele ein Instrument der Unterdrückung im Dienst des Monopol-

3 Eppler, Erhard: Auslaufmodell Staat? Frankfurt am Main 2005, S. 9 f.
4 Ebd., S. 13.
5 Ebd., S. 15.
6 Thürmer-Rohr, Christina: Vagabundinnen. Feministische Essays, Berlin 1987, S. 61 ff.
7 Ebd., S. 61.
8 Ebd., S. 62.

kapitals. Viele sahen in diesem Staat „keine Aufgabe – auch nicht die der Reform –, sondern einen Feind“.[9] Manche der 68er-Generation, die den Staat „als Werkzeug der herrschenden Kapitalistenklasse“ bekämpften, gehören nun zu dieser herrschenden Klasse, entweder im Staat oder in der gewinnorientierten Wirtschaft, und arbeiten gemeinsam an dessen Demontage. Andere der 68er Generation „sind heute Neoliberale, und die es nicht sind, finden, es sei das Übelste am Neoliberalismus nicht, was er an Abschätzigem zum Thema Staat zu sagen hat“.[10] Nach Eppler – und ich teile diese Ansicht – ist heute eine Diskussion über Staat notwendig, die aber seine Existenz nicht infrage stellt. Er meint, dass sie von „den Achtundsechzigern, auch von den regierenden“, nicht ausgeht und auch nicht ausgehen kann. Ich denke, sie muss wesentlich von Frauen ausgehen. Und sie tut es, wie ich im Folgenden zeige.

Der frauenfreundliche Teil des Staates

Ich habe ihn kennen gelernt. In Form eines Stipendiums, das mein Studium ermöglichte. In Form einer interessanten Erwerbsarbeit u.a. wegen des österreichischen Gleichbehandlungsgesetzes von 1993. Wie ist es dazu gekommen, wo doch Politologinnen wie z.B. Birgit Sauer in ihrem Buch „Die Asche des Souveräns“ (2001) historische und aktuelle Praktiken des Ausschlusses von Frauen in Staatstheorie und -praxis beschreiben? Auch existieren bis heute in westlichen Demokratien neben der Unterdrückung der Rede und Interessenartikulation von Frauen auch deren „Marginalisierung, Abwertung und Geringschätzung oder schlichte Nicht(be)achtung“.[11] Männer und Männlichkeit werden privilegiert, Frauen benachteiligt, weibliche Praxen in der Politik negiert und die „positionale Männlichkeit“[12] in allen mächtigen Wirtschaftsorganisationen verteidigt, national z.B. in der Sozialpartnerschaft, supranational z.B. in der Europäischen Zentralbank und global z.B. in der Welthandelsorganisation (WTO).

Und trotzdem. Die Frauenbewegungen haben viel bewirkt. Der Staat spielte „für die fundamentalen Veränderungen in den Geschlechterverhältnissen westlicher Industriestaaten“ im letzten Viertel des 20. Jahrhunderts eine wesentliche Rolle. „Der Wohlfahrtsstaat schwächte die männliche Dominanz in Ehe und Familie, stärkte dort aber den Einfluss seiner Institutionen und verengte gleichsam den Raum staatsfreier Privatheit. Gleichstellungspolitik modifizierte den androzentrischen Kode staatlicher Institutionen und Bürokratien zumindest partiell, und Frauen er-

9 Eppler: Auslaufmodell Staat, S. 27.
10 Ebd., S. 28.
11 Sauer, Birgit: Die Asche des Souveräns. Frankfurt – New York 2001, S. 12.
12 Ebd., S. 28.

hielten leichteren Zugang zum öffentlichen Raum."[13] Die Ausdehnung sozialstaatlicher Leistungen in den 1970er und 1980er Jahren in Österreich bestand unter anderem darin, dass aus vielen Tätigkeiten des Haushaltssektors qualifizierte, die Existenz sichernde Arbeitsplätze für Frauen entstanden. Dies eröffnete vielen Frauen den Einstieg in die Erwerbsarbeit. Aber mit Doppelbelastung.

Demokratisierung hat also auch ein Stück Entmaskulinisierung des Staates bewirkt. Der Befund ist also ambivalent.

Trotzdem kommt es zu Kritik an Frauen, die an einem geschlechtergerechten Demokratie- und Staatskonzept arbeiten. Von Forscherinnen wie z.B. Rosemary Pringle und Sophie Watson kommt der Vorwurf, „die 'Asche des Souveräns' mit sich herumzutragen, anstatt sie zu beerdigen", denn der Staat – auch der patriarchalische – sei tot.[14]

Der Staat ist nicht tot und die Demokratie noch nicht abgeschafft. Aber demokratische Rechte werden eingeschränkt und der Staat wird massiv umgebaut. Nach der einzelbetrieblichen, gewinnmaximierenden Rationalität werden staatliche Aufgaben optimiert und rationalisiert. Optimierung staatlicher Leistungen bedeutet aber häufig „stärkere Ausschöpfung" der Ressource „Frau", verbrämt als altruistisches Familien- und Gemeinschaftswesen. Auch werden qualifizierte Erwerbsarbeitsplätze von Frauen im öffentlichen Sektor gekürzt, privatisiert, outgesourct oder in den Haushalt zurückverlagert.

Doch die Beschäftigung mit Staat und Demokratie kann Frauen dienen, politische Strategien zu bilden, und ihnen Möglichkeiten staatlicher Politik gegen „kapitalistische Marktdynamik" erschließen.[15] Eine der Beschäftigungen ist es, zu prüfen, welche weiteren Begründungen es für demokratische staatliche Intervention gibt. Als Ökonomin ist es naheliegend, diese in der Ökonomie zu suchen.

Der ökonomisch begründete Staat

Seit ich mich mit Ökonomie beschäftige, interessiert mich die Rolle des Staates in Bezug auf Ökonomie und auf Frauen. Vielleicht auch, weil mein Leben ohne Staat, ohne öffentliches Budget, ohne Staatsausgaben u.a. für öffentliche Universitäten als öffentliches Gut anders verlaufen wäre.

Philosophen und Ökonomen der Politischen Ökonomie haben früh begonnen, ökonomische Begründungen für den Staat, für Staatsaktivitäten bezüglich Ökonomie zu entwickeln.

13 Ebd., S. 12 f.
14 Ebd., S. 18.
15 Ebd., S. 24 f.

Was bei Aristoteles begann, fand in der Politischen Ökonomie des klassischen Liberalismus, vor allem bei Adam Smith und John Stuart Mill, eine Fortsetzung. Sie gaben Begründungen für eine Rolle des Staates in der Ökonomie. Sie gaben sie erstens implizit, indem der Staat zur Vertragssicherheit und zur rechtlichen und militärischen Sicherung des Privateigentums vorausgesetzt wurde. Und sie gaben sie explizit.

Adam Smith sah die Errichtung und Unterhaltung des Transport- und Unterrichtswesens als teil-öffentliche Aufgaben, da „deren Errichtung und Unterhaltung niemals in dem Interesse eines Privatmannes oder einer kleinen Zahl von Privatleuten liegen kann, weil der Profit daraus niemals einem Privatmanne oder einer kleinen Zahl von Privatleuten die Auslagen ersetzen würde".[16] Der Staat habe weiters die Pflicht zu erfüllen, die Landesverteidigung zu organisieren und „den Schutz jedes einzelnen Mitglieds der Gesellschaft gegen Ungerechtigkeit oder Unterdrückung durch andere Mitglieder" zu gewähren.

John Stuart Mill hat unter dem Einfluss seiner langjährigen Gesprächspartnerin und späteren Gattin Harriet Taylor Mill und auf Grund der negativen externen Effekte des Frühkapitalismus, z.B. in Form von Armut, die Staatsfunktionen ausgeweitet und differenzierter begründet. Privateigentum leitet er aus dem Recht auf den Ertrag der Arbeit und aus der Sparsamkeit ab und schließt davon auf die Notwendigkeit der Begrenzung von Bodeneigentum und Erbschaft durch den Staat. Der Staat hat Bildung bereitzustellen, die „dazu dient, den inneren Menschen zu bilden".[17] Mill ist als Erster für die Bildung und für die Öffnung des gehobenen Arbeitsmarktes für Frauen eingetreten. Bei natürlichen Monopolen wie Gas- und Wasserversorgung sah er, um die leistbare Versorgung zu gewährleisten, die öffentliche Kontrolle vor. Ordnungspolitischen Regulierungsbedarf des Staates sah Mill in der Zulassung von Gewerkschaften als einen „wertvollen Teil des bestehenden Gesellschaftsmechanismus".[18]

John Maynard Keynes begründet im 20. Jahrhundert eine weitere Rolle des Staates. Die des Staates als ökonomischer Akteur zur Stabilisierung konjunktureller Schwankungen auf Grund der Instabilität des privaten Sektors, des Marktversagens.

Diese Ökonomen der Politischen Ökonomie haben Gründe für wirtschaftspolitisches Handeln des Staates ausgeführt. Es ist aber großteils offen geblieben, was unter Staat verstanden wird. Welches politische System gemeint ist. Dies änderten

---

16 Smith, Adam (1786): Eine Untersuchung über Wesen und Ursachen des Volkswohlstandes. 3 Bände, Jena 1923, Bd. II, S. 556, zitiert in: Kromphardt, Jürgen: Konzeptionen und Analysen des Kapitalismus, Göttingen 1991, S. 84.

17 Mill, John Stuart (1871): Grundsätze der politischen Ökonomie mit einigen ihrer Anwendungen auf die Sozialphilosophie, Bd. 2, Jena 1921, S. 697, zitiert in: Kromphardt: ebd. S. 110.

18 Ebd. in: ebd., S. 114.

Vorläufer neoliberaler und vor allem Vertreter neoliberaler Theorien auf Grund ihrer aus einer Demokratiekritik entstandenen ökonomischen Demokratietheorien.

Der demokratiefeindliche Elitestaat

Die Beschäftigung von Ökonomen im 20. Jahrhundert mit Demokratie bestand vor allem in einer Umdeutung des Demokratiebegriffes und in einer enormen Engführung des Ökonomiebegriffes auf gewinnorientierte bzw. kapitalistische Marktökonomie sowie der Engführung des Freiheits-, des Gleichheits- und Gerechtigkeitsbegriffes. Demokratie wird als Marktmodell konzipiert und Freiheit, Gleichheit, Gerechtigkeit werden für den Markt funktionalisiert. Demokratieansätze von liberalen Ökonomen sind implizit Theorien des Demokratieversagens und reduzieren Demokratie zu einem weiteren Markt. Joseph A. Schumpeter (1883-1950) hat sein Demokratiekonzept in seinem Buch „Kapitalismus, Sozialismus und Demokratie" (1942/1975) dargelegt. Demokratie wird bei Schumpeter zu einer Art Führer- und Elitedemokratie. Er nennt seine Theorie eine „andere Theorie der Demokratie". Er schreibt, seine Theorie sei „lebensnaher"[19], da sie einer „angemessenen Anerkennung der lebenswichtigen Tatsache der Führung"[20] des Volkes Raum gibt. Diese politischen Führer (sie sind bei Schumpeter nur männlich formuliert und vermutlich auch gedacht, ebenso wie der Pionierunternehmer) konkurrieren um die Stimmen des Volkes in einem „Konkurrenzkampf". „Volk", „Stimmberechtigte" denkt Schumpeter in Analogie zum Marktmodell als NachfragerInnen und KonsumentInnen des besten Führerangebots.

Friedrich A. von Hayek (1899-1992) geht noch einen wesentlichen Schritt weiter. Demokratie sei auf Grund „wetterwendischer Wähler" und Gruppeninteressen abzulehnen. Er fordert ein Elitegremium, einen „Rat der Weisen" mit gesetzgeberischen Kompetenzen.[21]

Schumpeter und von Hayek leiten ihre Theorien von den unmündigen, nur am Eigeninteresse orientierten StaatsbürgerInnen ab. Ich denke, sie haben richtig erkannt, dass die aktive Rolle als politische BürgerIn ökonomische und bildungspolitische Voraussetzungen hat. Diese umfassen für jede Frau und jeden Mann freie Zeit, ein existenzsicherndes Einkommen und ein öffentliches Bildungssystem, in dem Analysieren, Diskutieren, Reflektieren, Kritisieren und Denken in Alternativen

---

19 Schumpeter, Joseph Alois: Kapitalismus, Sozialismus und Demokratie, München 1975, S. 427.

20 Ebd., S. 429.

21 Lösch, Bettina: Die neoliberale Hegemonie als Gefahr für die Demokratie. In: Butterwegge, Christoph/Lösch, Bettina/Ptak, Ralf: Kritik des Neoliberalismus. Wiesbaden 2007, S. 233 f.

gelernt werden kann und das jede Frau und jeden Mann zu friedlichen Konfliktlösungen befähigt. Diese Einsicht und die Konsequenz, dafür einzutreten, dass diese Voraussetzungen zu schaffen seien, wurden aber von diesen Ökonomen nicht gezogen. Das hätte bedingt, die Voraussetzungen von Demokratie im Kapitalismus zu thematisieren: dass der Kapitalismus, unreguliert, eine extrem ungleiche Einkommensverteilung hervorbringt, die es ermöglicht, dass wenige Männer ihre Interessen sehr gut durchsetzen können und die Beteiligungschancen – insbesondere von den meisten Frauen – sehr ungleich verteilt sind. Eine gerechte Einkommens- und Vermögensverteilung zwischen Kapital und Arbeit und zwischen Frauen und Männern ist eine der grundsätzlichsten Voraussetzungen für Demokratie.

Eine Folge der liberalen Theorien ist, dass das Bildungssystem so umgebaut wird, das es soziale Schichten mit willigen und billigen Arbeitskräften hervorbringt, die von einer überwiegend männlichen Elite aus Eliteschulen und Eliteuniversitäten manipuliert und ausgebeutet werden können.

Ab der zweiten Hälfte der 1950er Jahre entstanden weitere nachfrage- und angebotsorientierte ökonomische Theorien der Demokratie. Sie werden zur „Neuen Politischen Ökonomie" zusammengefasst.

Der US-Ökonom Anthony Downs konzipiert in den 1950er Jahren eine „Ökonomische Theorie der Demokratie" als „marktfixiertes Demokratiemodell".[22] Er legt das Menschenbild des *homo oeconomicus* mit dessen Vorteilsrationalität auf den politischen Prozess um. Das ergibt eine Stimmenmaximierungsrationalität bei den PolitkerInnen und eine Nutzenmaximierungsrationalität bei den WählerInnen, die das beste Politikangebot als PolitikkonsumentInnen nachfragen.

Die US-Ökonomen Gordon Tullock und James Buchanan argumentieren angebotsorientiert und unterstellen dem Anbieter von Politik – Staat und Bürokratie – Staatsversagen. Der Wohlfahrtsstaat biete zu viel an öffentlichen Gütern an. Das behindere das Innovationspotenzial, beschränke den Wettbewerb und bedrohe die Freiheit der/des Einzelnen. Seine Finanzierung unterbinde Wirtschaftswachstum und die verteilungspolitischen Eingriffe werden als Funktionalisierung des Staates für Gruppeninteressen, speziell jener von Gewerkschaften, kritisiert. Eine weitere Reduktion von Demokratie, von Politik und Staat erfolgt mit der „Neuen Institutionenökonomie". Es wird in Analogie des Privatrechts an Regelungen gedacht. Das ergibt wirtschaftspolitisch eine Mischung aus Markt in Form von Gutscheinen, Selbstbehalten, Umweltzertifikaten und von Planwirtschaft bzw. Bürokratie, z.B. in Form von Leistungs- und Zielvereinbarungen oder x-Jahresplänen.

Im Neoliberalismus werden diese Theorien praktisch wirksam. Die Begrenzung von Demokratie zur Gewährleistung von Marktfreiheit wird nicht nur gefordert, sondern umgesetzt. Intransparenz, einseitige Repräsentation mehren sich und ein

22 Ebd., S. 229.

Denken und Handeln in Alternativen wird zunehmend unterbunden und verunmöglicht. Denn das sei nicht effizient. Das allerdings ist vor allem für Frauen keine Alternative und sie sind gefordert, an einem demokratischen Staat denkerisch und praktisch zu arbeiten.

Der geschlechtergerechte demokratische Staat

Auch wenn die neo-liberale Analyse der Demokratie und Teile ihrer Staatskritik zutreffen, so sind doch die demokratiepolitischen und politökonomischen Schlussfolgerungen überzeugt und vehement zurückzuweisen und ist gegen diese vorzugehen. Sie sind denkerisch und praktisch zu bekämpfen. Insbesondere von Frauen. Denn an ihnen wird gespart, sie müssen die negativen externen Effekte mit einem Mehr an unbezahlter und schlecht bezahlter Erwerbsarbeit kompensieren. Freie Zeit, um als politische Bürgerin am Ausbau der Demokratie mitzuwirken, bleibt vielen nicht.

Die auf Basis der oben vorgestellten Theorien betriebene Staats- und Demokratiekritik führt zur Unterordnung der demokratischen Prinzipien unter jene des Marktes. Frauen wurden von Märkten immer diskriminiert, wenn sie nicht die Rahmenbedingungen für das Handeln der Marktherren mitbestimmen konnten. Das können Frauen erst seit weniger als 100 Jahren. Der jahrtausendelange Ausschluss von Frauen aus dem politischen Entscheidungsprozess hat ihnen immer nur die von Männern zugeteilte, sie und ihre Lebensmodelle ergänzende und affirmierende Rolle ermöglicht, die sie selbst herabsetzt. Männer haben sich zu Wertträgern und Wertsetzern gemacht. Frauen mussten und wussten sich darin einzurichten. Nach Thürmer-Rohr ist der Mann „als Wertträger und Wertsetzer in der patriarchalischen Kultur […] an seinen schädlichen, fahrlässigen oder dummen Taten durchschaubar als einer, der Lebensgefährliches, Menschengefährliches, Erdengefährliches angerichtet hat und weiter anrichtet. Mit dem Mann als Kulturträger […] verbindet sich keine Zukunft; was er gedacht und getan hat, was er in die Welt gesetzt und was er hat geschehen lassen, d.h., was er zu Geschichte, zu Realität gemacht hat, ist zur Orientierung im Gestrüpp zwischen ‘Gut’ und ‘Böse’ untauglich, hat seinen Wert eingebüßt“.[23]

Den Markt- und Politikherren kann daher die Entscheidung über die Fragen, was, wie, von wem, wann, wo an Gütern produziert und an Dienstleistungen erbracht wird, sowie der Prozess und der Inhalt von Demokratie nicht überlassen werden. Frauen müssen ihre eigenen Werte finden und setzen und diese in einen von ihnen mitgestalteten demokratischen Prozess einbringen.

23 Thürmer-Rohr: Vagabundinnen, S. 84.

Ich möchte aber auch noch aktuelle ökonomische Begründungen anhand von drei Beispielen bringen, warum ich es für Frauen für essenziell halte, sich mit Staat und Demokratie zu beschäftigen und durch Forschung und politisches Handeln zu einem geschlechtergerechten demokratischen Staat beizutragen.

Das erste Beispiel ist die reale Finanzmarktökonomie. Es ist zu entscheiden, ob die Finanzmarktökonomie als Teilsegment des gewinnorientierten Sektors und die dabei enorm verdienenden Männer relativ unreguliert und frei agieren und damit die Versorgung mit lebensnotwendigen Gütern wie Nahrungsmitteln, Wohnungen, Wasser, Energie sowie mit lebensnotwendigen Dienstleistungen wie z.B. Versicherungen gefährden können. Ich gewinne zunehmend den Eindruck, insbesondere auch in der derzeitigen Finanzmarktkrise, die von den USA ausging und sich jetzt ausbreitet, dass im Finanzmarktbereich überwiegend Männer Prozesse in Gang setzen, die sie selbst nicht mehr verstehen und deren Wirkung sie nicht absehen können. Diese Prozesse sind aber für viele Frauen, Männer und Kinder, aber auch für Volkswirtschaften und die Demokratie gefährlich.

Das zweite Beispiel ist die Care-Ökonomie. Es ist zu entscheiden, wie die Versorgung mit Care-Leistungen für die, die sie leisten, und für jene, für die sie geleistet werden, ausreichend und in guter Arbeits- und Lebensqualität gesichert wird.

Care-Arbeit und die dabei entstehenden Beziehungen werden von allen Menschen gebraucht, um gut aufzuwachsen, gut leben und in Würde altern und sterben zu können.[24] Bei Care-Tätigkeiten handelt es sich daher um persönliche Dienstleistungen, mit denen jeder Mensch versorgt sein muss. Sie werden sowohl bezahlt als auch unbezahlt erbracht. Wobei derzeit mehr Care-Arbeit unbezahlt als bezahlt geleistet wird. Mehrheitlich von Frauen. Die Care-Arbeit ist eine spezifische Arbeit, die sich grundlegend von der Herstellung von Gütern und insbesondere ihrer industriellen Fertigung unterscheidet. Der Care-Arbeitsprozess ist z.B. durch persönliche Beziehungen, Emotionen, Zeitintensität, Komplexität, Motivation, zeitweilige Abhängigkeit geprägt.[25] Care-Arbeiten sind daher nicht oder nur sehr beschränkt standardisierbar, verlagerbar, beschleunigbar, rationalisierbar oder durch Technologie substituierbar.

Gesamtwirtschaftlich ist die Care-Ökonomie ein wesentlicher Wirtschaftsfaktor z.B. in Bezug auf Beschäftigung, Einkommen und Wachstum.

Die Care-Ökonomie ist eine Ökonomie, die besonders im Haushaltssektor, im Dritten Sektor und im Öffentlichen Sektor eine permanente Finanzierung aus öffentlichen Budgets braucht. Dies, weil in ihr – im Gegensatz zur Güterproduktion

---

24 Vgl.: Madörin, Mascha: Neoliberalismus und die Reorganisation der Care-Ökonomie – eine Forschungsskizze. Manuskript, Münchenstein 2007, S. 18.

25 Vgl.: Madörin in: Niechoj/Tullney: Geschlechterverhältnisse, S. 282 f.

oder den industrienahen Dienstleistungen – Produktivitätssteigerungen großteils nur unter Qualitätseinbußen und durch Lohnsenkungen erreichbar sind. Beides ist menschenverachtend und gefährdet die Versorgung.

Es ist daher eine der wichtigsten Herausforderungen für Demokratie und Staat, mittels geschlechtergerechter Budget- und Wirtschaftspolitik dafür zu sorgen, dass für die Care-Ökonomie ausreichend finanzielle Mittel zur Verfügung stehen und sich die Care-Tätigkeiten im illegalen-kriminellen Sektor erübrigen.

Ein drittes Beispiel ist die durch Markt- und Staatsversagen zunehmende illegale Erwerbsarbeit (Schwarzarbeit) sowie die kriminelle (verbotene) Erwerbsarbeit. Sie wirken destabilisierend, da Steuern und Sozialversicherungsbeiträge nicht bezahlt werden, Gesetze nicht beachtet werden und der Staat abgewertet und unterminiert wird. Man tritt nicht als StaatsbürgerIn auf und beeinsprucht z.B. die zu hoch empfundenen Steuersätze, sondern fragt z.B. illegal angebotene Handwerksleistungen nach, ist illegal selbstständig erwerbstätig. Daraus entsteht ein Bedürfnis, unsichtbar zu bleiben, aber keine Identität als Staatsbürgerin. Es erfolgt eine spezifisch antidemokratische, antistaatliche Sozialisation. Hinzu kommt, dass viele Frauen bei illegalen und kriminellen Erwerbstätigkeiten vielfach diskriminiert werden.

Zu gewährleisten, dass Menschen gut aufwachsen, mit Gütern und Dienstleistungen existenzsichernd versorgt sind, gut leben, täglich regeneriert in die Erwerbsarbeit gehen oder unbezahlte Care-Arbeit leisten können und in Würde altern und sterben können, ist die zentrale Herausforderung und Aufgabe für Demokratie und Staat. Bei den Fragen, was, wie, von wem, wann, wo an Gütern und Dienstleistungen erbracht wird, zeigt sich politischer Handlungsbedarf. Sie sind demokratisch zu entscheiden. Das zu erwirken sind Frauen heute aufgefordert und dazu kann feministische Politische Ökonomie beitragen.

Historische Verknüpfungen

Eveline Goodman-Thau

1938-2008 – Historische Daten und Geschichtsbewusstsein im Zeitalter der politischen Freiheit

Am Anfang des 21. Jahrhunderts lohnt es sich, angesichts der wachsenden Konjunktur von apokalyptischen Geschichtsentwürfen einen Rückblick zu werfen auf die sich langsam verwischenden Spuren der vermeintlichen Freiheit von der Geschichte. Die Frage nach Form und Inhalt eines endgültigen Abschieds von der Geschichtskonzeption der Moderne gewinnt eine neue Brisanz in Hinblick auf die Spannungen zwischen modernem Geschichtsoptimismus und Apokalypse, zwischen einem Denken, das die Hoffnung auf Fortschritt noch nicht aufgegeben hat, und einem Streben nach einem Ende der Geschichte, die bis in die Gegenwart in Europa spürbar sind.

Der Übergang von Moderne in Post-Moderne ist – abgesehen von den verschiedenen Deutungen und Auffassungen dieser Begriffe – sicherlich gerade jetzt, im Zeitalter des Vergessens, besonders problematisch: Wenn dem Vergessen nicht die Möglichkeit des Erinnerns zur Verfügung steht, ist das menschliche Selbstbewusstsein in Gefahr, im Strom der Zeit unterzugehen. Der Verlust an Geschichtsbewusstsein resultiert in zunehmender Auflösung von sinnstiftenden, für das schöpferische Dasein einer Gesellschaft unentbehrlichen Elementen im kulturellen Zusammenleben.

Durch die Gedenkfeierlichkeiten zum 70. Jahrestag der „Reichskristallnacht" und des Anschlusses Österreichs sowie durch die gesellschaftliche Diskussion, die dieses Ereignis im vereinten Europa auslöst, wird deutlich, wie die Spuren dieses Ereignisses in alle Bereiche des Lebens eingeschrieben sind und meistens noch immer auf Deutung warten. Keine historische Aufarbeitung der Tatsachen, sei sie auch noch so gründlich, kann die geistesgeschichtlichen Spuren in den traditionellen Denkmustern auswischen, wenn diese Arbeit nicht begleitet wird von einem Überdenken der Prämisse, auf die sich die Gesellschaft stützt. Erinnerung an sich kann diese Aufgabe nicht übernehmen, wenn nicht zugleich die Frage nach einem glaubwürdigen Ethos gestellt wird, das es erlaubt, die Kontinuität *als* Bruch – also als Scheitern der Tradition als sicheren Angelpunkt – zu denken und zu gestalten.

In der Begegnung von Individuum und Gesellschaft, des Einzelnen mit sich selbst und mit seiner Umgebung, findet die Gestaltung von Tradition statt und es ist möglicherweise das Verdienst der jüdischen Tradition als historisches Phänomen, dieses gerade in Europa am deutlichsten zu zeigen. So ist auch der Verlust an Tradition in Europa gekennzeichnet vom Verlust des europäischen Judentums, welches neben dem antiken griechisch-römischen Erbe und dem Christentum das Denken in Europa geprägt hat. Die Erfahrungen, die die Völker Europas in diesem

Jahrhundert gemacht haben, sind ein Glied in der Kette, das – trotz oder gerade wegen der damit verbundenen Grausamkeit – unentbehrlich ist, um weiterzuleben und um den kommenden Generationen dies auch in würdiger und richtiger Weise zu ermöglichen.

Ein Lesen der Geschichte durch die Ordnungs- und Zweckbestimmtheiten hindurch, ein Lesen, welches die Gegenwartserfahrung aus dem Kreislauf der Wiederholungen erlöst und in etwas über sich Hinausweisendes verwandelt, ist angesagt. Durch die Wahl des freien hermeneutischen Handelns wird nämlich eine Verfügbarkeit hergestellt, die eine Kontinuität in der Tradition ausleuchtet, basierend auf einer vielfältigen Verarbeitung der Vergangenheit im Licht der Möglichkeiten, in der die Wirklichkeit sich dem Menschen darbietet.

So gewinnen die politischen und gesellschaftlichen Umbrüche der letzten Jahre in Europa, die das Ende der Nachkriegsordnung markieren, an Bedeutung, welche unmittelbare Konsequenzen für eine Reflexion über den Ort des jüdischen Denkens in der europäischen Geistesgeschichte hat. Fünfzig Jahre nach der Shoah wird es immer deutlicher, dass wir über das verlorene jüdische Erbe in Europa nicht mehr allein unter den Stichworten „Opfer" und „Täter" reden können, sondern weit umfassender den jüdischen Beitrag zur europäischen Geistesgeschichte bewusst zu machen und zu bedenken haben. Es scheint paradox: Je mehr die Entwurzelung des Judentums im weitesten Sinn spürbar wird, desto mehr drängt sich die Herausforderung auf, der jüdischen Tradition im Abendland nachzuspüren. In den Disziplinen Philosophie, Literatur-, Religions- und Kulturwissenschaften zeigt sich ein ständig wachsendes Interesse an den jüdischen Quellen.

Die Wurzeln des jüdischen Denkens reichen weit zurück und zeigen im Lauf der Jahrhunderte eine gegenseitige Rezeptionsgeschichte zwischen dem Judentum und den verschiedenen Kulturen, mit denen es in Berührung trat. Sosehr die jüdische Tradition von fremdem Gedankengut inspiriert wurde, sosehr fließt auch jüdisches Gedankengut in allen Epochen bis zur Gegenwart in das Abendland ein, ohne seine spezifischen Züge ganz zu verlieren. In dieser Hinsicht stellt das Judentum ein geistiges Phänomen in der europäischen Geistesgeschichte dar: Trotz der vielen Brüche und Verschmelzungen ist ein Kontinuum zu beobachten.

Nach der gescheiterten Emanzipation und Vernichtung der europäischen Juden und des jüdischen Denkens bedarf es nun einer Neubesinnung in der Auseinandersetzung mit dem Judentum, allen Religionen, Kulturen und Geschichte, sowohl in der akademischen Ausbildung als auch in vielen anderen Bereichen des gesellschaftlichen Lebens.

Diese Aufgabe betrifft das Forschen nach der Einbettung der orientalischen Traditionen in ihrer Entwicklungsgeschichte als Teil der Geistesgeschichte des Abendlandes, insbesondere den jüdischen Beitrag, welcher durch eine christlich geprägte Rezeptionsgeschichte durchaus nicht genügend berücksichtigt worden ist und

– nach dem Verlust des Judentums in Europa als lebendige geistige Tradition – als Riss ins Auge fällt. Das Ausmaß dieses Verlustes hat eine Tragweite für die europäische Kultur als Ganze und greift bis tief in die Wurzeln dieser Kultur als Erbe Europas ein. Da die Träger dieser Kultur das Trauma des Verlustes in sich tragen und daher die eigene Tradition nicht als Quelle der Erneuerung zugänglich ist, ergibt sich die Tatsache, dass die Wiederentdeckungsarbeit besonders schwierig erscheint. So führen das Abbrechen der Tradition und der Verlust an Geschichtsbewusstsein zu abgebrochener Identität und Selbstentfremdung.

Die Entfremdung wandte sich in vehemente Feindschaft gegen die Juden. Jakob Wassermann beschreibt 1921 seine Erfahrungen als Deutscher und Jude als stets heikles Thema, ob es nun mit Scham, mit Freiheit oder Herausforderung behandelt wurde, schön gefärbt von der einen, gehässig von der anderen Seite. Jetzt ist es ein Brandherd.[1]

Heute ist das Thema „Deutschtum und Judentum" jenseits der Frage, ob es denn je eine wirkliche Symbiose gegeben hat oder nicht, zu einem Herd geworden, an dem man sich bequem die Hände wärmen kann: Der Brand ist mittlerweile erloschen, er entflammt nur manchmal in Debatten um den wachsenden Antisemitismus in Europa oder um den Nahost-Konflikt.

Der Zivilisationsbruch vollzog sich jedoch, wie wir sehen, bereits viel früher. Arnold Schönberg zum Beispiel schreibt 1921 in einem Brief:

> „Denn was ich im letzten Jahr zu lernen gezwungen wurde, habe ich nun endlich kapiert und werde es nie wieder vergessen. Daß ich nämlich kein Deutscher, kein Europäer, ja vielleicht kaum ein Mensch bin ... sondern, daß ich Jude bin."[2]

Es zeugt von der zunehmenden Entfremdung – nicht der Juden, sondern innerhalb der europäischen Gesellschaft: Nicht die Juden sind verunsichert in ihrer Identität, sondern die Grundwerte des humanistischen Europa werden durch ein Erdbeben erschüttert, dessen Risse bis zum heutigen Tag in allen Ländern des Kontinents sichtbar sind.

Hannah Arendt appelliert 1960 bei der Verleihung des Lessing-Preises an die Menschlichkeit, die in einer unmenschlich gewordenen Welt zur „Ratlosigkeit" geführt hat, da die Selbstverständlichkeit der Dazugehörigkeit verloren gegangen ist:

> „Ich betone meine Zugehörigkeit zu der Gruppe der aus Deutschland in verhältnismäßig jungem Alter vertriebenen Juden so ausdrücklich, weil ich gewissen Mißverständnissen zuvorkommen möchte, die sich, wenn man von der Menschlichkeit spricht, nur allzu leicht ergeben. Ich darf in diesem Zusammenhang nicht verschweigen, daß ich lange Jahre hindurch auf die Frage 'Wer bist du' die Antwort 'ein Jude'

1 Vgl.: Wassermann, Jakob: Mein Weg als Deutscher und Jude, Frankfurt a. M. 2005.
2 Stein, Erwin (Hrsg.): Arnold Schönberg, Briefe, Mainz 1958, S. 473.

> für die einzig adäquate gehalten habe, nämlich für die einzige, die der Realität des Verfolgtseins Rechnung trug. Ich hatte sicher eine Haltung, die im Sinn, nicht im Wortlaut, des Nathan auf die Aufforderung 'Tritt heran Jude' mit einem 'Ich bin Mensch' geantwortet hätte, für ein groteskes und gefährliches Ausweichen vor der Wirklichkeit gehalten."[3]

Die subversive Kraft dieser Aussage gegen eine vermeintliche Aufklärung ist ungeheuer. Das Einholen des Bindestrichs deutsch-jüdisch oder österreichisch-jüdisch ist Bruch und Brücke zugleich: Bruch im Sinn eines Abgrunds, der für immer und ewig in der Geschichte Europas, wenn auch nicht in ihrem kollektiven Gedächtnis, eingeschrieben ist. Brücke als menschliches Zeugnis des Scheiterns an der Menschlichkeit selbst, als Zeugnis einer Behaustheit in einer unmenschlichen Welt.

Wir leben leider noch immer in finsteren Zeiten der *man-made*-Produktion, der *man-made*-Zerstörung. Es geht nicht mehr um Scham, Freiheit oder Herausforderung, sondern um die Zukunft *Europas im Kontext*, d.h. um die gesellschaftlichen, politischen und kulturellen Kontexte der einzelnen Länder, die ohne Rücksicht auf ein unterschiedliches historisches Bewusstsein zu einem wirtschaftlichen Block zusammengefügt worden sind und die Bürger vor schier unüberwindbare Probleme stellen – eine Zerreißprobe nicht nur für die Regierungen, sondern für das soziale Gewebe der Gesellschaft.

Die Zwänge der Marktwirtschaft bedrohen die Demokratie heute viel mehr und viel greifbarer, als dies die Diktaturen des 20. Jahrhunderts je tun konnten. Damals wusste man, wer der Feind war, heute leben wir in einer vermeintlichen Freiheit, ein Paradies für die Reichen, eine zunehmend hoffnungslose Perspektive für die armen Länder der Welt, die mit Sanktionen bedroht werden, wenn sie sich als selbstständige Partner in eine freie globale Weltwirtschaft einbringen. Dem Versprechen von Freiheit und Selbstbestimmung droht der Untergang durch eine gleichgeschaltete Verwaltung, eine wirtschaftliche Vergewaltigung, die im Versuch der Europäischen Union, die Bürger dieses Kontinents für eine gemeinsame Verfassung zu gewinnen, die politischen Perspektiven des „Europäischen Traums" infrage stellt. Das „Nein" der Franzosen und Niederländer ist kein Zeichen eines „Nicht-Verstehens" der Utopie des Vereinten Europa als Heilmittel und Vorbeugungsmaßnahme gegen einen Totalitarismus, sondern zeugt von einem tiefen Misstrauen gegenüber den Institutionen, die in ihren jeweiligen Demokratien ein Organ für den Willen und die Hoffnungen der Bürger sein sollten. Der Zusammenbruch der Ideologien, die das Staatsgebilde Europas im 20. Jahrhundert geprägt haben, hinterlassen, nach Zerstörung und Aufbau, eine geistige Leere, die nicht nahtlos vom westlichen Kapitalismus, sei es auch in seiner demokratischen Form, abgelöst

3 Arendt, Hannah: Von der Menschlichkeit in finsteren Zeiten. Rede über Lessing, München 1960, S. 28 f.

werden kann, wenn der öffentlichen Diskussion über das Ziel der europäischen Einigung aus dem Weg gegangen wird.

Die Arche der Zeugenschaft führt zurück zur *arché*, zum Anfang, zu den Überlegungen, geboren aus den unmittelbaren Erfahrungen im Krieg und der Zeit danach, die in der Frage, „ob nach Auschwitz noch sich leben lasse“[4], in diesem Gedenkjahr eine neue Relevanz gewinnt, im zeugenden Erinnern: So ist es gut, nach 60 Jahren nochmals die Worte Anne Franks zu lesen, die nicht weit von uns in Amsterdam-Zuid wohnte und im vorigen Jahr ihren 75. Geburtstag gefeiert hätte.

> „Wir sind sehr stark daran erinnert worden, daß wir gefesselte Juden sind, gefesselt an einen Fleck, ohne Rechte, aber mit Tausenden von Pflichten. Wir Juden dürfen nicht unseren Gefühlen folgen, müssen mutig und stark sein, müssen alle Beschwerlichkeiten auf uns nehmen und nicht murren, müssen tun, was in unserer Macht liegt, und auf Gott vertrauen. Einmal wird dieser schreckliche Krieg doch vorbeigehen, einmal werden wir doch wieder Menschen und nicht nur Juden sein! Wer hat uns das auferlegt? Wer hat uns Juden zu einer Ausnahme unter allen Völkern gemacht? Wer hat uns bis jetzt so leiden lassen? Es ist Gott, der uns so gemacht hat, aber es wird auch Gott sein, der uns aufrichtet. Wenn wir all dieses Leid ertragen und noch immer Juden übrig bleiben, werden sie einmal von Verdammten zu Vorbildern werden. Wer weiß, vielleicht wird es noch unser Glaube sein, der die Welt und damit alle Völker das Gute lehrt, und dafür, dafür allein müssen wir auch leiden. Wir können niemals nur Niederländer oder nur Engländer oder was auch immer werden, wir müssen daneben immer Juden bleiben. Aber wir wollen es auch bleiben.“[5]

„Mensch“ oder „Jude“ sein ist auch die Frage, die Elias Canetti im Londoner Exil beschäftigt, wie es in einer Aufzeichnung aus dem Jahr 1944 heißt:

> „Ich habe meine Freunde verachtet, wenn sie sich aus den Lockungen der vielen Völker losrissen und blind wieder zu Juden, einfach Juden wurden. Wie schwer wird's mir jetzt, es ihnen nicht nachzutun. Die neuen Toten, die lange vor ihrer Zeit Toten, bitten einen sehr, und wer hat das Herz, ihnen nein zu sagen. Aber sind die neuen Toten nicht überall, auf allen Seiten, von jedem Volk? [...] Kann ich nicht weiterhin allen gehören, wie bisher, und noch Jude sein?“[6]

Verantwortung für das Ganze zu übernehmen ist eines der Grundmerkmale, die das Judentum von seinen frühen Anfängen bis zum heutigen Tag geprägt haben. Im Zusammenspiel zwischen Partikularismus und Universalismus finden wir in jeder Epoche der jüdischen Geschichte einen Versuch, in der Sprache der Zeit, im Zeitgeist also, den alten Wahrheiten ein neues Gewand zu geben. Das Judentum hat, wie bekannt, keine Geschichtsschreibung im klassischen Sinn ausgebildet, aber Geschichte erinnert, d.h. als bedingte Zeit gelebt.

---

4 Nach Theodor W. Adorno.

5 Frank, Anne: Tagebuch, Dienstag, 11. April 1944, Frankfurt a. M. 2004, S. 248 f.

6 Canetti, Elias: Die Provinz des Menschen. Aufzeichnungen 1942-1972, Frankfurt a. M. 1984, S. 61.

Die Aufzeichnungen der Priester und die Einsichten der Propheten waren für sie nur in dieser Hinsicht eine historische Quelle, da sie aus ihnen eine angemessene Praxis entwickeln konnten. Tradition bedeutet somit, einen *sittlichen* Anspruch an die historischen Quellen zu haben, zu fragen, was die Quellen in einer bestimmten Zeit für die „Welt" bedeuten, ohne jedoch daraus einen absoluten „Sinn" der Geschichte abzuleiten.

Martin Buber nennt die Prophetie eine „Wendung zur Zukunft" im engeren Sinn, nicht im Sinn einer Vorhersage, sondern eines Versprechens des noch *Ausstehenden*, des *Unerfüllten* und häufig *Unerhofften.*

> „Prophezeien heißt, die Gemeinschaft, an die das Wort gerichtet ist, unmittelbar oder mittelbar vor die Wahl und Entscheidung stellen. Die Zukunft ist nicht etwas gleichsam schon Vorhandenes und daher Wißbares, sie hängt vielmehr wesentlich von der echten Entscheidung ab, das heißt von der Entscheidung, an der der Mensch in dieser Stunde teilhat."[7]

Die Teilnahme an der Entscheidung ist das Prägende der jüdischen Quellen, wo Historie nur durch das menschliche Wagnis der Freiheit zur Humanität wird.

Zivilisationsbruch der Shoah bedeutete somit einen Einbruch in das jüdische Selbstverständnis in der Moderne, in der sich Juden nicht nur um ihr eigenes Schicksal kümmerten, sondern sich um eine Humanisierung ihrer Gesellschaft bemühten, wo Prophetentum und Humanismus einander als Ethos der Mitmenschlichkeit begegnen. In den Worten von Manès Sperber:

> „Die Propheten forderten von ihnen weit mehr, als sie versprachen, und luden ihnen die Bürde des Menschseins auf, als ob sie eine Gnade wäre, die man durch eine ständig bewährte Mitmenschlichkeit verdienen könnte, ja müßte."[8]

Hier liegt nach wie vor der Kern der Problematik, der nicht so sehr Zeugnis einer „enttäuschten Liebe" oder eines „verweigerten Gesprächs" ist, sondern den Kern des Menschseins im jüdischen Selbstverständnis berührt. Aus diesem Grund hatte Gershom Scholem recht, als er sich gegen die Fiktion eines im Kern unzerstörbaren deutsch-jüdischen Gesprächs wehrte:

> „Die angeblich unzerstörbare geistige Gemeinsamkeit des deutschen Wesens mit dem jüdischen Wesen hat, solange diese beiden Wesen realiter miteinander gewohnt haben, immer nur vom Chorus der jüdischen Stimmen her bestanden und war, auf der Ebene historischer Realität, niemals etwas anderes als eine Fiktion, eine Fiktion, von der Sie mir erlauben werden zu sagen, dass sie zu hoch bezahlt worden ist."[9]

---

7 Buber, Martin: Der Glaube der Propheten, Heidelberg 1984, S. 18.
8 Paffenholz, Alfred: Manès Sperber zur Einführung, Hannover 1984, S. 46.
9 Scholem, Gershom: Wider den Mythos vom deutsch-jüdischen Gespräch. In: *Bulletin des Leo-Baeck-Instituts*, 27/1964, S. 278-281.

Elias Canetti ist nach dem Krieg unmittelbar zurückgeworfen auf sein Judentum, allerdings mit Hoffnungen auf Gesprächspartner: „Wenn das Frühjahr kommt“, heißt es in einer Aufzeichnung von 1945, „wird die Trauer der Deutschen ein unerschöpflicher Brunnen sein, und es wird sie von den Juden nicht mehr unterscheiden. Hitler hat die Deutschen zu Juden gemacht, in einigen wenigen Jahren, und ‘deutsch’ ist nun ein Wort geworden, schmerzlich wie ‘jüdisch’.“[10] Sicherlich war es so aus jüdischer Sicht, aber wie stand und steht es mit der „Solidarität im Schicksal“ der Deutschen und Österreicher?

Allmählich sucht Canetti jedoch den Weg zurück, versucht aus der Zerstörung einen Neuanfang zu gestalten, um nicht in einem Wirklichkeitsverlust zu verharren.

> „Die ersten Bilder und Worte aus meiner eigentlichen Heimatstadt waren beglückend und erschreckend zugleich. Daß der Prater zerstört ist, die Grottenbahn, in der das Erdbeben von Messina zum tiefsten Eindruck meiner Kindheit wurde; daß dieses bunte Leben nur noch in meiner Komödie besteht, wo es niemand kennt; daß ich so der Bewahrer des Praters geworden bin, bis er wieder besteht, und in einer Form, die seine Zerstörung in sich enthält; das ist gewiß ein sonderliches Schicksal für einen, dem Verwandlung und Spiel die Essenz des Menschen bedeutet.“[11]

Das Erdbeben ist keine Phantasie mehr, das Spiel ist zur Wirklichkeit geworden, eine Realität, die alle Albträume verwischt. So wird Canetti zum Wächter vor dem Tor des Praters, „in einer Form, die seine Zerstörung in sich enthält“, ein Prater, der in der Arche der Zeugenschaft, im Eingedenken zum Punkt der bedingten Zeit wird, wo die Zerstörung aufgehoben ist.

> „Eine peinigende Vorstellung: daß von einem bestimmten Zeitpunkte ab die Geschichte nicht mehr wirklich war; wir könnten es aber nicht merken. Unsere Aufgabe sei es nun, diesen Punkt zu finden, und so lange wir ihn nicht hätten, müßten wir in der jetzigen Zerstörung verharren.“[12]

Gegen jegliche Logik der Geschichte einen Anhaltspunkt zu finden bedeutet, sich der vollen Tatsache der Zerstörung zu stellen, aber auch der Möglichkeit des „Als-ob“, der freien Entscheidung des Unerhörten, des Ersehnten, um zur Realität zu gelangen. Aus dieser Quelle schöpfen Dichter und Denker der Nachkriegszeit ihren geistigen Neuanfang, übernehmen politische Haftung und Verantwortung:

„Politische Freiheit“, schreibt Karl Jaspers 1946, „beginnt damit, daß in der Mehrheit des Volkes der Einzelne sich für die Politik seines Gemeinwesens mit haftbar fühlt – daß er nicht nur begehrt und schilt – daß er vielmehr von sich ver-

---

10 Canetti, Elias: Die Provinz des Menschen. Aufzeichnungen 1942-1972, Frankfurt a. M. 1984, S. 67.

11 Ebd., S. 78.

12 Ebd., S. 79.

langt, Realität zu sehen und nicht zu handeln aus dem in der Politik falsch angebrachten Glauben an ein irdisches Paradies, das nur aus bösem Willen und Dummheit der anderen nicht verwirklicht werde – daß er vielmehr weiß: Politik sucht in der konkreten Welt den je gangbaren Weg, geführt vom Ideal des Menschseins als Freiheit."[13]

Hier nimmt der Mensch die Entscheidung für die Freiheit für sich in Anspruch.[14] Das politische Handeln einer Gesellschaft, jenseits von Gewalt und Zwang miteinander umzugehen, eröffnet bisher ungedachte Denkwege einer Demokratie, geboren aus dem kritischen Zweifel.

> „Die Trennungslinie zwischen denen, die urteilen, und denen, die nicht urteilen, verläuft quer zu allen sozialen, kulturellen und bildungsmäßigen Unterschieden. In dieser Hinsicht kann uns der totale moralische Zusammenbruch der angesehenen Gesellschaft während des Hitler-Regimes lehren, daß die, die unter solchen Umständen zuverlässig sind, nicht diejenigen sind, die Werte pflegen und an moralischen Normen und Maßstäben festhalten; wir wissen jetzt, daß sich das alles über Nacht ändern kann, und alles, was dann übrigbleibt, ist die Gewohnheit, an irgendetwas festzuhalten. Viel verläßlicher sind die Zweifler und Skeptiker, nicht weil Skeptizismus gut und Zweifel heilsam ist, sondern weil sie daran gewohnt sind, die Dinge zu prüfen und sich eine eigene Meinung zu bilden."[15]

Die individuelle Urteilskraft ist der feste Boden, auf dem die Ordnung des Politischen steht oder fällt. Wie einst ist auf den Tafeln des Gesetzes das Wort „Freiheit" eingraviert, als ureigenste Spur der Erinnerung, Garantie für die universale Würde des Menschen. Für Hannah Arendt ist der „Schock" der Realität nach dem Krieg nicht nur Beweis des unvergleichlich Neuen an der totalitären Diktatur des Nationalsozialismus, sondern zeigt die Suspension des menschlichen Willens zur Freiheit, der nicht durch Macht erzwungen werden kann. Die Zurückgewinnung dieses Vertrauens ist ein langer Prozess, der in den heutigen Debatten über die europäische Union als politische und nicht nur wirtschaftliche Einheit als Riss ins Auge fällt.

In Deutschland gewinnt diese Aufgabe eine besondere Brisanz:

> „Heute jedenfalls, da Ihr Land vor allem seine Befähigung zur europäischen Vision verstärken muß, ist der Verlust der jüdisch-deutschen Intelligenz mehr als beklagenswert. Die Stimme des alten Edmund Husserl – bereits von der deutschen Universität vertrieben, bereits von Martin Heidegger aus seiner Widmung von Sein und Zeit gestrichen – ja Husserls Stimme weist bereits, als er 1935 in Wien und Prag

13 Jaspers, Karl: Die Schuldfrage. Von der politischen Haftung Deutschlands (1965), München 1987, S. 82 f.

14 Die Rabbinen kommentieren in einer radikalen Hermeneutik den biblischen Text (Ex 32,16), wo es heißt, dass die Ersten Tafeln mit Gottes Finger geschrieben waren, eingraviert (hebr. *charut*) auf den Tafeln: „Lese nicht *charut* ('eingraviert'), sondern *cherut* (d.h.: 'Freiheit')."

15 Arendt, Hannah: Diktatur und persönliche Verantwortung. In: *Befreiung*, Juni 1985, S. 21.

> über die Zukunft Europas spricht, auf das Schweigen von heute hin, betont das, was uns fehlt; das, was Europa und Deutschland vermissen mögen mit der Vernichtung und Vertreibung des deutsch-jüdischen Geistes."[16]

Im österreichischen Kontext des Gedenkjahres bedeutet dies eine Reflexion, nicht nur über die Berufung der als Befreier einmarschierenden Alliierten in der Unabhängigkeitserklärung des Jahres 1945 auf das Votum der „Moskauer Deklaration" von 1943, dass Österreich „das erste freie Land [war], das der typischen Angriffspolitik Hitlers zum Opfer fallen sollte", sondern auch über die Unabhängigkeitserklärung der Zweiten Republik von 1955. In Letzterer wird daran erinnert, dass mit der „völligen politischen, wirtschaftlichen und kulturellen Annexion des Landes" das „macht- und willenlos gemachte Volk Österreichs" in einen Krieg gezwungen worden sei, „den kein Österreicher jemals gewollt hat, jemals vorauszusehen oder gutzuheißen instande gesetzt war …".

Sicherlich wollten die Bürger Österreichs, Juden wie Nicht-Juden, diesen Krieg nicht, aber die Tragödie ist, dass die Ersteren von einem Tag zum anderen von Österreichern zu Juden umgestempelt wurden und die Letzteren wenig Solidarität für ihre Mitbürger aufbrachten.

Die historische Aufarbeitung hat inzwischen vieles in ein anderes Licht gerückt und es gibt mittlerweile Anzeichen dafür, dass nicht nur in der Öffentlichkeit, sondern auch in der Gesellschaft ein Bedürfnis besteht, sich mit der Vergangenheit auseinanderzusetzen und ein Ethos zu entwickeln, das auf allen Ebenen stimmt, um von einem passiven Teilnehmer am demokratischen Prozess zum aktiven Gestalter von Geschichte zu werden: die Zukunft von Kindern und Enkelkindern nicht nur finanziell, sondern auch geistig zu sichern.

Bei meinem ersten Besuch im Wiener Staatsarchiv, auf der Suche nach Familiendokumenten, wurde mir dies überdeutlich. Als ich bei den Beamten die Akte der Vermögenserklärung verlangte, spürte ich die innere Aufregung dieser jungen Menschen. Als die Akte dann nach einiger Zeit kam, bot eine junge Frau an, sie mit mir anzusehen. Sicherlich zitterte auch ich vor diesem Dokument, aber ihre Angst war noch größer als meine. Später kam ich mit ihr vor dem Kopierapparat ins Gespräch und sie erzählte mir, wie schwierig diese Aufgabe für sie sei, wie sie tagtäglich Menschen trifft, die hier zum ersten Mal das letzte Dokument ihrer geliebten Mutter, ihres geliebten Vaters, der Tante, des Onkels, der Kusine, des Cousins in der Hand haben, wie schrecklich das für sie ist, wo sie bereits jahrelang diese Dokumente als Papierzeugnisse bearbeitet hat, jetzt aber zumeist nicht dem Menschen selbst begegnet, sondern seinen Kindern und Enkelkindern der nächsten

16 Vgl.: Semprun, Jorge: Blick auf Deutschlands Zukunft. Rede zur Entgegennahme des Weimar-Preises der Stadt Weimar am Tag der Deutschen Einheit 3. Oktober 1995, Frankfurt/Main 1995.

Generation, die wie sie mit dieser Geschichte konfrontiert sind. Auch erzählte sie mir, dass sie sich nicht vorstellen konnte, dass wirklich alles wahr ist, bis sie in ihrer Arbeit diese Dokumente in Händen hielt. So fand ich mich in der (glücklichen) Position, dass ich sie tröstete, dadurch, dass ich ihr als Mensch über den Abgrund der Geschichte hinweg die Hand reichte.

Es ist der Moment des *tikkun* – der *Wiederherstellung*. Ein Moment der gegenseitigen Erkenntnis, in dem ein Mensch den anderen in seiner oder ihrer Lage erkennt, die Vergangenheit selbst berührt und wiederhergestellt wird. Die Aufhebung einer Resignation, in der die Fakten einfach so und nicht zu ändern sind. Alles ist vergeben, aber nicht vergessen, ohne Worte – in der Geste der Annahme aufgenommen, in der wir teilnehmen am Leben des anderen und den anderen teilnehmen lassen an unserer Erfahrung, an unserem Leben. Nicht jenseits von Gut und Böse, sondern in der Auseinandersetzung mit dem, was geschehen und trotz aller Wiedergutmachungen nicht wieder gutzumachen ist.

Freiheit, Verantwortlichkeit und Selbstbestimmung sind leere Floskeln, wenn sie nicht begleitet werden von einer inneren Haltung der „Dazugehörigkeit“: *Die Ausgrenzung der Juden* sollte nicht in historischer Perspektive enden in einer *Ausgrenzung des Verbrechens an den Juden*. Dieser Bruch mit der Tradition wäre ein *Verbrechen an der Tradition* selbst, an der Quelle, aus der jede Gesellschaft ihre geistigen Kräfte für eine Erneuerung schöpft, und ein Verzicht auf den Anspruch an das Erbe Europas, an die Traditionen, die Europa von seinen frühen Anfängen bis zum heutigen Tag prägen.

Wie es dazu kommen konnte, dass die Deutschen und Österreicher mitten im 20. Jahrhundert einen Teil ihres Volkes auf den Scheiterhaufen führten, ist eine Frage, die alle bewegt, die sich um diesen Verlust bemühen. Es geht jedoch nicht darum, der jetzigen Generation die Verantwortung für etwas aufzubürden, das sie nicht getan hat. Es geht darum, begreiflich zu machen, welchen Verlust das deutsche und österreichische Volk durch die Shoah erlitten hat und welche schlimmen Folgen religiöser Hass bis in die heutige Zeit haben kann. Besonders in den Geisteswissenschaften haben Juden nicht nur in diesem Jahrhundert in Deutschland eine herausragende Rolle gespielt; ohne ihr Wirken wäre auch – dies ist eben das Paradox – ihre Präsenz und ihr Verschwinden kein so wichtiges Thema geworden. Aus diesem Paradoxon eine sinnvolle Tradition zu schaffen ist die Aufgabe der nächsten Generation, und es ist unsere Pflicht, dieser Generation zumindest die Werkzeuge für diese Arbeit zur Verfügung zu stellen. Es geht im Zeitalter des Vergessens eben nicht nur um Erinnern. Im Hebräischen ist das Wort „Erinnern“ mit der Bedeutung „Erneuern“ verbunden. Solange die jüdische Geistesgeschichte nicht als ein Teil der eigenen Geschichte begriffen wird, bleibt das „Jüdische“ als das „Fremde“ stehen, das „Fremde“ in jedem Einzelnen wie auch in der Gesellschaft, das „Fremde“, welches um jeden Preis bekämpft werden müsse. Museen und Denkmäler der Shoah sind in dieser Hinsicht nicht nur Begegnungsstätte mit einer verlorenen Tradition, sondern Geburtsort des Neuanfangs, Orte, wo die Gegenwart sich in rückwärts gewandtem Blick für die Zukunft öffnet, wo die hypothetische Frage „Welche Welt würde ich wohl durch mein Handeln schaffen, wenn es in meinem Vermögen stünde", eine Bedeutung gewinnt.

Es erinnert an ein altes rabbinisches Wort: „Du brauchst die Arbeit nicht zu vollenden, aber du bist auch nicht frei, dich daraus zu entziehen." Das Vertrauen auf die Kraft des Menschen, autonom zu handeln, wird zusammengehalten durch die Kette der Tradition, wo eine Generation der anderen die nicht vollbrachte Arbeit als Erbe weiterreicht.

Elisabeth von Samsonow

Demogorgon und die wilden Ungleichen

Politik aus dem Erdmittelpunkt

Um sich der Demokratie kritisch zu nähern, scheint mir eine Auseinandersetzung mit dem Verhältnis zwischen Demokratie und Kunst eine produktive Option. Die Kunst würde in diesem Fall wie ein Marker in Anspruch genommen, der die offenen Zonen der zivilisierten Gesellschaft gegen die geschlossenen hin abhebt. Man wird sich zunächst der Meinung zuneigen wollen, dass beide, Kunst und Demokratie, in einer natürlichen Verbindung zu sehen seien, dass sich Demokratie als derjenige Raum beschreiben ließe, welcher ideale Existenzbedingungen für eine freie, in ihren Äußerungen uneingeschränkte Kunst bietet. Man wird behaupten, dass die Demokratie ihrem Ziel nach der Kunst zuträglich und förderlich sei, insofern sie die politische Form der Möglichkeit und Synthesis der Vielfältigkeit der Sichtweisen sei. Erst ein genaueres Hinsehen, das die Aufdeckung schwieriger Erfahrungen einschließt, führt notgedrungen zu einer mehr oder weniger radikalen Einschränkung und Revision dieser Meinung, wobei sich allmählich herausstellt, dass Kunst und Demokratie in offenkundiger, hassliebeartiger Antithese zueinander stehen, zumal dann, wenn die Demokratie, wie dies zunehmend der Fall ist, sich zur „Einschaltquotendemokratie" eines nie gekannten Vermarktungsdrucks auf alle Erzeuger und alle Erzeugnisse entwickelt.

Der These von der Gleichheit der BürgerInnen steht die Verteilung der Aufgaben und die postmoderne Feier der Differenz in den Geschäften gesellschaftlicher Selbstverständigung schroff entgegen. Wohl selten hat ein philosophischer Begriff eine derartige „Klientelisation" erlebt wie der der *différance* Derridas. Ob nun *die feinen Unterschiede* Bourdieus oder *Differenz und Wiederholung* bei Deleuze – von Differenz wird bedeutend häufiger und tiefsinniger gehandelt als von Gleichheit. Was soll also, neben den kodifizierten Formen von Repräsentation, die nach wie vor plastisch vorführen, wie sehr doch Buchstabe und Realität nebeneinander liegen, die Rede von der Gleichheit vor dem Gesetz aussagen? Wie geht denn die Demokratie wirklich um mit den Differenzen, die die Gesellschaft ausmachen, wie die klugen TheoretikerInnen stets unterstrichen haben? Die Frage nach dem öffentlichen Status der Frau müsste sich doch heute längst erledigt haben. Aber ganz im Gegenteil: Man wird demnächst in Österreich ein Gesetz verabschieden, welches das notorische Übergehen von weiblichen BewerberInnen bei Bestellungen in Spitzenpositionen schwieriger gestalten soll. Ist denn diese zitierte Gleichheit vor dem Gesetz überhaupt eine einer Erfahrung korrelierende Qualität? Ist es nicht vielmehr so, dass die Entscheidungen in den Hinterzimmern getroffen werden, in denen neo-tribal zusammengewürfelte Gruppen sich im Voraus den zu erwartenden

Nutzen aufteilen? Und dann in den Gremien eine Demokratie simulieren, die es nicht so gibt wie vorgegeben? Jedenfalls bildet die Kunst – neben einer Reihe anderer wichtiger Gegebenheiten wie das religiöse Bekenntnis, das bereits erwähnte Geschlecht und das Alter, physische und psychische Handicaps – eine Hintergrundstrahlung (eigentlich müsste man sagen: Vordergrundstrahlung), die in die demokratischen zivilisatorischen Räume die phosphoreszierenden Verhältnisse wilder Ungleichheit transportiert. Die Festschreibung der Gegenstandslosigkeit der Ungleichheit hat wohl allen Formen des Exzesses die Zähne ziehen wollen. Glücklicherweise ist der Erfolg auf ganzer Linie ausgeblieben. Obgleich zunächst die Entwicklung der Demokratie durchaus als eine Geschichte des schleichenden Niedergangs der Subversion zu lesen wäre. Um diese Geschichte etwas genauer zu besehen, möchte ich ausholen und zunächst die Funktion der Subversion und den Status der Kunst bzw. des Künstlers/der Künstlerin beleuchten.

Kunst und Religion: Subversion und Repetition

Hegel macht eine Bemerkung von einiger Tragweite, wenn er behauptet, die Kunst sei immer auch „das Vergangene", bliebe zumindest auf dieses bezogen. Diese Vergangenheit der Kunst sei die religiöse. Auf die Frage, wie denn die Kunst zur Religion kam, ließe sich antworten, dass die Religion selbst der Ort der Kunst gewesen ist, derjenige Ort, der sich um die Kunst herum als Zentrum der Manifestation oder Erscheinung angelegt und sie mit ihren Tabus und Schwellensystemen geschützt hatte. Die Kunsttheorie und Kunstphilosophie lässt es sich deshalb bis in die Gegenwart nicht ungelegen sein, sich hin und wieder von der Aura des Religiösen zu inspirieren. Ich will dagegen zeigen, dass die Aufgabe der Kunst innerhalb der Religion sich keinesfalls nur auf die ästhetische Zurüstung der Theophanie beschränkt hat. Die Kunst hatte eher als Vehikel einer kritischen Balance zwischen dem auskristallisierten Kern einer Kultur und einer weiterführenden Arbeit oder Aktivität an ihr zu dienen. Selbst im Zentrum der Religion war die Kunst nicht nur konservativ, sie war nicht nur Repetition bzw. gerade so viel Repetition wie nötig, um die Dinge in Bewegung zu halten, um sie in die Richtung subversiver Intervention oder Invention zu lenken. Die Kunst bindet gewissermaßen die Information einer Kultur ästhetisch, d.h. macht sie wahrnehmbar und dadurch – auch immer wieder neu – verfügbar. Das als *semeion* bezeichnete Kultbild im Tempel von Hierapolis wurde, nach Lukian von Samosatas Beschreibung in seinem Traktat „De Dea Syria"[1], bis an den Spalt getragen, in dem die Sintflut verschwunden war, und dort ehrerbietig wie ein Neugeborenes gewaschen. Dabei war es „Niemand"

1 Lukian: Sämtliche Werke, übers. von C. M. Wieland, München – Leipzig 1911.

im eigentlichen Sinn, nur eben „das Zeichen". Dieses *semeion* scheint über der frühen magischen Besessenheit für die Schrift und ihre unbegrenzten Potenzen zu thronen, an ihm kondensieren die Phantasien, die notwendig den Einsatz der Schrift begleiten, es ist das kuriose Kind anthropomorpher Götter, der syrischen Göttin und eines Aspekts des Apoll.

Auch Salomon Reinach[2] hat überzeugend gezeigt, dass die Auffindung eines fremden Kultbildes die Griechen derartig irritierte, dass sie nicht ruhten, bis sie die eigenartige Erscheinung in ihre Erzählströme und mythischen Flüsse integriert hatten. Die mythenbildende Phantasie erregte sich *notwendig* am Anderen, Neuen, Unerhörten. Gemessen an den Delirien, die die alten Religionen, ob sie nun hoch oder volkstümlich waren, aufgeführt haben, liegt die Toleranzgrenze für „abgefahrene" Einfälle zu offenen Menschheitsfragen heute sowieso entschieden viel zu niedrig. Falls solche Einfälle heute vorkommen, lassen sie sich wohl kaum noch in der Religion ausmachen; wer finden möchte, suche vielmehr in Science-Fiction oder Comics.

Victor Turner hat in seinem Buch „Structure and Antistructure"[3] derartige poetische Prozesse, ausgehend von einer Analyse des Rituals, in ihrer Bedeutung dargestellt. Die Basis seiner Überlegungen bildet die Annahme, dass Strukturen, die die Identität eines Ensembles ausmachen, sei es nun die einer Ethnie, einer religiösen oder einer politischen Gruppe bzw. im allgemeinen Sinn die einer Kultur, zugleich durch affirmierende wie subversive Kräfte in einer fragilen Homöostase gehalten werden müssen.

Die Schwelle, die zwischen Konsolidierung und Erschütterung liegt, erscheint als mächtiger Ort, dessen Energie durch die Transgression, die Überschreitung des Kodifizierten, Bekannten, Gesetzlichen und Gewohnten, freigesetzt wird. Nach Turners pointierter These wird die Kultur durch die Schwellenenergie in Betrieb gehalten, wobei diese seiner Auffassung nach zwar eine dramatische, aber ihrer Grundstimmung nach spielerische Energieform darstellt. Bataille hat dieselbe Schwellenenergie eher in dunklen Farben ausgemalt und sie nicht so sehr spielerisch als vielmehr existenziell gedeutet; er hat ihr die Auflösung des Ich zugewiesen und als Wege der Transgression den Tod und die Sexualität erkannt.[4] Natürlich hat er auch die Religion als ein System begriffen, dem an der Auflösung des Ich gelegen war, wobei für ihn folgerichtig die wahre Sexualisierung der Religion oder umgekehrt die Sakralisierung der Sexualität angegangen werden musste. Die Protagonisten der „Histoire de l'œil" erscheinen deshalb nicht von ungefähr als Heroen

2 Reinach, Salomon: Cultes, mythes et religion, edition établie, présentée et annotée par Herve Duchêne, avant-propos par Pierre Bunuel, Paris 1996, bes. „De l'influence des images sur da formation des mythes", S. 705-715.

3 Turner, Victor W.: Das Ritual. Struktur und Antistruktur, Frankfurt/Main 2005.

4 Bataille, Georges: Der heilige Eros, dt. von Max Hölzer, Neuwied – Berlin 1966.

von mythischen Dimensionen, die den Spalt bearbeiten, an dem das *nefas* (die ruchlose, von den Göttern und den Menschen zu verabscheuende Tat) vom *fas* (der den Göttern und Menschen wohlgefälligen Tat)[5] unterschieden war[6], d.h., die sich an die untersagte ruchlose Tat wagen, von der her sich eine neue Religion wenn schon nicht begründen, dann wenigstens verstehen ließe. Man kann also sagen, dass Bataille die Subversion, die Turner als Spielfunktion, als Schwellenfunktion annahm, immer als *non plus ultra*, ins Extrem getrieben haben will.

Schwellenaktivität heißt für Turner, dass etwa Rituale, die in der Überlieferung einer Kultur kodifiziert zu sein scheinen, subversive Interventionen zulassen, d.h., dass gerade dort, wo das Ideal der Repetition ein traditionsbewusstes Selbstverständnis fördert, neuartige, den Rahmen der Repetition sprengende Manifestationen emergieren müssen, damit Kultur sich entfaltet. Das heißt, Individuum in einem demokratischen Kollektiv zu sein bedeutet, zwischen Ernst und Spiel zu schillern. Falls sich das aus irgendwelchen Gründen nicht durchhalten lässt, wird die Spiel- und Transgressionskompetenz auf eine Gruppe transferiert werden, die zur Gegengruppe, zur Anti-Einrichtung wird. Die Zwangsläufigkeit solcher Inselbildungen verrät, dass das demokratische Projekt der Motorik des kulturellen Gedächtnisses nicht auf allen Ebenen gewachsen ist: Nicht nur die antizyklischen und anachronistischen Identifikationen der Einzelnen gefährden das Gleichheitsklima, sondern schon die gewöhnliche Bewirtschaftung des allgemeinen Imaginariums als hochdifferenzierte Informationseinheit verlangt ein Gegensteuern wider die entropischen Tendenzen in der Weise, dass ständig Informationen umgeschaufelt, umgeleitet und umgekleidet werden, damit sie sich überhaupt erhalten. Die demokratische wie jede Gesellschaft ist daher immer schon nicht unbeträchtlichen Spannungen ausgesetzt, die sie polarisieren. Entweder sie bewirtschaftet diese Spannungen niederschwellig durch ihre Spiel- und Subversionsfunktionen oder sie geht auf das Niveau des offenen Konflikts.

Wie also wäre das Verhältnis zwischen *demos* und Kunst zu denken? Wie kann man den Begriff des Volkes in die Perspektive mit dem griechischen Konzept des *demos* bringen, ohne in die Untiefen der aristotelischen Politik steigen zu müssen, die allzu deutlich auf die *oikonomia* des vom Hausherrn beherrschten Hauses, Gesindes und Weiberhaufens aufgebaut war?[7] Was wäre denn die „Kunst des Volkes", vorausgesetzt, man würde sich tatsächlich nicht genieren müssen, dieses Wort zu bemühen? Wie und im Rahmen welchen Begriffs des „Volkes" ist es denk-

5 *Fas* und *nefas* sind lateinisch-römische Begriffe aus dem kultischen „Recht".

6 Bataille, Georges: Die Geschichte des Auges. In: Das obszöne Werk, ins Deutsche übertragen und mit einem Nachwort versehen von Marion Luckow, Reinbek bei Hamburg 1972.

7 Zum Versuch, eine „Politik vor der Polis" in den Blick zu bekommen, in welcher die Position des Weiblichen *vorkommt*, s. die Verf.: Anti-Elektra. Totemismus und Schizogamie, Berlin – Zürich 2007.

bar, dass sich der *demos* durch Manifestationen der Kunst aus der Fassung bringen lässt? Regt sich das Volk nicht auf, ist die Kunst nicht gut – eine solche Gleichung, die in den 1950er und 1960er Jahren als Legitimation der damaligen „Avantgarden" zirkulierte, führt aber in dieser Frage nicht weiter. In die richtige Richtung deutet vielmehr die Fixierung auf den Kitsch, die die Gebildeten mit Fassungslosigkeit registrieren.[8] Der Kitsch spricht eine direkte Sprache, er drückt die Degenerierung der ursprünglichen symbolischen Projektionskompetenz des *demos* einerseits zum Harmlosen, Lieblichen, konstant Unterfordernden aus, zugleich zum herabgesunkenen Horrorinventar, das man in sagenhaften Spezialgeschäften zu Halloween erwirbt. Er ist genau das Indiz für die Gewaltenteilung, die eine Ungleichheit in Bezug auf die verteilten Rollen in einem Raum, den Jacques Rancière als den gemeinsamen Ort des Wahrnehmbaren definiert hat.[9] Wie kann der *demos* selbst als Kitschkonsument und als Einschaltquotenfaktor höchste Autorität in Fragen der künstlerischen und der politischen Phantasie sein, also der kulturellen Schwellenaktivität? Ist der *demos* überhaupt noch in diesem Sinn Subjekt der Kultur und Souverän, also im Besitz der politischen Macht? Seine beträchtliche Kompetenz oder auch Potenz delegiert dieser *demos*. Er erscheint immer nur *in Vertretung*. Selbst die Schwellenaktivität überlässt er geeigneten Vertretern. Die Schwelle wird also nur von der einen Seite betreten, während von der anderen der *demos*, durch seinen „Polizeiaspekt", der durch die Delegierung von Macht und den daraus resultierenden Kontrollzwang entsteht, die Transgression verhindert. Das „Volk" selbst transgrediert nicht mehr und es betrachtet die Grenzüberschreitungen der Kunst nicht immer nur zufrieden, sondern auch feindselig.

Wenn also KünstlerInnen die Schwelle betreten, riskieren sie konsequent die Reaktion der in dieser Sache notwendig blanken Nerven des *demos*. Aus diesem Grund werden regelmäßig gewisse Kunstwerke im öffentlichen Raum nachts abmontiert, worauf mit ebenso großer Regelmäßigkeit eine empörte Glosse in der Tageszeitung folgt, in welcher die Auseinandersetzung, welche da die Nacht-und-Nebel-Täter pflegen, als Form der Inkompetenz des *demos* gegeißelt wird.[10]

8 Liessmann, Konrad Paul: Kitsch, Wien 2002.

9 Rancière, Jacques: Le partage du sensible. Esthétique et politique, Paris 2000, dt.: Die Aufteilung des Sinnlichen. Die Politik der Kunst und ihre Paradoxien, Berlin 2006.

10 „Wer nicht bereit ist, in dieses Spiel einzusteigen, und mutwillig die Regeln ändert, indem er einfach die Schachfiguren vom Tisch fegt, hat nicht nur in Bezug auf künstlerische Sensibilität versagt, sondern auch den demokratiepolitischen Offenbarungseid geleistet." Gerald Matt, Direktor der Kunsthalle Wien, in einer Replik gegen die Täter, die in einer nächtlichen Aktion die Skulptur „Turkish Delight" von Olaf Metzel abmontierten, Tageszeitung *Die Presse* vom 15. 12. 2007.

Demogorgon – der Vater aller Götter

Die Gesellschaft der Gleichen spaltet sich in Ungleiche. Die Fetischisierung von Kunst und Künstlerpersonen selbst ist also das Indiz dafür, dass dem *demos* eine seiner wesentlichen Kompetenzen abhanden gekommen ist. Ich möchte mit einem Beispiel zeigen, dass das Volk, der *demos*, sich ursprünglich sehr wohl selbst als poetische Instanz, als poetische Autorität verstanden hat, mit allen Privilegien ausgestattet, die später in komplizierten Verschiebungsvorgängen der *power of constitution* in das Künstler-Individuum hineinpraktiziert worden sind. Die Demokratie war nicht immer schon die politische Struktur des Ressentiments gegen das Genie. In der Einrichtung der Demokratie setzen wir voraus, dass der *demos* selbst voll zurechnungsfähig und poetisch aktiv war. Ich greife nun auf eine abgelegene Geschichte zurück, die mir erlaubt, diese poetische Aktivität als Ursprung einer anderen Politik auszumalen.[11] Diese hebt nicht mit dem Postulat der Gleichheit an, sondern – wie im Übrigen die Mythen das allgemein tun – mit einer Ungleichheit, die in diesem Fall schon an den ersten Gestalten ins Auge sticht.

Giovanni Bocaccio, der wohlbekannte Autor des italienischen Cinquecento, der uns das „Decamerone" geschenkt hat, befasst sich in seinem Hauptwerk, der umfangreichen „Genealogie Deorum Gentilium" nicht mit delikaten Geschichten, sondern mit der entscheidenden Frage, welcher der Götter der Heiden der Erste gewesen sei. Welcher Gott habe die größte produktive Kraft besessen, um wahrer Ursprung aller anderen zu werden, d.h. zugleich Ursprung und erstes Subjekt einer kollektiven Poesie und Phantasmagorie? Er entscheidet sich (einen Hinweis von Theodontius aufnehmend, der gesagt hatte, dass die ältesten Arkadier gemeint hätten, die Erde selbst sei eine erste Gottheit) für eine merkwürdige Gestalt namens Demogorgon. Dieser sitzt, einer reichen Ikonographie zufolge, im Erdinneren in einer Höhle, d.h. im Inneren der Erde selbst, deren „Spalt" er auf diese Weise stets vor sich hat. Mit *gorgon* ist angezeigt, dass er eine Intimbeziehung zu Erde hat, zur Gorgo, der Erd- und Schlangenmutter, die ihn offenbar weder ängstigt noch versteinert. Er repräsentiert das dieser Gorgo angehörende Volk – ihren *demos*. Er ist rechtmäßig Gorgos Mann, Partner oder Sozius. Er scheint so etwas wie ein Bräutigam der *materia prima* gewesen zu sein, den offenen Schoß der alles aus sich entlassenden Erdmutter bewohnend. Dieser älteste Gott repräsentiert wie eine einfache Hieroglyphe das keimende Selbstverständnis einer Gesellschaft, deren Produktivität an die agrikulturelle, also erdlogische Produktivität geheftet bleibt.[12]

---

11 Vgl. z.B.: Manns, James W.: Aesthetics, New York 1998, S. 5 f.

12 „Qui autem terra rerum omnium productricem voluere, ut Theodontius dicit, immixtam illi divinam mentem Demogorgonem nuncupavere." Bocaccio, Giovanni: Genealogie Deorum Gentilium Libri, a cura di Vicenzo Romano, Bari 1951, Lib. I., S. 12 (11b).

Demogorgon sitzt an der Wurzel eines ungeheuren Stammbaumes als Stammvater *aller* Götter der Heiden. Er wird von Aeternitas und Chaos flankiert, von der Ewigkeit und dem Chaos, die Boccaccio wie hübsche Gefährtinnen auftreten lässt. Mit ihnen hat Demogorgon zuerst zwei Söhne, Litigius und Pan, dann die drei Parzen, dann Pol und den Python und schließlich die Terra hervorgebracht, womit sich der erste, die strukturelle Hagiographie ermöglichende *circulus* – durchaus ein *circulus vitiosus* der Qualität, nicht der Logik nach – schließt.

Für unsere Überlegungen will ich festhalten, dass in der Gestalt des Demogorgon das in der Komplizenschaft mit der Erde befindliche Volk als Ursprung der Theogonie gesetzt worden war, d.h. das Volk als Ursprung und erste Instanz, die die Architektur des Mythos und – in einem weiteren Schritt – die Architektur der Religion als System der produktiven Imagination dieses *demos* ausweist. Die Demokratie, von der hier die Rede sein müsste, wäre dann die phantastische, die jeder Geniokratie, der Physiokratie oder der Psychokratie in den Künsten vorausginge. Der Künstler, sollte er denn so heißen, wäre immer „das Volk", das sich als Multitude darüber verständigt hat, dass die Bearbeitung der Erde eine gemeinsame Sache ist. Das revolutionäre Imaginieren ist die Arbeit *von allen* am chaotischen Ausgangsstoff. Mit den „ältesten Arkadiern" kommt eine Gruppe wieder ins Spiel, die heute als die kunstfernste von allen gilt, nämlich die Bauern. Insofern sie zweifellos diejenigen sind, die für ein langes und langsames Gedächtnis stehen, ja deren Gedächtnis und Traditionsbezogenheit geradezu sprichwörtlich sind, frage ich mich, ob sich hier nicht vielleicht so etwas wie eine Information regt, die etwas weiter zurückreicht als diejenige, auf die sich die politischen Akteure berufen? Kollidieren hier Evolution und Revolution, schlägt sich also das langsame Sich-Abrollen eines allgemeinen Sinns über die Vielen mit der Funktion revolutionärer Exzentrik? Woher der Verdacht, dass die Quelle der Inspiration, insofern sie eigentlich immer auf ein Transpersonales geht – Natur, Geist, Volk etc. –, vom Künstler auf eigensüchtige Weise ausgebeutet werden könnte?

Dass das Volk alles andere tut, als sich als Ursprung der allgemeinen Phantasmagorien herzugeben, dass also das Volk – wie oben gesagt – auf Kunst reagiert (ambivalent), und zwar gerade dann, wenn sie sich in gängige Raster eben nicht einfügt (was aber Sinn der Sache wäre), gilt nicht für die „Demokratie" des Demogorgon. Die demogorgonische Demokratie fordert vielmehr die Subjektivität des *demos* als künstlerische Subjektivität ein, was bedeutet, dass die Differenz vor der Gleichheit den Vorrang besitzt. Die Kunst zu lieben bedeutet, das chaotische Moment, die Schwellenaktivität als Bedingung homöostatischer Systeme anzuerkennen. Das ist keine Demokratie als Vervielfältigung eines monokratischen Prinzips, sondern Darstellung des Dissenses, als welche Rancière Politik bezeichnet.[13]

13 Rancière, Jacques: Zehn Thesen zur Politik, Zürich – Berlin 2007.

Auszug des *demos* aus der Kunst

Die Schwellenaktivität, von der eingangs die Rede war, d.h. die Konzentration der subversiven Arbeit auf den religiösen Transformationsmechanismus, forderte immer noch den *demos* als dasjenige Subjekt ein, von dem her eine solche delikate Aktivität legitimiert sein musste. Natürlich gab es einen, der im Auftrag dieses *demos* handelte: den Künstler als Agenten des Kollektivs, der hier Prophet, Priester, Genie, Abgesandter eines Höheren oder eines Tieferen sein konnte. Auch wenn die Legitimationsinstanzen beizeiten in äußerst abgelegene Orte verlegt wurden, so blieb doch immer eines gesichert, dass nämlich der Agent tatsächlich für ein Kollektiv oder einen *demos* zu handeln und sein Tun auf die Befindlichkeit desselben umzurechnen hatte. In dieser Beauftragung selbst aber liegt der Keim zur Entwicklung eines Gefälles zwischen Individuum und Kollektiv, das erst die Bedingung des Aufholens individueller Reflexivität vor kollektiver Subversivität bildete. Dieser Umstand konstituiert das, was wir als moderne oder postmoderne Kunst bezeichnen, die „Kunst der Gesellschaft" (nach Niklas Luhmann) und die Gesellschaft „der feinen Unterschiede" (nach Bourdieu).

Die Handlungsbedingungen des Priesterhermeneuten in den antiken Kulten sind so angelegt, dass die prophetische Tonart, das Lyrische, notwendig zugunsten der reflektierenden Prosa verblasst ist, wie dies Plutarch eindrücklich in seiner kleinen Schrift „Über die Orakel der Pythia" beschreibt. Der reflektierende Priesterhermeneut, welcher eine vollkommen neuartige Eigenschaft für sich zu beanspruchen beginnt, nämlich die Autorschaft, bahnt einer Extravaganz den Weg, die sich als Kontrapunkt zum Allgemeinen setzt und dessen Leistung verschleiert. Man lacht also in der Spätantike über die Poeten, die sich den Gott aus ihrer Brust schlagen wollten, da sie ja keine andere Erklärung für ihre fabulöse Begeisterung hatten als die, von einem Gott besessen, zum Volk das dem Volk Gehörige aussprechen zu müssen.

Auf dem Hintergrund des weiterhin – wenn auch mit anderen Mitteln – aktiv wirkenden neuplatonischen Modells der Begeisterung und der Inspiration inszeniert sich das künstlerische Individuum als Prototyp des politischen Individuums, wie man leicht erkennt, nicht ohne Schwierigkeiten. Dieses Individuum hält seine durch die Figur der Selbstbezüglichkeit charakterisierte fragile Identität aufrecht, indem es sich als Widerpart des Kollektivs in Stellung bringt, Sinn als Eigensinn stiftet und zugleich um den Auftrag dieses Kollektivs wirbt. Die kunstwissenschaftliche Rede von der mit dem *Namen des Künstlers* verbundenen Position als singuläre Erfindungsplattform spiegelt diese Entkoppelung der Kunst vom kollektiven Auftrag wider. Die Kunst geriet immer mehr zur Kunst „ohne Auftrag", was bedeutet, dass man in der Opposition des Allgemeinen *(demos)* gegen das Besondere (agierendes Individuum) eine kritische Konstellation vor sich hat. Die zeitgenössische Kunst agiert explizit politisch und „öffentlich", um diesen Auftragsverlust zu kompensieren.

Umgekehrt heißt dies, dass, sobald der *demos* der Kunst seinen Auftrag entzogen hat, er seinerseits in einer Art Entzug verharren muss. Die anarchische und phantastische Kraft der Erde, von der Van Gogh in den „Lettres à Théo" spricht und von deren Wiederentdeckung er sich für beide – für die Kunst und für das Volk – ein politisches und ästhetisches Maximum versprochen hatte, wird in einer solchen Konstellation verspielt – wobei natürlich nicht unterschlagen werden darf, dass das Ende der Agrikultur eine Identifizierung von Volk und „Haufe des Demogorgon" sowieso schon unzulässig macht. Ginge es wirklich noch darum, sich den Auftrag eines *demos*, der sich als Multitude aus seiner vielfältigen Auffassung der vornehmlichen Beschäftigung – wie in der Agrikultur – versteht, zu sichern, lägen die Dinge einfacher.

Auftragsentzug – Auftragserteilung/Machtentzug – Ermächtigung

Welchen Grad an Schwellenaktivität aber braucht nun derjenige *demos*, der die Basis einer durchschnittlichen europäischen Demokratie ausmacht? Welche Befindlichkeit würde ihm glaubhaft darstellen, dass er selbst es ist, der die Macht hat? Wie viel an Delegierung von Macht und Phantasie an die „stellvertretenden Organe" darf es geben, damit nicht der Eindruck entsteht, das Volk werde nach wie vor regiert (nicht: es regiert)? Welchen Formen überschüssiger Phantastik ist dieser *demos* bereit, seinen Auftrag zu erteilen, in welchen Manifestationen auf der Oberfläche der Gesellschaft lässt sich die Schwellenaktivität erkennen? Ist es die Kunst, die diesen Auftrag einwirbt, und wie erfüllt sie ihn?

Die Auftragswerbung seitens der Künstler musste entschieden forciert werden. Lewis Mumford schreibt in seinem nun schon sehr romantisch wirkenden Buch „Art and Technics" (1952): „Der Künstler sagt durch seine Symbole: was immer ich habe, soll Euer sein. Was immer das Leben mir gegeben hat, werde ich Euch zu Füßen legen, nicht um späteren Entgeltes willen, sondern weil ich Euch liebe und Euch zu dienen wünsche […] Das ist der Grad voller Reife, der Grad, den nur große Kunst erreicht, weil sowohl vom Künstler als auch von seinem Publikum eine gewisse Hingabe, ja ein Opfer verlangt wird."[14] Der christologische Ton ist verblüffend. Der auftragswerbende Künstler, die Künstlerin unterwirft sich demonstrativ und hochgradig um Aufmerksamkeit werbend der *community*. Diese Version hat – nach Mumford – ein neurotisches Komplement für den Fall, dass die *community* sich dem

14 Mumford, Lewis: Art and Technics, New York 1952, S. 28 f.

Künstler verweigert; dann nämlich wird dieser zynisch und sadistisch wie ein narzisstisch gekränkter verschmähter Liebhaber: „In diesem Zustand zerstört der Künstler die Möglichkeit der Vereinigung, indem er symbolische Akte von sadistischer Gewalt begeht und negiert, dass seine Genossen etwas mit ihm zu tun haben.“[15]

Der Schluss aus Mumfords Analyse scheint nun zu sein, dass der Künstler immer, ob er nun will oder nicht, an die Fiktion einer phantastischen Demokratie gebunden bleibt. Das gilt *vor* der Etablierung eher sophisticated religiöser, theologischer und metaphysischer Inspirationsmodelle (das Beispiel des Demogorgon) und dann auch wieder *nach* deren Ende (in der Moderne und Postmoderne). In dem Augenblick, in welchem vertikale Modelle von Ideenübermittlung noch nicht oder nicht mehr akzeptabel erscheinen, bleibt ein horizontales, also ein soziales oder politisches Modell das einzig mögliche. Die Horizontale wird zur einzig möglichen Koordinatenachse einer Politik, die der Kunst immer mehr *bedarf*. Insofern ist das Politik-Kunst-Feld heute einer der „heißen“ Gegenstände, an dem zu untersuchen steht, wie die Verhältnisse sind, manipuliert werden, definiert werden.

Auch wenn es unglaubhaft klingt, so ist doch langfristig die „akephale Gesellschaft“[16] die Gesellschaft der Zukunft. Bezeichnenderweise wird diese Gesellschaft in den Kreis der so genannten „primitiven“ fallen, die, wie wir wissen und wie uns immer mehr dämmert, so primitiv nicht sind. Lévi-Strauss hat in seinem schönen Buch „Das wilde Denken“ gezeigt, wie hochspezifisch und differenziert das Wissen der „Primitiven“ ist. Falls sich aus dem „Primitivismus“, sofern er die Gesellschaftsform der Minimierung von Machtdelegierung und Vertretungskompetenz darstellt, eine Utopie destillieren lassen sollte, dann ist damit auch das berühmte griechische Experiment, welches unseren Staatsformen den Namen gegeben hat, wieder zu einer Alternative unter anderen zurückgestuft. Auch die athenische Moderne hat Gesellschaften und die von ihnen gelebten Formen zerstört, sodass von da an, von der demokratischen Position an (die eine Demokratie der gutgestellten Männer war), alle anderen („barbarischen“) Gesellschaftsformen „Schurkenstaaten“ zu ähneln anfingen. Es ist nicht ausgeschlossen, dass einmal vor dem Hintergrund der akephalen Gesellschaft die Demokratie ihr Wesen deutlich als kapitalistischer Feudalismus sichtbar werden lässt. Die Kunst weist einer Gesellschaft wieder den Weg, die die Sozietät der Differenz überholt und gelöscht hatte: Der Gedächtnisschwäche, die die Demokratie gegenüber der Vielfalt der Andersheiten festgeschrieben hatte, kommt die Kunst bei.

Dass die Kunst auf angemessene Weise wieder die Sache des *demos* werden könnte – wie sie dies nach dem Ende der vertikalen Inspirationsregimes eigentlich

---

15 Ebd., übersetzt v. E. v. Samsonow, S. 30.

16 Fritz Kramer: akephal = griech. „ohne Kopf“, d.h. weitestgehend ohne vertikale politische Struktur.

sein müsste –, dieser Traum der Avantgarde muss immer wieder mit neuen Mitteln geträumt werden. Genauso ist es der Traum einer Gesellschaft, die nicht durch die Teilung der Sphären, der Imagination, des Raumes und der Gewalt gezeichnet ist, mit Leben zu erfüllen. Die Höhle des Demogorgon ist versteckt, in der Erdmitte verborgen. Just an den Ort, an dem er dem Zeugnis des Boccacio nach seine Höhle hatte, wurde in einer späteren Imagination die *Hölle* platziert.

Frigga Haug

Streit um Demokratie

Notiz zu Rosa Luxemburg

Jeder Mensch unseres Zeitalters mit gesundem Menschenverstand ist für Demokratie, nicht für Diktatur. So konnte etwa Manfred Scharrer, ein Autor, der sich als Gewerkschaftshistoriker begreift und ein Buch gegen Rosa Luxemburg geschrieben hat, darin mit Aussicht, gehört zu werden, triumphal behaupten:

> „Demokratie war für Rosa Luxemburg nur nützlich bis zum Tag der Revolution, dann kam die Phase der Diktatur [...] Sie ist fasziniert von der Revolution und nicht von der Demokratie, sie ist fasziniert von der Gewalt und nicht vom Parlieren. Sie beschwört den Glauben vom Zusammenbruch des Kapitalismus.“[1]

Damit war Rosa Luxemburg gerichtet, alle unsere Vorurteile waren bestätigt, denn, wie gesagt: Wer ist nicht für Demokratie und also bereit zum Hass auf ihre Feinde?

Ende November 2007 demonstrierten Tausende in Jartum im Sudan dafür, dass eine Lehrerin nicht bloß 15 Tage Haft erhalte, wie das Gericht entschieden hatte, und auch nicht 20 Peitschenhiebe oder sechs Monate Gefängnis, wie verhandelt wurde, sondern dass die Todesstrafe angemessen sei. Die meisten waren Männer, die aufgebracht riesige Schwerter mit sich führten, um ihrer Forderung den genügenden Nachdruck zu verleihen. Denn die Lehrerin hatte den Islam aufs Schwerste beleidigt, indem sie den Namen Mohamed missbrauchte. Nach fünf Tagen im Frauengefängnis wurde sie an einen geheimen Ort gebracht, weil die Regierung die Lynchjustiz der Menge fürchtete.

Es geht in diesem Ereignis mehrfach um Demokratie. So die Menge eine Mehrheit war, hätte wohl ihrem Begehren demokratisch stattgegeben werden müssen? Die Lehrerin war aus Liverpool gekommen, um an einer christlich-protestantischen Schule die Kinder u.a. zu lehren, was Demokratie sei. Als moderne Pädagogin zeigte sie es ihnen, indem sie die Siebenjährigen zu Teilhabern eines demokratischen Geschehens machte. Sie ließ die Klasse einen Namen für einen kleinen Teddybären aus Plüsch suchen. Jeder durfte seinen Lieblingsnamen nennen. Die Mehrheit (20 von 23) entschied. Und so bekam der Bär den Namen *Mohamed.*[2]

Eine Reihe von Grundfragen können an diesem Beispiel studiert werden. Demokratie, also Volksherrschaft, ist ganz offensichtlich nicht einfach ein Ziel, das für eine Gesellschaft und ihre Regelung ohne weitere Umstände das Erstrebens-

---

1 Scharrer, Manfred:„Freiheit ist immer“ ... Die Legende von Rosa und Karl, Berlin 2002, S. 15.

2 *El País*, El Periódico Global En Español, 1. 12. 2007.

werteste ist. Sie schützt uns nicht vor Gewalt. Aber Diktatur als Gegensatz von Demokratie kann dennoch wohl ebenso wenig akzeptiert werden, von Revolution gar nicht zu reden. Bleiben wir hartnäckig beim Traum von Demokratie und bedenken dabei, dass wir gleichwohl das Ganze noch nicht ausreichend durchdacht haben.

Gehen wir hilfsweise zurück zu Rosa Luxemburg und legen die populären Aussagen von Manfred Scharrer auf die Prüfwaage. Wir studieren Luxemburgs Verhältnis zu Demokratie und damit auch zu den Massen, zu Revolution, zu Diktatur, zum Parlament, zur Gewalt und zum Kapitalismus. Ich habe dieses in meinem Buch zu Luxemburg[3] sorgfältig getan. An dieser Stelle beschränken wir uns auf die Frage ihres Verhältnisses zu den Massen und zur Demokratie.

Die Massen

Auch wenn man wenig über Luxemburg weiß, kennt man vielleicht das Urteil, dass sie an die Massen glaubte und sie darum total überschätzte. Umgerechnet auf unsere Fragestellung hätte sie darum den eingangs geschilderten Fall aus dem Sudan nicht glauben können und entgegen der obigen Aussage, dass sie die Diktatur der Demokratie vorgezogen habe, eine schrankenlose Anhängerin der Demokratie sein müssen. Beides erweist sich als falsch. Es gibt ein solches Schwarz-Weiß-Denken bei Luxemburg nicht, weil sie niemals in feststehenden Größen denkt, sondern in Prozessen, so auch in Bezug auf die Masse in Lernprozessen. Ihre Worte über die Masse, die etwa im Ersten Weltkrieg in Kriegsbegeisterung geriet, sind heftig und klar.

In ihrer Schrift zur Krise der Sozialdemokratie schildert sie mit heftigen Worten die kriegsbegeisterte Masse, ihren „patriotischen Taumel"[4], ihre Teilhabe an der „Massenschlächterei", die zum „ermüdenden Tagesgeschäft" wurde[5]; und schließlich das Gemälde des Ganzen, das auch wegen seiner literarischen Qualität festgehalten gehört:

> „Vorbei ist der Rausch. Vorbei der patriotische Lärm in den Straßen, die Jagd auf Goldautomobile, [...] die Straßenexzesse des spionewitternden Publikums, das wogende Menschengedränge in den Konditoreien, wo ohrenbetäubende Musik und patriotische Gesänge die höchsten Wellen schlugen; ganze Stadtbevölkerungen in Pöbel verwandelt, bereit zu denunzieren, Frauen zu mißhandeln, hurra zu schreien und sich selbst durch wilde Gerüchte ins Delirium zu steigern; eine Ritualmordatmosphäre, [...] in der der Schutzmann an der Ecke der einzige Repräsentant der

---

3 Haug, Frigga: Rosa Luxemburg und die Kunst der Politik, Hamburg – Berlin 2007.
4 Luxemburg, Rosa: Gesammelte Werke, Bd. 4, Berlin/DDR 1970-1975, S. 64.
5 Ebd., S. 51.

Menschenwürde war. Die Regie ist aus. Die deutschen Gelehrten, die 'wankenden Lemuren', sind längst zurückgepfiffen. Die Reservistenzüge werden nicht mehr vom lauten Jubel der nachstürzenden Jungfrauen begleitet, sie grüßen nicht mehr das Volk aus den Wagenfenstern mit freudigem Lächeln; sie trotten still, ihren Karton in der Hand, durch die Straßen, in denen das Publikum mit verdrießlichen Gesichtern dem Tagesgeschäft nachgeht."[6]

Hier kann von Überschätzung kaum die Rede sein, im Gegenteil: Die Massen sind wechselnden Stimmungen unterworfen, sie sind auch die rauschhafte, unwürdige, mordlustige Menge, wie sie die bürgerliche Gesellschaft hervorbringt. In den „Spartakusbriefen" (1918) heißt es: Nur „die standhafte Kadaverhaltung des deutschen Proletariats"[7] ermöglichte es dem deutschen Imperialismus, die russische Revolution für sich auszunützen, und die Reaktion konnte sich das gewagte Experiment nur leisten „im felsenfesten Vertrauen auf den unerschütterlichen Stumpfsinn der deutschen Volksmassen"[8]. Ja selbst die Arbeiter agieren als „willige Henker fremder Freiheit".[9]

„Es gibt nichts Wandelbareres als menschliche Psychologie. Zumal die Psyche der Massen birgt stets in sich, wie Thalatta, das ewige Meer, alle latenten Möglichkeiten: tödliche Windstille und brausenden Sturm, niedrigste Feigheit und wildesten Heroismus. Die Masse ist stets das, was sie nach Zeitumständen sein muß, und sie ist stets auf dem Sprunge, etwas total anderes zu werden, als sie scheint. Ein schöner Kapitän, der seinen Kurs nur nach dem momentanen Aussehen der Wasseroberfläche steuern und nicht verstehen würde, aus Zeichen am Himmel und in der Tiefe auf kommende Stürme zu schließen!"[10]

Die Masse ist es also nicht unbedingt jederzeit, aber als Arbeitende sind die Menschen in der Lage, ihr Schicksal in die eigenen Hände zu nehmen. Dies ist für Luxemburg der Inbegriff von Sozialismus und der Sinn, warum es für ihn zu streiten lohnt. Es ist zugleich ihre Vorstellung von menschlicher Gesellschaft:

„Die gesamte menschliche Kultur ist ein Werk des gesellschaftlichen Zusammenwirkens vieler, ist ein Werk der Masse. […] Diese Geschichte [der Menschheit] wimmelt von Heldensagen, von Großtaten Einzelner, sie hallt vom Ruhme weiser Könige, kühner Feldherren, verwegener Entdeckungsreisender, genialer Erfinder, heldenhafter Befreier. Aber all dies bunte und schöne Treiben Einzelner ist gleichsam nur das äußere geblümte Kleid der menschlichen Geschichte. Auf den ersten Blick ist alles Gute und Böse, das Glück wie die Not der Völker Werk einzelner

6 Luxemburg, Rosa: Gesammelte Werke, Bd. 4, Berlin/DDR 1970-1975, S. 51 f.
7 Ebd., S. 378.
8 Ebd., S. 375.
9 Ebd., S. 381.
10 Luxemburg, Rosa: Gesammelte Briefe, Brief am 16. Februar 1917 aus dem Gefängnis in Wronke an Mathilde Wurm, Bd. 5, Berlin 1993, S. 176.

> Herrscher oder großer Männer. In Wirklichkeit sind es die Völker, die namenlosen Massen selbst, die ihr Schicksal, ihr Glück und ihr Wehe schaffen.“[11]

Luxemburg blickt auf die Masse, die für sie die Menschen als Opfer und Täter der eigenen Geschichte sind.

> „Kein Krieg ist möglich, den nicht die Volksmassen selbst, sei es durch kriegerische Begeisterung oder wenigstens durch unterwürfige Duldung, verantworten.“[12]

Auch für sie gilt der Marx'sche Satz von den Menschen, die ihre Geschichte selbst machen, den sie aber, mehr die Subjekte als die Bedingungen hervorhebend, in der Formulierung von Lassalle zitiert:

> „Die Menschen machen ihre Geschichte nicht aus freien Stücken. Aber sie machen sie selbst. Das Proletariat ist in seiner Aktion von dem jeweiligen Reifegrad der gesellschaftlichen Entwicklung abhängig, aber die gesellschaftliche Entwicklung geht nicht jenseits des Proletariats vor sich, es ist in gleichem Maße ihre Triebfeder und Ursache, wie es ihr Produkt und Folge ist. Seine Aktion selbst ist mitbestimmender Teil der Geschichte.“[13]

Aber gerade weil die Massen zugleich unmündig und unreif in den Verhältnissen stecken, hängen Verwirklichung des Sozialismus und Revolution davon ab, dass sie ihren Reifungsprozess selbst bewirken. Das Medium ist die Erfahrung. Aber die Erfahrung ist auch eine Schranke gegen das Voranschreiten, gegen Entwicklung, weil sie zum Verharren und Bleiben auffordert. Dies zu überwinden, macht wissenschaftlichen Umgang mit Erfahrung wichtig und bestimmt damit die transitorische Aufgabe der Intellektuellen in der Arbeiterbewegung.

Die besondere Weise, in der Luxemburg agitatorisch mit der Masse spricht, lässt bei nur oberflächlicher Lektüre den Eindruck der Überschätzung aufkommen. Aber die handelnden Menschen werden angerufen als zukünftige, als Menschen, die sie sein können und werden wollen.

Nahe liegend ist, dass es vielleicht doch nicht die aktuelle Überschätzung der Massen war, sondern deren befürchtete Kehrseite, die Relativierung der Rolle von Partei und Führung, die Luxemburg den Stempel einer Massenromantikerin aufdrückte.

---

11 Luxemburg: Gesammelte Werke, S. 206 f.

12 Ebd., S. 207.

13 Ebd., S. 61.

Die Frage der Demokratie

Aber wie denkt Luxemburg dann tatsächlich Demokratie und das Verhältnis von Diktatur zu Demokratie? Die wichtigsten Gedanken dazu finden wir in ihrer Kritik an der russischen Revolution, in der zugleich die Problematik der „Diktatur des Proletariats" diskutiert wird – dieses Stolpersteins, dessen sich der Eurokommunismus entledigte und dessen ursprünglich Gemeintes man heute nicht mehr so sprechen kann, sondern übersetzen muss.

> „Wir unterschieden stets den sozialen Kern von der politischen Form der bürgerlichen Demokratie, wir enthüllten stets den herben Kern der sozialen Ungleichheit und Unfreiheit unter der süßen Schale der formalen Gleichheit und Freiheit – nicht um diese zu verwerfen, sondern um die Arbeiterklasse dazu anzustacheln, sich nicht mit der Schale zu begnügen, vielmehr die politische Macht zu erobern, um sie mit neuem sozialen Inhalt zu füllen."[14]

„Die Eroberung der politischen Macht" ist der nächste Stolperstein – immerhin kommt er schon als paradoxe Zusammenbindung, nämlich als Bejahung der Demokratie zusammen mit der Diktatur des Proletariats.

> „Aber diese Diktatur besteht in der Art der Verwendung der Demokratie, nicht in ihrer Abschaffung, in energischen, entschlossenen Eingriffen in die wohlerworbenen Rechte und wirtschaftlichen Verhältnisse der bürgerlichen Gesellschaft. [Sie] muß das Werk der Klasse und nicht einer kleinen, führenden Minderheit im Namen der Klasse sein, d.h. sie muß auf Schritt und Tritt aus der aktiven Teilnahme der Masse hervorgehen, unter ihrer unmittelbaren Beeinflussung stehen, der Kontrolle der gesamten Öffentlichkeit unterstehen, aus der wachsenden politischen Schulung der Volksmassen hervorgehen."[15]

Es sei „historische Aufgabe des Proletariats, wenn es zur Macht gelangt, anstelle der bürgerlichen Demokratie sozialistische Demokratie zu schaffen, nicht jegliche Demokratie abzuschaffen".[16] Entsprechend schreibt Oskar Negt:

> „Für Rosa Luxemburg sind der grundsätzliche, unabdingbar demokratische Charakter des Organisationsaufbaus der proletarischen Organisationen und die bis in die Diktatur des Proletariats hineinreichende demokratische Struktur der sozialistischen Revolution nicht nur Postulate, die sich aus der Vorstellung vom Endziel der Befreiung der Menschen von Unterdrückung und Ausbeutung ergeben, sondern sie haben auch einen methodischen Grund. Jede nicht-demokratische proletarische Organisation oder Bewegung setzt sich in Widerspruch zur materialistischen Dialektik und

---

14 Luxemburg: Gesammelte Werke, S. 363.
15 Ebd., S. 363 f.
16 Ebd.

führt, selbst wenn die revolutionäre Machteroberung gelingen sollte, in der einen oder anderen Form zum Scheitern.“[17]

Gegen Lenins „vereinfachte Auffassung“, der sozialistische Staat sei bloß der auf den Kopf gestellte kapitalistische, also statt der Arbeiterklasse werde nun die Bourgeoisie unterdrückt, schreibt Luxemburg, Lenin habe das „Wesentliche“ außer acht gelassen:

> „Die bürgerliche Klassenherrschaft braucht keine politische Schulung und Erziehung der ganzen Volksmasse, wenigstens nicht über gewisse eng gezogene Grenzen hinaus. Für die proletarische Diktatur ist sie das Lebenselement, die Luft, ohne die sie nicht zu existieren vermag.“[18]

Luxemburg verurteilt Trotzkis These, es gehe ausschließlich um „den offenen und unmittelbaren Kampf um die Regierungsgewalt“, und rechnet vor, wie die Bolschewiki die „Erdrückung des öffentlichen Lebens“ vorantrieben, wodurch sie „die Quelle der politischen Erfahrung und das Steigen der Entwicklung“ und damit die „Verwirklichung des Sozialismus“ verunmöglichten. Jetzt kommt der berühmte Satz, der auf jeder Luxemburg-Demonstration getragen wird und den daher jeder kennt:

> „Freiheit nur für die Anhänger der Regierung, nur für Mitglieder einer Partei – mögen sie noch so zahlreich sein – ist keine Freiheit. Freiheit ist immer die Freiheit der Andersdenkenden. Nicht wegen des Fanatismus der ‘Gerechtigkeit’, sondern weil all das Belebende, Heilsame und Reinigende der politischen Freiheit an diesem Wesen hängt und seine Wirkung versagt, wenn die ‘Freiheit’ zum Privilegium wird.“[19]

Der Parteidiktatur erteilt Luxemburg damit eine Absage, sie verurteilt vor allem auch die Weigerung oder zumindest Unterlassung, alle in den Entwicklungsprozess, in die Gestaltung des politischen Lebens einzubeziehen. Nur wenige Seiten später diskutiert sie die Problematik des Lumpenproletariats, also jener, die aus den verschiedensten Gründen aus der Gesellschaft herhausgefallen sind – auch ein Thema, das im 21. Jahrhundert höchste Aktualität besitzt. Das einzig wirksame Mittel gegen „Ausbrüche des lumpenproletarischen Unwesens“ seien

> „radikale Maßnahmen politischer und sozialer Natur, rascheste Umwandlung der sozialen Garantien des Lebens der Masse und Entfachung des revolutionären Idealismus, der sich nur in uneingeschränkter politischer Freiheit durch intensives aktives Leben der Massen auf die Dauer erhalten läßt“.[20]

---

17 Negt, Oskar: Keine Demokratie ohne Sozialismus. Über den Zusammenhang von Politik, Geschichte und Moral, Frankfurt 1976, S. 198.

18 Luxemburg: Gesammelte Werke, S. 359.

19 Ebd., S. 359 ff.

20 Ebd., S. 362 f.

Immer beinhalten Luxemburgs Vorschläge Verknüpfungen. Hier plädiert sie zunächst für die Garantie eines Existenzminimums, dies aber nicht als Ziel an sich, sondern als Voraussetzung für die zunehmende Beteiligung der Massen an der Gestaltung von Politik. Letzteres ist der springende Punkt. Dass er sich utopisch im Sinn von illusionär anhört, liegt vermutlich daran, dass wir uns ein solches Experiment mit den Menschen, wie sie heute sind, nämlich politisch weitgehend passiv, kaum vorstellen können. Bei Luxemburg besteht sozialistische Politik darin, die unkundigen und noch stumpfen Massen überhaupt erst ins politische Leben zu ziehen und für den Aufbau einer alternativen Gesellschaft zu gewinnen. In diesem Sinn ist die Freiheit der Andersdenkenden nicht bloß Toleranz, sondern das Daseinsmoment lebendiger Diskussion und des Experiments. Eine neue Gesellschaft kann nicht nach alten Rezepten konstruiert werden. Sie braucht das Experiment – sie ist ein solches.

> „Nur Erfahrung [ist] imstande, zu korrigieren und neue Wege zu eröffnen. Nur ungehemmtes, schäumendes Leben verfällt auf tausend neue Formen, Improvisationen, erhält schöpferische Kraft, korrigiert selbst alle Fehlgriffe. [...] Sonst wird der Sozialismus vom grünen Tisch eines Dutzends Intellektueller dekretiert, oktroyiert.“[21]

Aus der Einschätzung, dass es „kein sozialistisches Parteibuch und kein sozialistisches Lehrbuch“[22] zur Einrichtung sozialistischer Wirtschaft gebe, folgt, dass alle Arbeitenden also in die Anstrengung, eine neue Gesellschaft zu schaffen, einbezogen gehörten. Notwendig dafür ist „die Schule des öffentlichen Lebens selbst, uneingeschränkte breiteste Demokratie, öffentliche Meinung“.[23] Unter dieser Voraussetzung sind die Einschränkungen der Pressefreiheit, des Vereins- und Versammlungsrechts durch die Politik der Bolschewiki gegen die Revolution gerichtet. Die vom Bürgertum erkämpften Formen verändern nach der Machteroberung ihren Inhalt und damit auch ihren Status. Jetzt sind sie nicht mehr Vorbedingung, sondern das nährende Element des Wiederaufbaus einer Gesellschaft von unten.[24]

Luxemburg legt geradezu hellseherisch klar, dass dagegen die Lähmung des öffentlichen Lebens, also die Folge der Nichteinbeziehung der Massen, einen doppelten Effekt auf die Gesamtstruktur der sozialistischen Führung hat. Von dieser Führung wird ein unglaublicher Idealismus, werden hervorragende Qualitäten gefordert, während die geschulte Arbeiterklasse zur Scheingröße verkommt, die

---

21 Luxemburg: Gesammelte Werke, S. 360.

22 Ebd.

23 Ebd., S. 362.

24 Ich habe in meiner jüngsten Veröffentlichung diese unbedingte Notwendigkeit der Einbeziehung aller für eine lebendige Demokratie als politische Perspektive ausbuchstabiert und historisch zu fundieren gesucht: Haug, Frigga: Die Vier-in-Einem-Perspektive, Berlin 2008.

Zustimmung vorspielt, was schließlich am Ende dazu führt, dass praktisch eine jakobinische und damit – wie Luxemburg glasklar sieht – bürgerliche Diktatur entsteht. Luxemburgs Prognose klingt wie gemünzt auf den späteren Staatssozialismus:

> „[…] einige Dutzend Parteiführer von unerschöpflicher Energie und grenzenlosem Idealismus dirigieren und regieren […] und eine Elite der Arbeiterschaft wird von Zeit zu Zeit zu Versammlungen aufgeboten, um den Reden der Führer Beifall zu klatschen, vorgelegten Resolutionen einstimmig zuzustimmen, im Grunde also eine Cliquenwirtschaft – eine Diktatur allerdings, aber nicht die Diktatur des Proletariats, sondern die Diktatur einer Handvoll Politiker, d.h. Diktatur im rein bürgerlichen Sinne, im Sinn der Jakobinerherrschaft."[25]

Die Kritik an der bolschewistischen Politik nach Beginn der Revolution zeigt, dass die Entgegensetzung „Diktatur oder Demokratie" in Luxemburgs Augen eine falsche Polarisierung ist, die den bürgerlichen Inhalt der jeweiligen Formen festschreibt. Die proletarische Diktatur kann nicht bürgerliche Diktatur, eben mit „Proletariern" an der Spitze, sein. Sie muss vielmehr als Diktatur demokratisch sein.

> „Der Grundfehler der Lenin-Trotzki'schen Theorie ist eben der, daß sie die Diktatur, genau wie Kautsky, der Demokratie entgegenstellen. 'Diktatur oder Demokratie' heißt die Fragestellung [bei beiden]. Dieser entscheidet sich natürlich für die Demokratie, und zwar für die bürgerliche Demokratie, da er sie eben als die Alternative der sozialistischen Umwälzung hinstellt. Lenin-Trotzki entscheiden sich umgekehrt für die Diktatur im Gegensatz zur Demokratie und damit für die Diktatur einer Handvoll Personen, d.h. für bürgerliche Diktatur. Es sind zwei Gegenpole, beide gleich weit entfernt von der wirklichen sozialistischen Politik."[26]

Immer wieder schärft Luxemburg ganz unmissverständlich ein, dass sozialistische Politik demokratisch und sozialistische Demokratie ein Werk von unten sein muss. Anders verfehlt sie ihren Daseinszweck. Die Perspektive erscheint ebenso selbstverständlich wie schwierig verwirklichbar zu sein. Aus Erfahrung, aus der Gestaltung selbst heraus sollen die Massen ihre Gesellschaft als sozialistische konstituieren. „Diktatur" kann hier allenfalls als Zwang zur Entwicklung verstanden werden oder als permanenter kategorischer Imperativ: Alle sollen lernen zu regieren, indem sie in irgendeiner Form am Regieren teilnehmen.

Fazit: Ohne Zweifel ist Luxemburg eine Verfechterin der Demokratie. Allerdings unterscheidet sie zwischen bürgerlicher und sozialistischer Demokratie mit nachvollziehbarer Begründung: Die bürgerliche Demokratie braucht keine Schulung der Massen, weil sie in ihrem System eine Elite über die Massen stellt, denen sie

---

25 Luxemburg: Gesammelte Werke, S. 362.
26 Ebd.

zwar das Wahlrecht, aber keine wirkliche Beteiligung an der Gestaltung der Gesellschaft zumisst. Die Demokratie in einer sozialistischen Gesellschaft verwandelt sich in ein Instrument zur Beteiligung der Massen, durch ihre Schulung und Selbsterziehung, zur Anfeuerung des Experiments, zum Wettstreit, eben zur Veränderung der Vielen, die die Entwicklung der Gesellschaft als eigene Aufgabe vorantreiben. Dies, welches ja das Ziel war, um dessentwillen gekämpft wurde, muss nach Luxemburg sogleich und von Anfang an die Verwandlung der bürgerlichen in eine sozialistische Gesellschaft bestimmen.

Aktuell bleibt daran in jedem Fall der Anspruch, einen Begriff von sozialistischer Demokratie weiterzuentwickeln.

> „Es ist deshalb notwendig, prinzipiell zu argumentieren, einen positiven und offensiven Begriff der sozialistischen Demokratisierung zu entwickeln, der nicht nur den Verstand der Menschen, sondern auch ihre Gefühle, ihre Befreiungsphantasien, ihre unmittelbaren Interessen erreicht und so in allen Gesellschaftsbereichen als anschauliche Alternative zu den bestehenden Herrschaftsverhältnissen verstanden werden kann.“[27]

Man lernt auch, falsche Entgegensetzungen und Polarisierungen als Fallen zu begreifen und sie zu verschieben. Man lernt, das Verhältnis der sozialistischen Kämpfe zu den bürgerlichen Errungenschaften als Aufgabe einer Aufhebung im Sinn einer Bewahrung und Entwicklung zu erkennen, die Grenzen flüssig zu halten und die Formen mit dem Inhalt zu füllen, den sie schon versprachen – Demokratie und Freiheit.

Frauenbefreiung als Menschenbefreiung

Aber warum in diesem Buch, das feministischen Vorstellungen von Demokratie Raum geben will, über Rosa Luxemburg schreiben? Sie war keine Feministin. Von der bürgerlichen Frauenbewegung hielt sie nichts, denn die Mehrheit der Frauen muss überhaupt erst das Fundament erkämpfen, von dem aus sie um politische Rechte streiten kann. Das Primat liegt also auf dem Klassenkampf.

Luxemburg schreibt selbst dort, wo sie ausdrücklich allein über Frauen spricht, mit starken Worten immer vom Klassenkampf:

> „Die Werkstatt der Zukunft bedarf vieler Hände und heißen Atems. Eine Welt weiblichen Jammers wartet auf Erlösung. Da stöhnt das Weib des Kleinbauern, das unter der Last des Lebens schier zusammenbricht. Dort in Deutsch-Afrika in der Kalahariwüste bleichen die Knochen wehrloser Hereroweiber, die von der deutschen Soldateska in den grausen Tod von Hunger und Durst gehetzt worden sind. Jenseits

27 Negt, ebd., S 462.

> des Ozeans, in den hohen Felsen des Putumayo, verhallen, von der Welt ungehört, Todesschreie gemarterter Indianerweiber in den Gummiplantagen internationaler Kapitalisten. Proletarierin, Ärmste der Armen, Rechtloseste der Rechtlosen, eile zum Kampfe um die Befreiung des Frauengeschlechts und des Menschengeschlechts von den Schrecken der Kapitalherrschaft."[28]

Auch wo sie sich positiv zum Kampf ums Frauenwahlrecht äußert, geht es ihr um den allgemeinen Kampf:

> „Die jetzige kraftvolle Bewegung der Millionen proletarischer Frauen, die ihre politische Rechtlosigkeit als schreiendes Unrecht empfinden, ist ein […] untrügliches Zeichen, daß die gesellschaftlichen Grundlagen der bestehenden Staatsordnung bereits morsch und ihre Tage gezählt sind."[29]

Luxemburg erwähnt im Kontext des Frauenstimmrechts den Zusammenhang von Frauenunterdrückung und geistigem Zustand der Partei und kritisiert dabei die Zustimmung der männlichen Mitglieder zur Einhegung ihrer Frauen in die bürgerliche Familienform. Die Belege aber sind äußerst karg. Auch wenn sie verschiedene Male, so im „Spartakusaufruf" (1918), die „völlige rechtliche und soziale Gleichstellung der Geschlechter"[30] fordert und an anderer Stelle „von der Benachteiligung der Frauen durch die Herrschaft des männlichen Geschlechts" spricht, die im Sozialismus überwunden sein müsse[31], kann man sie kaum als Feministin bezeichnen.

Aber ihre Vorstellungen zu Demokratie haben ohne Zweifel für Frauen eine besondere Bedeutung. Die Arbeitsteilung zwischen den Geschlechtern und die Bereichstrennungen zwischen Politischem und Privatem, Öffentlichem und Häuslichem rücken Frauen an eine Stelle, an der gerade die gesellschaftliche Unmündigkeit Kerker und Trost in einem ist. Auch in der Geschichte der Arbeiterbewegung befreien sich Frauen nicht, sie werden befreit. So kommt es zu dem merkwürdigen Umstand, dass die Frauenfrage seit hundert Jahren auf der Tagesordnung ist und dort bis auf Weiteres den letzten Platz besetzt, der aus Zeitmangel selten drankommt. Zwar ist unbestreitbar, dass für Frauen in diesen letzten hundert Jahren sich vieles verbessert hat, vieles erstritten wurde in Fragen von Bildung und alltäglicher Lebensweise vor allem, aber an der grundsätzlichen Konstellation in den Geschlechterverhältnissen wurde so wenig gerüttelt, dass Rückschritte sich jederzeit ereignen können und dass Frauen überall auf der Welt den Sockel der Armut bilden. In der Arbeiterbewegung gibt die politische Anordnung den männlichen Mitgliedern immerhin die Möglichkeit, sich einzumischen, sich in gesellschaftli-

28 Luxemburg: Gesammelte Werke 1/1, S. 412 f.
29 Ebd., 3, S. 165.
30 Ebd., 4, S. 446.
31 Ebd., 2, S. 43.

cher Teilhabe zu üben. Nicht so den Frauen. Wenn ihre soziale Lage sich bessern soll – und das hat sie in den letzten Jahrzehnten trotz enorm gewachsenen gesellschaftlichen Reichtums in den alten kapitalistischen Ländern kaum getan –, so müssen sie ihre Sache in eigene Hände nehmen. Wir sind noch nicht einmal so weit, dass die politische Einmischung von Frauen Selbstverständlichkeit ist. So ist Rosa Luxemburg in diesem Punkt für Frauen besonders aktuell: Frauen müssen selbst handeln, sonst werden sie ewig verhandelt. Das ist nicht bloß oder nicht nur der gewohnte Aufruf, sich zu bewegen. Sondern in der Arbeitsteilung zwischen Sorgenden und Versorgten, die wieder politische Konjunktur hat, gründet die Permanenz weiblicher Subalternität. Nur wenn man es für möglich hält, dass weibliche Menschen in großen Massen in Unmündigkeit leben können, kann man sich selbst in partieller Unterwerfung einrichten. In dieser Weise sind die Frauen bzw. ihre Stellung in der Gesellschaft auch ein Kitt, der die herrschenden Verhältnisse stabil hält.

Luxemburgs Respektlosigkeit gegen die Parteiführung, das unbedingte Setzen auf die Massen und ihr Verständnis von Marxismus als Lehre von Widersprüchen ermöglichten es ihr, das ungeheure Leid und die Zerstörung mit Namen zu nennen und doch auch darin die Ansätze zur Herausbildung einer anderen Gesellschaft und Entfaltung menschlicher Möglichkeiten zu entdecken. Alle diese Dimensionen sind zugleich allgemein und abstrakt wie jeweils historisch neu konkret zu füllen. Für dieses alltägliche Tun erfand Rosa Luxemburg den Begriff *revolutionäre Realpolitik*.

Die Suche nach nützlichen Lehren für eine Politik von Frauen bei Rosa Luxemburg führt uns unversehens hinaus in ein Projekt der Umgestaltung von Politik insgesamt. Aufhebenswert für die Frauenpolitik ist die Kritik an einer Auffassung, die Politik von oben denkt, Partei als Form, der die Unteren zu dienen haben, ihre Struktur bürokratisch verhärtet, ein Arrangement der Stillstellung für die Massen. Wo die Repräsentationsmuster in herrschende Unterdrückungsverhältnisse eingebaut sind, so die Lehren der Rosa Luxemburg, ist der politische Kampf auf allen Ebenen notwendig. Er umfasst die Verwendung der Sprache, die Einbeziehung der Erfahrungen der Vielen in Verhältnissen, in denen die spontanen Gefühle sich mit den Fesseln verbinden, von denen sich die Menschen befreien müssen. Dieses Müssen ist als eine Notwendigkeit gedacht, die das Überleben der Menschheit bestimmt.[32] Die Kraft zur Veränderung erwächst aus eigenem Tun. So ziehen wir schließlich die Lehre, dass bisherige sozialistische Politik die Befreiung der Frauen nicht notwendig einbezogen hat, dass aber umgekehrt eine radikale Befreiungspolitik der Frauen nur als allgemeines Projekt der Befreiung der Menschen und nur so formulierbar und durchführbar ist.

32 Dies ist ausführlich vorgeführt in meinem Buch: Rosa Luxemburg und die Kunst der Politik, Hamburg 2007.

Andrea Ellmeier

Last Exit Frauenpartei?

Zur Geschichte einer Idee

Ursprünglich eine Idee der bürgerlich-radikalen Frauenbewegung, sind Frauenparteien vor allem Ausdruck einer massiven politischen Unzufriedenheit der Wählerinnen. Wenn die Anzahl der gewählten Repräsentantinnen in parlamentarischen Demokratien nicht und nicht steigen will, wenn der Anteil von Frauen in Parlamenten und Parteien gar sinkt – ja dann werden auch jene, die sich gemeinsam mit Genossen (Sozialdemokratie), Freunden (Volkspartei), Mitstreitern (Grüne) in Parteien zusammengefunden haben, um die Belange des Gemeinwesens zu regeln, werden politisch aktive Frauen ungeduldig und manchmal dachten und denken sie daran, dass es da noch etwas anders geben müsste, als sich gemeinsam mit Männern für eine politische Idee einzusetzen, und gründen eine eigene Liste, eine eigene Partei – eine Frauenliste oder eine Frauenpartei.

In Österreich war bereits neun Jahre nach Erlangung des Frauenstimmrechts im Jahr 1918 für die (gemäßigt agierenden) liberal-bürgerlichen Frauenaktivistinnen der Ersten Frauenbewegung der Zeitpunkt einer großen Unzufriedenheit mit dem „ParteienUNwesen"[1] gekommen; unzufrieden waren sie vor allem mit ihrem eigenen politischen „Lager". Sämtliche bürgerlichen Parteien hatten es nämlich bei den Nationalratswahlen im April 1927 „geschafft", keine einzige Frau an wählbarer Stelle zu nominieren; die Sozialdemokratie konnte immerhin auf sieben Parlamentarierinnen verweisen. Einem solchen Ausschluss aus der Politik wollten die zwar politisch zurückhaltenden und sich einem Weltbild von „mehr Weiblichkeit/Mütterlichkeit in der Politik" verbunden fühlenden bürgerlich-liberalen Frauen etwas entgegensetzen. Sie gründeten eine eigene Partei, eine Frauenpartei, die sich für mehr „Frieden zwischen den Parteien" einsetzen wollte.

Historisch gesehen passierte es selten, dass sich Parteien gründen, die auf Geschlechterzugehörigkeit basieren, waren doch in der politisch sehr polarisierten Zwischenkriegszeit die politischen Differenzen zwischen Frauen vielfach nicht kleiner als zwischen Männern unterschiedlicher Weltanschauung. In der Ersten Frauenbewegung wurden zumindest zweierlei sehr unterschiedliche Politiken verfolgt: einerseits eine Politik der Gleichheit, andererseits eine Politik der Differenz.

1 So eine Diktion dieser Jahre, wurde auch in und von der Österreichischen Frauenpartei verwendet, Hervorhebung A.E. Vgl.: Programm der Österreichischen Frauenpartei, Zitat aus Punkt 2 des Programms der Frauenpartei, zit. nach: Pint, Jutta: Die Österreichische Frauenpartei 1929-1934. Ein Versuch liberal-bürgerlicher Frauen, gesellschaftspolitischen Einfluß zu nehmen. Dipl. Arb., Wien 1988, S. 80.

Die erstere Richtung wurde vor allem von Sozialdemokratinnen und Kommunistinnen vertreten, die gemäß der sozialistischen Idee von der (theoretischen) Gleichrangig- und Gleichwertigkeit der Geschlechter ausgingen, wobei die Frauenfrage als „Nebenwiderspruch“ dem Hauptwiderspruch zwischen Arbeit und Kapital untergeordnet wurde. Die zweite Richtung verfolgte eine Politik der Differenz und versuchte, naturalisierte/essenzialisierte Geschlechterunterschiede in der Politik produktiv zu machen, wodurch es zu einer friedlicheren und besseren Welt kommen sollte. Diese zweite Richtung wurde von den katholisch-bürgerlichen und großen Teilen der bürgerlich-liberalen Frauenorganisationen vertreten und als „Politik der Mütterlichkeit“ bezeichnet. Damit sollte „weiblichen“ Anliegen mehr Gehör in der Öffentlichkeit verschafft werden. Eine Grundannahme war, dass allein schon die Teilnahme von Frauen die (männlich dominierte) Politik „menschlicher“ machen würde.

Aber diese Politik wurde seitens der bürgerlichen Parteien nicht in der Weise honoriert, wie es sich die Frauen vorgestellt hatten. Am 24. April 1927 riefen sie unter der Devise „Frauen Österreichs vereinigt Euch!“ zu einer Frauenversammlung auf, bei der u.a. Folgendes festgehalten wurde:

> „Was wir als Mütter leisten – und wir leisten nebstbei auf allen Gebieten – verpflichtet den Staat, uns anstatt Scheinrechte, das volle Ausmaß der bürgerlichen Rechte zuzubilligen. Wir haben es versäumt, bis nun auf unsere Zahl und auf unser verbrieftes Recht hinzuweisen. Die letzten Wahlen waren eine Leuchte. Nicht eine bürgerliche Frau im Nationalrat! Dies war den passivsten Frauen zuviel. Viele blieben der Urne aus Groll fern. Es muß – ertönt es in allen Frauenkreisen – anders werden.“[2]

Die Juristin Marianne Beth

> „erörterte die allgemeine politische und wirtschaftliche Lage, welche der Frau keineswegs eine Besserung ihrer beruflichen Aussichten, aber auch keine Besserung ihrer Stellung als Hausfrau gebracht hat. Es sind sowohl im Eherecht, wo das eheliche Vermögensrecht noch ganz in alten Gedanken wie vor hundert Jahren sich bewegt, wie auch in der Lohndifferenzierung keine Fortschritte gemacht worden“.[3]

Es sollte noch bis 1929 dauern, dass die erste und bislang einzige österreichische Frauenpartei (ÖFP) gegründet wurde, was jedoch keine ungeteilte Zustimmung des Bundes der österreichischen Frauenvereine (BÖFV) fand. So finden sich interessanterweise bis zum November 1930, also bis kurz vor den nächsten Nationalratswahlen, in der seit 1928 erscheinenden Zeitschrift der österreichischen bürgerlichen Frauenbewegung *Die Österreicherin* keine Notiz wie auch keinerlei Berichte

2 Archiv BÖFB „Österreichische Frauenorganisation“, Wien 24. Juni 1927, zit. n. Pint, ebd., S. 61.

3 *Neue Freie Presse*, 26. Juni 1927, S. 3-4, zit. nach Pint, ebd., S. 62.

über Gründung und Programm der Frauenpartei, was auf deutliche Meinungsverschiedenheiten – es müssen wohl Kontroversen gewesen sein – innerhalb der bürgerlichen Frauenbewegung hindeutet.

Was vertrat nun diese Frauenpartei? Das Programm der Frauenpartei sah „Frauen als Vertretung der Friedensidee im Inneren des Landes“[4], wandte sich grundsätzlich „gegen das Parteiunwesen“. Die Frauenpartei wollte „der staatsgrundsätzlich gewährleisteten Gleichberechtigung aller Staatsbürger ohne Unterschied von Konfession und Geschlecht tatsächlich zum Recht verhelfen“ und „die Frauen zu größerer Anteilnahme am öffentlichen Leben anregen, und dem Fraueneinfluß die entsprechende Geltung daselbst verschaffen“.[5]

Die Frauenorganisationen der Sozialdemokratie und der Kommunisten konnten einer Frauenpartei nichts Positives abgewinnen, wie allgemein das Verhältnis zwischen Frauen- und Arbeiterinnenbewegung – so u.v.a. die Politikwissenschaftlerin Barbara Holland-Cunz in ihrer Geschichte der Frauenbewegungen – von „auffällig zahlreichen frauenpolitischen Abgrenzungen und Auseinandersetzungen“[6] geprägt gewesen war. Die Sozialdemokratin und Gewerkschaftlerin Käthe Leichter, Gründerin und Leiterin der Frauenabteilung der Wiener Arbeiterkammer, kritisierte an der bürgerlichen Frauenbewegung die fehlende soziale Tiefenschärfe:

> „Die bürgerliche Frauenbewegung feiert in jeder Frau, die es da und dort zur Direktorin oder Professorin bringt, den Aufstieg der Frauenarbeit und vergißt die tausenden Frauen, die auf der untersten Stufe des Produktionsprozesses stehen.“[7]

Im österreichischen Nationalrat kam es in der politisch sehr polarisierten Zwischenkriegszeit aber auch – und das hat Gabriella Hauch nachgewiesen[8] – zu Frauen-Koalitionen in der einen oder anderen „Frauen“frage. So unterstützte beispielsweise die bürgerlich-liberale österreichische Frauenpartei die strafrechtliche Entschärfung des § 144 (Abtreibung stand bis zur Fristenlösung – 1975 – unter Freiheitsstrafe), was eine langjährige Forderung der Sozialdemokratinnen gewesen war, der sich die katholische Frauenbewegung niemals angeschlossen hätte.

Es gab also eine Frauenpartei. Was allerdings wirklich verwundert, ist, dass diese niemals zu einer Nationalratswahl antrat. Das einzige Mal, dass sich die

4 Ebd., S. 131.

5 Punkt 2 und 4 des Programms der Österreichischen Frauenpartei, zit. nach Pint, ebd., S. 80.

6 Holland-Cunz, Barbara: Die alte neue Frauenfrage, Frankfurt am Main 2003, S. 73 ff.

7 Leichter, Käthe: Internationale Krisenprobleme der Frauenarbeit. In: *Die Frau*, Juli 1931, wiederabgedruckt in: Käthe Leichter zum 100. Geburtstag. Texte zur Frauenpolitik, hrsg. v. der Kammer für Arbeiter und Angestellte für Wien, Abt. für Frauen- und Familienangelegenheiten in Zusammenarbeit mit der Sozialwissenschaftlichen Studienbibliothek und der Sozialwissenschaftlichen Dokumentation, Wien 1995, S. 152-155, S. 153.

8 Vgl.: Hauch, Gabriella: Vom Frauenstandpunkt aus. Frauen im Parlament 1919-1933 (Studien zur Gesellschafts- und Kulturgeschichte, 7), Wien 1995.

Frauenpartei tatsächlich einer Wahl stellte, war im Jahr 1931 bei der Innsbrucker Gemeinderatswahl, wo sie nicht genügend Stimmen bekam, um ein Mandat zu erringen. Diese „noble Zurückhaltung" zeigt eine Unentschlossenheit, die die Österreichische Frauenpartei generell charakterisierte. So nannte sich die von 1929 bis ins Jahr 1934 bestehende und dann im autoritären Ständestaat aufgegangene Frauenpartei „unparteilich", was sie aber bei näherem Hinsehen keineswegs war. Zeigen doch ihr Verzicht auf ein eigenes Antreten bei der Wahl 1930 wie auch ihr Wahlaufruf für den bei den Sozialdemokraten sogar äußerst unbeliebten großdeutschen Dr. Johann Schober keineswegs politisches Fingerspitzengefühl. Dieser hatte nämlich beim Justizpalastbrand 1927 eine äußerst unrühmliche Rolle gespielt, als er als damaliger Wiener Polizeipräsident den verhängnisvollen Schießbefehl gab, der zum Tod von über 90 Arbeitern führte. In sozialdemokratischen Kreisen wurde er fortan als „Arbeitermörder" bezeichnet.

So hat sich diese bemerkenswert frühe Gründung einer österreichischen Frauenpartei letztlich als eine recht halbherzige politische Aktion der liberal-bürgerlichen Frauenbewegung entpuppt; von einer parteienübergreifenden Friedensarbeit konnte angesichts der offenen Parteiallianz mit den Großdeutschen keine Rede sein. Was erreichte die Österreichische Frauenpartei? Nach der Wahl 1930 gab es nun doch wieder eine – 1 (sic!) – Mandatar*in* im bürgerlichen Lager. Es war die Großdeutsche Dr. Marie Schneider, die – wie sich später herausstellen sollte – eine illegale Nationalsozialistin war und der es gut gelang, die Frauen der liberal-bürgerlichen Österreichischen Frauenpartei wie auch der katholischen Frauenbewegung im Kontext der politischen Forderung nach einer Hauswirtschaftskammer zu einer – ihrem Weltbild entsprechenden – Politik zu führen. Die Hauswirtschaftskammer war als 8. Kammer des Ständestaates entworfen worden, konnte aber nicht umgesetzt werden. Sie sollte, so ihre Erfinderinnen, die Interessen aller Frauen – in Wahrheit der bürgerlichen Frauen – wahrnehmen, war doch in ständischer Denkweise vorgesehen, dass die Hauswirtschaftskammer die Anliegen der Arbeitgeberin, der Hausfrau, wie auch jene der Arbeitnehmerin, des Dienstmädchens, vertrat.

Interessanter als eine Frauenpartei, die in einem undemokratischen Ständestaat aufging, ist, dass 70 Jahre später eine überzeugte Sozialdemokratin die Idee der Frauenpartei in ihre eigene frauenpolitische Argumentation integrierte. Was war geschehen? Politisch eben viel zu wenig, was den Lebens- und Arbeitszusammenhang von Frauen nachhaltig verbessert hätte, sodass Johanna Dohnal, die selbst jahrzehntelang die österreichische Frauenpolitik geprägt hat, als eine ihrer ersten Aktivitäten im politischen Ruhestand zu einer aktiven Mitstreiterin des von parteipolitisch unabhängigen Frauen (Unabhängige Frauenplattform – UFF) 1996 initiierten Frauenvolksbegehrens wurde. Auf die Frage, was denn geschehe, wenn die Forderungen des Frauenvolksbegehrens nicht erfüllt würden, stellte sie lapidar fest: „Dann ist die Frauenpartei unaufhaltbar“[9], es sei ja wie „beim Kasperl – wenn das Krokodil kommt, bewegen sich alle ein bisserl schneller“[10].

„Die Männer werden nervös“ titelte die deutsche Wochenzeitschrift *Die Zeit*, als über das österreichische Frauenvolksbegehren berichtet wurde, das im Frühjahr 1997 zur Unterzeichnung auflag. Über 600.000 Menschen – viele Frauen, aber auch Männer – hatten das Frauenvolksbegehren unterzeichnet, trotzdem geschah danach politisch wenig bis gar nichts. Im Gegenteil, die großen Verliererinnen der unter der blau-schwarzen Regierung durchgeführten rigorosen Pensionsrechtsreform sind – richtig – wieder die Frauen. Alles deutet darauf hin, dass die Frauenlobby in der Politik nach wie vor viel zu schwach ist, um eine annähernde Gleichberechtigung der Geschlechter durchzusetzen. Enttäuscht mussten die Initiatorinnen des Frauenvolksbegehrens „5 Jahre nach dem Frauenvolksbegehren“ und nach der blau-schwarzen Wende, als sie im Jahr 2002 zur Unterzeichnung eines anderen Volksbegehrens – des Sozialstaatsvolksbegehrens – aufriefen, feststellen, dass „es schlimmer geworden sei“.

> „Während Rotschwarz ‘viel zu wenig’ zur Umsetzung des Volksbegehrens unternommen habe, arbeite Blauschwarz ‘gezielt dagegen’.“[11]

Heute dürfen sich Frauen darüber freuen, dass es in der rot-schwarzen Koalition wieder ein eigenes Frauenministerium gibt und dass sich die Frauenministerin Doris Bures auch vornimmt, die eine oder andere Forderung des Frauenvolksbegehrens politisch zu reaktivieren. So möchte sie den im Koalitionsabkommen vereinbarten Mindestlohn für einen 40-Stunden-Job von mindestens 1.000 Euro realisieren, was mit ca.13.760 Schilling aber deutlich weniger ist als der vom Frauenvolksbegehren vor zehn Jahren geforderte Mindestlohn von 15.000 Schilling.

Meinungsumfragen der letzten Jahrzehnte zeigen eine konstant hohe Akzeptanz für eine Frauenpartei. In seit den 1970er Jahren regelmäßig durchgeführten *Emma*-Umfragen (unter den *Emma*-Leserinnen) nahm beispielsweise der Anteil der SPD-Wählerinnen kontinuierlich ab, der Anteil an Grünwählerinnen – eine Partei, die eine 50-prozentige Frauenquote hat – und vor allem der Anteil derjenigen, die eine Frauenpartei wählen würden, stetig zu. Im Jahr 1994 waren über 90 Prozent der Befragten – kurz vor der Europawahl – „bereit, ‘sofort’ oder ‘vielleicht’ eine Frau-

9 Johanna Dohnal in: *News*, 16/17. 4. 1997, S. 25, zit. nach: Kogoj, Traude (Hrsg.): Lauter Frauen. Hintergründe und Perspektiven des Frauenvolksbegehrens, Wien 1998, S. 87.

10 Johanna Dohnal; Zitat in: Hamann, Sibylle: Die Männer werden nervös. Ein Frauenvolksbegehren in Österreich macht der Politik Beine: Schluß mit Sparpaketen, die Alleinerziehende, Teilzeitarbeitende und Mütter diskriminieren. In: *Die Zeit*, 4/1997.

11 Baader, Alexandra: Fünf Jahre nach dem Frauenvolksbegehren: http://www.ceiberweiber.at/wahl1/frauenundsozialstaat.htm [Zugriff 2. 9. 2007].

enpartei zu wählen!".[12] In Deutschland bildete sich nach dem von vielen autonomen und institutionalisierten Frauengruppen getragenen Frauenstreiktag 1994 (8. März) im Jahr 1995 eine feministische Partei.[13] Leitgedanke der Politik der *Feministischen Partei DIE FRAUEN* ist das

> „Prinzip der gleichwertigen Vielfalt, das Unterdrückung ausschließt. Elemente der gleichwertigen Vielfalt sind u.a. – die selbstverständliche Anerkennung der Gleichwertigkeit von Frauen und Männern, – das gleichwertige Mit- und Nebeneinander aller menschlichen Lebensweisen, unabhängig von Geschlecht, Alter, Ethnie und Religionszugehörigkeit. Ausdrücklich ausgenommen ist eine falsch verstandene Toleranz, die unter dem Deckmantel des Respekts vor einer anderen Kultur menschenverachtende Praktiken wie z.B. Genitalverstümmelung oder die Verschleierung von Frauen rechtfertigt".

Weiters heißt es:

> „Im Feminismus gibt es im Vergleich zum Patriarchat einen Wandel der Werte: Im Mittelpunkt steht die Lebensqualität alles Lebendigen. Statt zynischer Konzepte wie Konkurrenz und Ausbeutung setzen wir auf Kooperation und gerechte Teilhabe. Dem pyramidenförmigen, hierarchischen Aufbau der Gesellschaft setzen wir den Kreis oder die Spirale als Modell gegenüber, die Gleichwertigkeit und zyklisches Denken als wesentliche Elemente beinhaltet."[14]

Letztlich konnte die *Feministische Partei DIE FRAUEN* aber die 1-Prozent-Hürde, ganz zu schweigen von der politischen 5-Prozent-Hürde, die erreicht werden muss, um ins deutsche Parlament zu kommen, bei keiner Wahl annähernd erreichen. Im Jahr 2005 erhielt die *Feministische Partei DIE FRAUEN*, die in drei deutschen Bundesländern kandidierte, bei der Bundestagswahl insgesamt 27.600 Stimmen. Elke Schüller identifizierte in den Jahren von 1907 bis heute insgesamt 14 Frauenparteien in Deutschland und fragt, ob es sich dabei um „Phantasterei" oder einen „politische(n) Machtfaktor"[15] handelt.

Die frühere österreichische Frauenministerin Johanna Dohnal wiederum spricht im Jahr 2004 davon, dass es Zeit sei, „daran zu erinnern: Die Vision des Feminismus ist nicht eine 'weibliche Zukunft'. Es ist eine menschliche Zukunft. Ohne Rollenzwänge, ohne Macht- und Gewaltverhältnisse, ohne Männerbündelei und Weiblichkeitswahn".[16] So kann zusammenfassend gesagt werden, dass die Idee der

---

12 (o.A.): Frauen wählen Frauen. In: *Emma*, Mai/Juni 1994, S. 26-28, S. 28.

13 Homepage der Feministischen Partei – die Frauen: http://www.feministischepartei.de

14 http://www.feministischepartei.de/progra-d.htm [Zugriff 23. 12. 2007].

15 Schüller, Elke: Frauenparteien. Phantasterei oder politischer Machtfaktor. In: *Ariane. Almanach des Archivs der deutschen Frauenbewegung*, Heft 37/2000, S. 64-71.

16 Dohnal, Johanna: Frauenförderung in die Technik. Erfahrungen – Erfolge – Widerstände. Gastvortrag an der Technischen Universität Wien, WIT-Kolloquium, 22. März 2004, S. 6. http://wit.tuwien.ac.at/events/dohnal/vortrag_dohnal.pdf [Zugriff 23. 12. 2007].

Frauenpartei sich im Lauf der Zweiten Frauenbewegung seit den 1970er Jahren zusehends in Richtung feministische Liste/Partei bewegte, die sich nicht an einer – was immer das sei – „Politik der Weiblichkeit“, sondern an einer Politik von und für Frauen orientierte.

In Schweden kam es im Jahr 2005 zur Gründung einer feministischen Initiative, der *Feministiskt initiativ* (Abkürzungen: Fi oder F!), weil es – so Gudrun Schyman, „Anchorwoman“ und mediales Aushängeschild – auch in Schweden viel zu wenig Maßnahmen für die Verbesserung der Lebens- und Arbeitsverhältnisse von Frauen gebe. Die Existenz von *Feministiskt initiativ* trug sicher wesentlich dazu bei, dass sich der damalige Ministerpräsident Göran Persson „ungefragt als ‘Feminist’“ bezeichnete und im Wahlkampf „ein Gesetz gegen die ‘steigende Sexualisierung der Medien und Werbung’“[17] ankündigte. Aber auch dort: Im Verhältnis zu den großen Erwartungen nahm sich das Wahlergebnis sehr bescheiden aus, die *feministische Initiative F!* erhielt bei den Parlamentswahlen 2006 lediglich 0,68 Prozent – das waren ca. 7.400 – der Stimmen und hat sich im Februar 2007 auch wieder aufgelöst.

Die Dauer von Frauenparteien, später von feministischen Parteien/Initiativen konnte mitunter recht kurz ausfallen, die Idee selbst aber tauchte im Lauf des 20. Jahrhunderts immer wieder in unterschiedlichster Gestalt auf – oft kleine politische Gruppen, die vielfach keinen nachhaltigen Einfluss auf das traditionelle Parteiengefüge ausübten. Eine Ausnahme bildete die Anfang der 1980er Jahre gegründete *Women's Alliance* (Frauenliste), die wesentlich dazu beitrug, dass heute Frauen in den politischen Gremien Islands sichtlich stärker vertreten sind; so erhöhte sich der Frauenanteil im Parlament von 15 Prozent im Jahr 1981 auf 34,9 Prozent im Jahr 1999. Nachdem die *Women's Alliance* 1999 in dem Wahlbündnis „sozialdemokratische Allianz“ aufgegangen war, fiel allerdings gleich auch wieder der Frauenanteil im *Thing* (isländisches Parlament) auf 31,7 Prozent (2007) zurück.[18] Dass sich auch in den neuen EU-Mitgliedsstaaten, so z.B. in Polen, gerade erst kürzlich eine eigene Frauenpartei herausgebildet hat, die zwar vom politischen Establishment belächelt, von vielen Frauen aber sehr begrüßt wird[19], ist ein Zeichen dafür, dass

17 (o.A.): Die Frauenpartei kommt! Aber leider nicht in Deutschland sondern in Schweden. Alle Parteien zittern. Und die Partei-Chefs sind plötzlich alle Feministen. Denn: JedeR vierte SchwedIn kann sich vorstellen, die F! zu wählen. In: *Emma*, Sept./Okt. 2005, S. 58-59, S. 58.

18 Vgl.: Rupart, Frauke: Traditionsreiche Demokratie und moderne politische Kultur am Nordrand Europas: http://www.das-parlament.de/2004/47/beilage/005.html. Vgl. zum Frauenprozentsatz im isländischen Parlament: http://www.althingi.is/vefur/women.html [Zugriff 3. 9. 2007].

19 Pietrusińska, Inga: Zwischen Herd und Chefetage. Eine neue Frauenpartei macht in Polen gegen das traditionelle Frauenbild der konservativen Regierung mobil, am 8. März 2007 (übersetzt von Karoline Soldon): http://www.cafebabel.eu/de/article.asp?T=T&Id=10304 [Zugriff 4. 9. 2007].

es in unterschiedlichen politisch-historischen Umgebungen immer wieder notwendig ist, in unkonventioneller Form auf eine von den traditionellen Parteien gerne unterschätzte bzw. zu wenig beachtete Wählergruppe – Frauen – aufmerksam zu machen.

Erwähnt werden soll in diesem Zusammenhang noch ein weiteres skandinavisches Beispiel, bei dem es nicht um eine Frauenpartei oder eine feministische Liste ging, sondern um eine politisch kaum weniger umstrittene Maßnahme: um die *Frauenquote*. Der norwegischen (sozialdemokratischen) Ministerpräsidentin Gro Brundtland war im Jahr 1979 ein bemerkenswerter Clou gelungen: Sie besetzte acht von 18 Ministerposten mit Frauen und von da an war es in den norwegischen Regierungen selbstverständlich, dass ein großer Prozentsatz an Frauen vertreten sein muss. Die norwegische Frauenquote macht – weltweit – von sich reden. Zuletzt scheute sich die norwegische Regierung auch nicht, börsennotierte Unternehmen unter Druck zu setzen, indem sie eine Frauenquote von mindestens 40 Prozent für die Sitze in allen Verwaltungsräten der 600 börsennotierten Unternehmen beschloss. „Wer dieses Ziel nicht erreicht, dem drohen harte Strafen bis zur Zwangsauflösung."[20]

Auch in Österreich war die Frauenquote das frauenpolitische Thema der 1980er Jahre; so verkündeten Bundeskanzler Fred Sinowatz und die Frauenstaatssekretärin Johanna Dohnal am sozialistischen Parteitag 1985 eine 25-prozentige Frauenquote für alle SPÖ-Gremien. Heute stellen die SPÖ-Frauen 36 Prozent (25 weibliche Abgeordnete bei 68 Mandataren) der SPÖ-ParlamentarierInnen. Insgesamt ist der Frauenanteil im österreichischen Parlament seit 1983 von 9,3 Prozent auf immerhin 31,1 Prozent (2006)[21] gestiegen, woraus aber nicht geschlossen werden kann, dass sich die Situation von und für Frauen in einem vergleichbaren Ausmaß verbessert hätte. Der Anstieg des Frauenanteils ist ein wesentlicher, aber eben nur *ein* Marker unter vielen: „Frau sein allein ist kein Programm" ist eine nach wie vor gültige Grundaussage. Es mag helfen und wichtig sein, dass mehr Frauen in Wirtschaft und Politik vertreten sind, letztlich kommt es aber auf die tatsächlich gemachte Politik an, nämlich ob sich die Lebens- und Arbeitssituationen von Frauen

---

Die Frauenpartei entstand nach Manuela Gretkowskas Manifest „Polska jest kobietą" („Polen ist eine Frau") und wurde von einer landesweiten Bewegung getragen. Seit dem 1. Februar 2007 wird die Partei offiziell im Parteienregister geführt.

20 Frauen & Politik, Newsletter vom 20. 1. 2006 (zwd-online.de): http://www.gender-mainstreaming.de/redweb/archiv_20/newsletter_20.01.2006.html [Zugriff 4. 9. 2007].

21 So lag der Frauenanteil zum Stichtag 30. Oktober 2006 bei der SPÖ bei 35,3% (24 von 68 Abgeordneten), bei der ÖVP bei 27,3% (18 von 66 Abgeordneten), bei den Grünen bei 57,1% (12 von 21 Abgeordneten), bei der FPÖ bei 9,5% (2 von 21 Abgeordneten) und beim BZÖ 14,3% (1 von 7 Abgeordneten). Vgl.: Homepage des österreichischen Parlaments: http://www.parlinkom.gv.at/portal/page?_pageid=606,77601&_dad=portal&_schema=PORTAL&P_TEXT=1&P_MEHR=J#mehr [Zugriff 5. 9. 2007].

im Allgemeinen – und gerade derjenigen, die armutsgefährdet und vielfach belastet sind – zum Besseren hin verändern. Derzeit stehen da die Zeichen auf Sturm; die Unterschiede zwischen Arm und Reich werden (weltweit und in Österreich) größer, die Einkommensschere zwischen Männern und Frauen wird es auch.[22] Es bleibt viel zu tun.

22 Vgl.: Gender-Statistik der Statistik Austria – http://www.statistik.at/web_de/statistiken/soziales/gender-statistik/index.html [Zugriff 15. 12. 2007].

ANGELA MORÉ

Frauen und Demokratie

Eine psychoanalytische Betrachtung

Die Psychoanalyse entstand in einer Zeit, in der für die meisten europäischen Nationen Demokratie für das Bürgertum ein unerreichtes Ideal darstellte. In den Metropolen Europas hatten die gehobenen bürgerlichen Stände längst den entscheidenden ökonomischen Einfluss und nahmen infolge ihrer wirtschaftlichen Bedeutung auch wesentlichen Einfluss auf politische Entscheidungen. In den zivilen Domänen der Gesellschaft war der Hofadel weitgehend vom Geldadel abgelöst worden.

Für den Gründer der Psychoanalyse, dessen Familie während seiner Kindheit die mährische Kleinstadt verlässt, um sich in der Metropole der k.u.k. Monarchie niederzulassen, sind diese politischen Vorgänge scheinbar nicht sehr bedeutsam. Mit Fleiß und Genie arbeitet er am Aufbau seiner wissenschaftlichen Karriere, um seine langjährige Verlobte endlich heiraten und eine klassisch gutbürgerliche Familie gründen zu können. Trotz seiner Assimiliertheit an die bürgerliche Gesellschaft des 19. Jahrhunderts, verbunden mit einem naturwissenschaftlich-rationalen Denken und Atheismus, verhindert Freuds jüdische Herkunft die Berufung auf einen Lehrstuhl an der Universität und zwingt ihn zur Eröffnung einer privatärztlichen Praxis, um seine Ehewünsche endlich verwirklichen zu können.

Die psychische Struktur, wie sie sich nach Freud im Subjekt ausbildet, gleicht jedoch dem Ideal des selbstbestimmten bürgerlichen Mannes – zumindest auf den ersten Blick. Dieses reife Subjekt verfügt über ein realitätsprüfendes Ich und ein durch die Identifikation mit dem Vater verinnerlichtes Über-Ich, das die kulturellen Normen der Gesellschaft in sich birgt. Mit Hilfe dieser beiden Instanzen, dem Ich und dem Über-Ich, soll jener dunkle psychische Untergrund, der die dritte Instanz (das Es) bildet und die Autonomie und Selbstbestimmtheit des (männlichen) Subjekts infrage stellen könnte, in Schach gehalten werden. Das Ich verfügt dafür über eine Vielzahl von Abwehrmechanismen, die Freuds jüngste Tochter Anna[1] später genauer untersuchen wird. Reife, Autonomie, Selbstbestimmtheit, Triebbeherrschung und -sublimierung, dies sind die idealen Werte nicht nur des bürgerlichen, sondern auch des psychoanalytischen Subjekts. Und dieses ist primär ein männliches Subjekt, denn nur dieses, so erschien es Freud, verfügt über ein hinreichend stabiles und kulturkonformes Über-Ich. Dies sei die Folge der nur beim männlichen Kind erzwungenen Identifikation mit dem Vater bei der Bewältigung des Ödipuskomplexes.

1 Freud, Anna: Das Ich und die Abwehrmechanismen, München 1973.

So gesehen erscheint die Psychoanalyse als ein unumschränktes Projekt der bürgerlichen Aufklärung und Selbst-Ermächtigung, wäre da nicht eben jene andere Seite, jener Untergrund des Unter- oder Unbewussten, der schon den Philosophen und Schriftstellern des 18. und 19. Jahrhunderts[2] zu denken gab und sich von einem Wissenspotenzial bei Kant[3] immer mehr zu jenem dunklen Ort unergründlicher Triebe und Phantasien wandelte, der das Un-Heimliche[4] und Unberechenbare barg. Auch wenn die Erkenntnis Freuds, dass das Ich nicht Herr im eigenen Hause sei, und die daraus prognostizierte Folgerung, diese Erkenntnis werde das menschliche Selbstbild und den Narzissmus ein weiteres Mal erschüttern, dem vernunftgeleiteten Ideal der Aufklärung entgegenzustehen scheint: Die Psychoanalyse war und ist ein Projekt der Selbst-Aufklärung des Menschen, nun auch über dessen innere Triebe und Abgründe. Denn Freud geht es nicht nur um die Erkenntnis, sondern vielmehr auch um Austrocknung jener inneren Sümpfe, die er mit der Trockenlegung der Zuydersee vergleicht. „Wo Es war, soll Ich werden“, lautet der Aneignungsauftrag, den Freud auch als „Kulturarbeit“ bezeichnet.[5]

Zum anderen aber kennt und benennt Freud die Schwierigkeiten und Folgen dieser inneren Landnahme: Die Hauptursache der bei seinen Patientinnen und Patienten diagnostizierten neurotischen Symptome liege in dem übergroßen kulturellen Zwang zur Triebbeherrschung. „Das Unbehagen in der Kultur“[6] ist für den Gründer der Psychoanalyse der zu entrichtende Preis, den die Zivilisation mit all ihren Vorteilen der Sicherheit und Bequemlichkeit dem Individuum abverlangt und damit den befriedenden Anspruch der Kultur bis zu einem gewissen Grade konterkariert. „Ambivalenz“, „Ambiguität“, „Abwehr“, „Gegenbesetzung“, „Verkehrung ins Gegenteil“ usw. – dies ist das Vokabular, in welchem sich bereits bei Freud die Idee einer „Dialektik der Aufklärung“[7] andeutungsweise artikuliert.

Die Demokratie als jene Herrschaftsform, in welcher der Demos, das sind die für „vollmündig“ erklärten Mitglieder des Volkes, auf Grund ihrer Informationen und ihres Wissensstandes weitreichende Entscheidungen durch Wahlbeteiligung mittragen sollen, kann solche untergründig für die Neurose disponierten Subjekte nicht gebrauchen. Somit stellt die Psychoanalyse einen Affront gegen die Illusion vom selbstbestimmten und sich selbst wie die Welt beherrschenden Subjekt dar.

---

2 Lütkehaus, Ludger: „Dieses wahre innere Afrika“. Texte zur Entdeckung des Unbewußten vor Freud, Frankfurt/M. 1989.

3 Prel, Carl du (Hrsg.): Immanuel Kants Vorlesungen über Psychologie, Pforzheim 1964.

4 Freud, Sigmund: Das Unheimliche (1919). GW XII, S. 229-268.

5 Freud, Sigmund: Neue Folge der Vorlesungen zur Einführung in die Psychoanalyse (1933). GW XV, S. 86.

6 Freud, Sigmund: Das Unbehagen in der Kultur (1930). GW XIV, S. 419-506.

7 Horkheimer, Max/Adorno, Theodor W.: Dialektik der Aufklärung. Philosophische Fragmente, Frankfurt/M. 1969.

Die Frau als das schwache, von ihrem Inneren, dem *hysteron* und den durch dieses verursachten Verwirrungen umgetriebene Geschlecht konnte in der Welt des vermeintlich autonomen (männlichen) Subjekts nicht in vollem Umfang mündig sein, kaum dass man ihr in der zweiten Hälfte des 19. Jahrhunderts überhaupt noch die Rechte eines erwachsenen Menschen zusprach. Frauen seien Kindern und Wilden näher als dem erwachsenen weißen Mann, so die damalige Gleichung der Ungleichheit, wie sie z.B. von Gustave Le Bon in seiner „Psychologie der Massen" eröffnet wurde.[8] Nachdem ein Dr. Möbius[9] noch 1905 den physiologischen Schwachsinn des Weibes konstatierte, postuliert in den 1920er Jahren Otto Weininger[10], das geringst entwickelte Männliche sei noch weit über dem höchst entwickelten Weiblichen positioniert. Ahnten hier auch die weniger selbstreflexiv veranlagten Zeitgenossen Freuds, dass es um ihre Autonomieansprüche nicht nur politisch, sondern bereits in ihnen selbst schlecht bestellt sei, dass ihre vorgebliche Selbstbeherrschung sich doch überwiegend an der Beherrschung und Unterdrückung Schwächerer manifestierte? Wie gut, dass es da das „andere" Geschlecht gab, in welchem sich all jene ungeliebten und un-heimlich vertrauten Selbstanteile deponieren ließen, um sie ebendort zu kontrollieren, zu bestrafen und zu verachten.

Freuds eigene Position ist indes doch um einiges uneindeutiger, als es der feministischen Lesart der 1970er Jahre noch erschien. So schließt er aus seiner Interpretation des Verlaufs des weiblichen Ödipuskomplexes, dass die Frau über ein schwächeres Über-Ich verfügen müsse als der Mann. Andererseits erkennt er, dass die Kultur der Frau ein weit höheres Maß an Triebverzicht abverlange. Dies impliziert, dass es einer entsprechend strengeren Über-Ich-Organisation bedarf, denn schließlich erkrankt nur ein kleiner Teil der Frauen an Hysterie. Und einige seiner Patientinnen oder Lehranalysandinnen werden gar zu wichtigen wissenschaftlichen Gesprächspartnerinnen und fördern die Weiterentwicklung und -verbreitung der Psychoanalyse. In der Spätphase seines Schaffens wird Freud schließlich eingestehen, dass ihm das Weib ein „dark continent" geblieben sei.[11]

Die Auffassung über das weibliche Über-Ich hat sich, auch auf dem Hintergrund klinischer Erfahrungen, längst gewandelt. Inzwischen gilt dieses als strenger und stabiler als das in der männlichen Entwicklung entstehende Über-Ich.[12] Dies zeigt

---

8 Gould, Stephen Jay: Der falsch vermessene Mensch, Frankfurt/M. 1988, S. 108 f.

9 Möbius, Paul Julius: Über den physiologischen Schwachsinn des Weibes, Halle 1905. (Neu hrsg. v. Susanne Wäckerle. München 1990).

10 Weininger, Otto: Geschlecht und Charakter. Eine prinzipielle Untersuchung, München 1980.

11 Freud, Sigmund: Die Frage der Laienanalyse. Unterredungen mit einem Unparteiischen (1926). GW XIV, S. 207-296.

12 Vgl. z.B.: Mertens, Wolfgang: Entwicklung der Psychosexualität und der Geschlechtsidentität. Bd. 2: Kindheit und Adoleszenz, Stuttgart 1994, S. 124 ff.

sich unter anderem an den seltener auftretenden Affektdurchbrüchen bei Frauen, der verstärkten Kontrolliertheit und Wendung aggressiver Impulse gegen das eigene Selbst, aber auch an dem deutlich geringeren Auftreten von Perversionen oder Gewaltkriminalität bei Frauen. Die Erklärungsansätze hierfür sind vielfältig und reichen von den wiederum kulturell auferlegten Zwängen zur Sittsamkeit, Schicklichkeit und Selbstkontrolle bis zu komplexen gleich- und gegengeschlechtlichen Identifikationsmodellen, deren Darlegung hier zu weit führen würde.[13]

Ein weiterer Aspekt schien aus traditioneller Sicht den Ausschluss der Frauen von politischer Verantwortung und demokratischen Prozessen zu rechtfertigen: ihr auch schwächer entwickeltes Ich, welches sie nur unzulänglich zur Realitätsprüfung befähige. Denn die Frau sei auf den engen Kreis des Hauses und der Familie begrenzt und dort vor allem damit befasst, sich mit der Aufzucht der Kleinen abzugeben. Daher sei ihr Bereich die Welt der Gefühle. Seit der Aufklärung setzten sich in Verbindung mit einer neuen geschlechtlichen Arbeitsteilung entsprechende gesellschaftliche Stereotype durch, die der Frau die Emotionalität und dem Mann die rationale Überlegung und Kontrolle zuwiesen. Dies entsprach dem in der abendländischen Kultur entwickelten männlichen Ich-Ideal von Überlegenheit und Dominanz – sowohl gegenüber dem anderen Geschlecht wie gegenüber anderen Kulturen und „Rassen".

Erst als die männliche Rationalität sich in den hoch technisierten Waffenentwicklungen und fehlschlagenden Logistiken zweier Weltkriege verlor, erschloss sich den Frauen kollektiv die bis dahin nur partiell mögliche Erfahrung, dass sie zu ihrer eigenen Versorgung und der ihrer Angehörigen sowie nun zusätzlich auch zur Aufrechterhaltung der Infrastruktur im Land aus eigenen Kräften in der Lage sind. Dies schuf ein neues Selbstbewusstsein und gab der bis dahin nur in den gebildeten Frauenständen und deren Salons geforderten Zulassung zu demokratischen Freiheits- und Mitbestimmungsrechten die nötige Massenbasis, auch wenn diese Rechte in den verschiedenen Diktaturen des 20. Jahrhunderts wieder verloren gingen bzw. aufgegeben wurden. So war z.B. infolge von Indoktrination und narzisstisch verführerischen Gratifikationsversprechen der NS-Ideologie ein großer Teil der deutschen Frauen bereit, die ersten Erfahrungen von unabhängiger Wirkmächtigkeit im ökonomischen und sozialen Geschehen wieder zu „vergessen" oder in die ihnen von oben vorgegebenen Zielsetzungen einzubinden. Noch bis in die 1960er Jahre bedurfte es in der jungen deutschen Bundesrepublik der Zustimmung des Ehemannes, wenn eine verheiratete Frau einen Arbeitsvertrag unterschreiben wollte. Erst die neu erstarkte Frauenbewegung der 1970er Jahre war in der Lage, geschlechtsbezogene Diskriminierungen nach und nach zu beseitigen, Diskrimi-

13 Vgl.: ebd., sowie: Mendell, Dale (Hrsg.): Early female development. Current psychoanalytic views, New York – London 1982.

nierungen, an welchen das demokratische Rechtssystem bis dahin keinen Anstoß genommen hatte. Auch in der sich traditionell als basisdemokratisch verstehenden Schweiz wurde das Frauenwahlrecht erst 1971 nach langem Kampf der Frauen von den Männern mit einer Zweidrittelmehrheit gebilligt – nicht zuletzt aus Sorge um das internationale Ansehen der Schweiz, nachdem die nicht vollständige Anerkennung der Europäischen Menschenrechtskonvention, insbesondere bezüglich des Frauenstimmrechts, 1968 zu internationalen Spannungen geführt hatte.

Dies Beispiel zeigt: Demokratie war immer, wie schon in der antiken Polis, die abgestimmte Herrschaft derjenigen, die zum *demos*, zum abstimmungsberechtigten „Volk", gezählt wurden. Dieses entschied über die Zulassung oder Ausschließung bisher nicht zugehöriger Gruppen.

Folgt man den Ausführungen von Norbert Elias über die Wechselwirkungen von Sozio- und Psychogenese, dann kann man eine solche auch bezüglich der Realisierung demokratischer Entscheidungsprozesse (selbst wenn diese nur für einige Bereiche der Gesellschaft Geltung haben mögen) und der Entwicklung von Selbstbildern bei den daran beteiligten Subjekten annehmen. Dieser Schluss legt sich umso mehr nahe, als der Vorgang des (Aus-)Wählens nicht auf gegebene politische Optionen beschränkt bleibt, sondern einen die Lebensformen durchziehenden Handlungsmodus darstellt, der alle Alltagssituationen durchdringt, sei es in der Wahl der Kaffeesorte, des Fernsehprogramms, des Urlaubsziels, des Liebesobjektes oder was auch immer. Die Erwartung von zumindest zwei Optionen oder einer größeren Vielfalt an Wahlmöglichkeiten wird zur Grundvorstellung von Lebensnormalität und damit zur Selbst-Verständlichkeit. So zeigt Robert Muchembled[14] in seiner Kulturgeschichte des modernen Menschen (in welcher er allerdings keine Geschlechterdifferenzen berücksichtigt und als explizites Geschlecht nur das männliche thematisiert), welche Bedeutung der Entwicklung von Geschmack und Moden zukommt. Die Möglichkeit der Wahl verweist auf eine Fülle und Vielfalt und somit auf den Zusammenhang von Demokratie und (einem Mindestmaß an) Wohlstand. Daher kann es weder verwundern, dass Demokratien in Gesellschaften mit einer Überschussproduktion entstehen, die einen Markt und Tauschbeziehungen etablieren, noch dass politische Positionen nicht selten wie Waren vermarktet werden.

Als Folge psychogenetischer Veränderungen kann man die Variierung und Verfeinerung von (Trieb-)Wünschen, die kreative Umgestaltung und Sublimierung derselben annehmen, aber auch ein verstärktes Empfinden von Wirkmächtigkeit, bedingt durch die erlebte Zunahme von Einflussmöglichkeiten und potenziellen Handlungsspielräumen. Diese finden als narzisstische Bestätigungen Verwendung

14 Muchembled, Robert: Die Erfindung des modernen Menschen. Gefühlsdifferenzierung und kollektive Verhaltensweisen im Zeitalter des Absolutismus, Reinbek b. Hamburg 1990.

oder erhalten Bedeutung für objektbezogene Verantwortungsbewusstheit und -ethik.

Für die Geschlechter vermengen sich diese Erlebensweisen mit vielfältigen und teils widersprüchlichen Elementen der bewussten und unbewussten Weitergabe geschlechtsspezifischer Identifikationen, Ideale und Erfahrungen. Dabei spielt für weibliche Überlieferungskonzepte die über Generationen wirksame Minderbewertung des weiblichen Geschlechts ebenso eine Rolle wie die entgegengesetzte Erfahrung der doch möglichen Durchsetzungsfähigkeit, der Verantwortungsübernahme, der unmittelbaren oder indirekten Beteiligung an genuin weiblichen Potenzialen des Gebärens, Ernährens und Aufziehens der folgenden Generation und zahlreichen Formen sozialer und kreativer Interaktionen. Generationenspezifische Erfahrungen von Frauen vermitteln sich über die affektive Kommunikation zwischen Eltern und Kindern, zwischen Älteren und Jüngeren in einem sowohl individuellen wie kollektiven Prozess der Festlegung, *was* mitgeteilt wird, *wie* es mitgeteilt wird und *was* verschwiegen wird. Geschlechtsspezifische Erfahrungen und Erlebensweisen sind auch nicht ausschließlich Bestandteile von gleichgeschlechtlichen Identifikationsprozessen, aber in diesen wesentlich stärker und mit weniger Gegenbesetzungen verknüpft.

Aus der größeren Objektbezogenheit, die ein weniger rigides Über-Ich zulässt, leitete Margarete Mitscherlich[15] die größere Friedfertigkeit der Frau ab, die für sie mit der Erwartung einer stärker an Frieden, Interessenausgleich und Diplomatie orientierten Politik bzw. politischen Orientierung von Frauen verbunden war. Die größere Bereitschaft, Unordnung, Emotionen und Schuldgefühle zuzulassen, verhindere die beim Mann häufig auftretende aggressiv-narzisstische Abwehr, die mit Projektionen negativer Selbstanteile einhergeht. Dass auch bei Frauen negative Einstellungen wie Antisemitismus oder Fremdenhass zu finden sind, erklärte Mitscherlich aus der Anpassungsbereitschaft infolge der Angst vor Liebesverlust.

Längst sind Zweifel an diesem Erklärungsversuch aufgetaucht, verbunden mit der Erkenntnis, dass auch Frauen als Täterinnen sehr hart, hasserfüllt und grausam sein konnten und können. Spekuliert wurde auch, ob Mitscherlichs These einen Versuch darstellte, wenigstens die Mütter als „gute Objekte" zu bewahren, da sie nur Opfer männlicher Hegemonialansprüche und in ihrer Anpassung naive Gefolgsleute männlicher Kriegslust gewesen seien.

Andererseits belegen Untersuchungen des Wahlverhaltens von Frauen in westlichen Demokratien (hier: explizit in Deutschland), dass sie einen wesentlich ge-

15 Mitscherlich, Margarete: Die friedfertige Frau. Eine psychoanalytische Untersuchung zur Aggression der Geschlechter, Frankfurt/M. 1985.

ringeren Anteil an der Wahl rechtsextremer Parteien haben als Männer.[16] In einer Studie über die Motivlagen von Frauen mit rechtsextremen oder fremdenfeindlichen Haltungen benennt Mansfeld[17] zwei herausragende Einflussfaktoren. Zum Ersten führe die Nichtintegration eigener Erfahrungen von Scheitern, Ausgrenzung, Verlust und Deklassierung dazu, dass diese negativen Selbst- und Objekterfahrungen auf Fremde projiziert und in Abgrenzung zu diesen abgearbeitet werden. Da die auf diese Weise (zu) Fremd(en)-Bestimmten gezwungen werden, sich entsprechend diesen projektiven Zuschreibungen zu verhalten, handelt es sich bei dieser Art von Objektbeziehung regelmäßig um eine projektive Identifikation. Zum Zweiten gehe es um die Suche nach Selbstwertstabilisierung durch Orientierung an „traditionellen" Vorstellungen von Weiblichkeit, wobei die hier als Tradition verstandenen Werthaltungen sich auf diffuse Vorstellungen von nationaler und kultureller Hegemonie stützen. Demokratisches Wahlverhalten von Frauen ist demnach von alltagssoziologischen Bedingungen und Phänomenen und ihrer subjektiven Verarbeitungskapazität mitbestimmt. Die positive Erfahrung der Befreiung aus belastenden Lebenssituationen führt nach Mansfeld zu einer größeren Bereitschaft von Frauen, sich in Fremde einzufühlen und sich auf sie identifizierend und verstehend zu beziehen. Die Fähigkeit und Möglichkeit der individuellen Lebenslagenbewältigung hängt jedoch nicht unwesentlich von äußeren soziokulturellen und gesellschaftlichen Bedingungen ab.

Gerade in der Orientierung an Traditionen finden sich die Spuren bewusster und unbewusster Weitergabe kulturell, ethnisch, regional, familiär, aber auch geschlechtlich spezifischer Erfahrungen, die zu Bestandteilen individueller Lebenserfahrungen geworden sind und als solche im unmittelbaren Bezug zwischen den Generationen präsent sind.

Zu den über Generationen tradierten „positiven" Erfahrungen von Frauen zählen die indirekte Einflussnahme, die geduldige Beharrlichkeit im Sinn des langsam, aber stetig wirkenden Tropfens, die Kompromissbereitschaft und die „komplementärnarzisstische Position".[18]

Gefühlserbschaften und kulturelle Erbschaften fließen dabei ineinander. Dies lässt sich nicht zuletzt an der ideellen Besetzung demokratischer Werte feststellen. In Gesellschaften, die sich mit teils hohem Preis demokratische Rechte erkämpft haben, bleiben demokratische Werte ein hoch besetztes Ideal, auch wenn die gesellschaftliche Realität dieses zeitweise konterkarieren mag, wie es z.B. in den

---

16 Zu den Ergebnissen vgl. die Zusammenfassung bei: Mansfeld, Cornelia: Fremdenfeindlichkeit und Fremdenfreundlichkeit bei Frauen. Eine Studie zur Widersprüchlichkeit weiblicher Biographien, Frankfurt/M. 1998, S. 79 ff.

17 Ebd., S. 10 f.

18 Vgl.: Rohde-Dachser, Christa: Expedition in den dunklen Kontinent. Weiblichkeit im Diskurs der Psychoanalyse, Berlin etc. 1991, S. 83 ff.

USA während der McCarthy-Ära der Fall war und gegenwärtig von vielen US-amerikanischen Bürgern so erlebt wird. Dagegen zeigt sich in von außen demokratisierten Gesellschaften eine latente Neigung zur Skepsis gegenüber demokratischen Prinzipien und ihrer Entwertung z.B. in Form von Politikverdrossenheit. Dabei ist die historische Reflektiertheit selbst ein Grundelement und -bedürfnis demokratischer Orientierung. Während feudale Gesellschaften ihre Geschichte(n) auf Heldenepen und Eroberungstraditionen beziehen, Diktaturen auf Rettungs- und Erlösungsmythen, bezieht sich das historische Interesse demokratischer Gesellschaften auf Alltags-, Kultur- und politische Geschichte in ihren vielfältigen Details und Differenzierungen mit der Funktion eines komplexen genealogischen Begründungszusammenhangs. Entsprechend bezeichnete Pierre Nora den Begriff der Generation als „die Tochter der Demokratie“[19].

Wie steht es um die heutige Generation von Frauen in Demokratien? Die aktuelle Analyse der Partizipation von Frauen in Parteien, Parlamenten und Regierungen von Marijke Looman[20] ergibt, dass sich Frauen in Deutschland seit der Einführung der Demokratie nie zuvor in entsprechenden hohen Führungspositionen befanden. Diese liegen überwiegend im politischen Einflussbereich, dagegen nur zu einem geringen Prozentsatz im wirtschaftlichen Sektor. D.h., nur dort, wo demokratische Entscheidungsstrukturen etabliert sind, besteht für Frauen überhaupt die Chance, in größerer Anzahl hohe Machtpositionen einzunehmen. Dabei belegt die Längsschnittanalyse von Parteimitgliedschaften, dass das Engagement von Frauen in den Parteien langfristiger und beständiger ist. Looman begründet dies mit einem größeren Beharrungsvermögen und größerer Enttäuschungsfestigkeit.

Wie wirkt sich dies auf das Selbstverständnis von Frauen innerhalb und außerhalb der Politik aus? Welche spezifischen Fähigkeiten, Wünsche, Verhaltensweisen, bewussten und unbewussten Vorstellungen und Selbstbilder werden dadurch befördert? Dient dies der Kompensation ihres Penisneids? Werden sie von phallischen Attributen der Macht angezogen?

Solche traditionellen Erklärungsmuster der frühen und späteren Psychoanalyse erscheinen heute als androzentrische Formen der Angst- und Neidabwehr oder, geht man von der Universalität der Bedeutung von Neid und Machtansprüchen im menschlichen Erleben aus, doch zumindest als zu sehr darauf verkürzt. Während die narzisstische Funktion politischer Macht bei einigen männlichen Funktionsträ-

---

19 Weigel, Sigrid: Erbe, Erbschaft, Vererbung: Überlieferungskonzepte zwischen Natur und Kultur. Vortrag bei der Tagung „Pro Geisteswissenschaften: Herausforderung Tradition“ am 23. 1. 2007 im Niedersächsischen Landtag, Hannover.

20 Looman, Marijke: Auf dem Gipfel der Macht? Partizipation von Frauen in Parteien, Parlamenten und Regierungen der Bundesrepublik Deutschland – Eine Bestandsaufnahme. In: *Zeitschrift für Frauenforschung und Geschlechterstudien*, 25/2007, S. 74-87.

gern untersucht wurde[21], fehlen bisher Deutungsversuche der unbewussten Besetzung politischer Machtausübung in der weiblichen Psychodynamik. Teilweise können die Aussagen Wirths auch auf weibliche unbewusste Motive übertragen werden. Die narzisstische Kollusion, wie sie zwischen männlichen Politikern und ihren Ehefrauen häufiger zu finden ist und die Wirth am Beispiel des Ehepaars Kohl illustriert, tritt in seltenen Fällen vielleicht auch mit umgekehrten Geschlechterpositionen auf. Die partielle Selbstaufgabe und Partizipation am Erfolg der idealisierten Partnerin lässt sich zukünftig eventuell vermehrt auch in männlichen Biographien finden. Jedoch verhindern die narzisstischen Gratifikationen der Macht und die enormen Spielräume politischen oder wirtschaftlichen Handelns und Agierens, dass Frauen wie Männer in diesen Positionen das Bedürfnis empfänden, sich der analytischen Couch bzw. den unbewussten Motiven ihrer politischen Karrieren zu nähern.

21 Wirth, Hans-Jürgen: Narzissmus und Macht. Zur Psychoanalyse seelischer Störungen in der Politik, Gießen 2002.

Kritische Vergegenwärtigungen

Maureen Maisha Eggers

Geteilte Demokratie?

Fragen zu Rassifizierung, Geschlecht, Klasse

Die Demokratie gilt als Gütesiegel moderner Staaten. Eng verbunden mit Vorstellungen von Demokratie ist die Forderung nach der Verankerung von Menschenrechten. Auf den ersten Blick scheinen also „alle" von der Demokratie nur profitieren zu können. In diesem Beitrag setze ich diese Konstruktion von Demokratie an den Ausgangspunkt meiner Auseinandersetzung mit der „Ge-Teiltheit" politischer Teilhabe in einer Realität sozialer Ungleichheit. Dabei möchte ich folgende Annahme voranstellen, nämlich dass unsere demokratischen Praxisverhältnisse nicht allgemein zugängliche Mitgestaltungsressourcen hervorbringen, sondern „exklusive" Partizipation für vorbestimmte Teile „des Volkes" reservieren.

Dieser Beitrag basiert auf dem Vortrag: „Doing and Undoing Gender: Doing and Undoing Race – What's Class got to do with It?"[1] Meine Thematisierung bezieht sich insofern nicht explizit auf den Demokratiebegriff, sondern vielmehr auf die gesellschaftliche „Unterteilung" von Entscheidungsmacht und damit auch von (politischer) Gestaltungsmacht. Mein Fokus gilt in dem Vortrag der Produktion dieser Teilung. Es geht mir vor allem darum, die Überschneidungsverhältnisse, die Interdependenzen, die Verschränkungen von gleichzeitigen Ein- und Ausschlüssen in der (als demokratisch entworfenen) gesellschaftlichen Ordnung zu thematisieren. Die Verzahnung zwischen den drei Ungleichheitsdimensionen Rassifizierung, Geschlecht und Klasse bildet dabei die Grundlage ungleicher Partizipation. Mit Hilfe eines Modells versuche ich das Verhältnis von Teilhabe und Differenz als eines zu veranschaulichen, das durch Reservierungsstrategien reguliert wird.

Doing Gender, Doing Race: Undoing Gender, Undoing Race

Die konstruktivistische Perspektive (Doing Gender/Doing Race) hat uns die Erkenntnis gebracht, dass die für selbstverständlich gehaltenen Aussagesysteme zu Rassifizierung und Geschlecht kulturelle Produkte sind. Unser „Wissen" über Rassifizierung und Geschlecht ist gemachtes und durchgesetztes Wissen. Mächtige Legitimations- und Repräsentationsregimes sind die Grundlage für eine Normalisierung dieses Wissens. Besonders verhängnisvoll ist, dass es in der Logik der

1 Eggers, Maureen Maisha: „Doing and Undoing Gender, Doing and Undoing Race – What's Class got to do with It?" Virtueller Vortrag im Seminar: Interdependenzen – Geschlecht, Ethnizität und Klasse im Studiengang Gender Studies der Humboldt-Universität-Berlin, Sommersemester 2006. http://www.geschlecht-ethnizitaet-klasse.de [Zugriff 20. 3. 2007].

Herstellungsvorgänge selbst eingeschrieben ist, sich zu verleugnen und das eigene Beteiligtsein zu verwischen, gar auszuradieren. Die legitimierten Aussagen zu Geschlecht und Rassifizierung erscheinen somit neutral, universell und objektiv.

Der dekonstruktivistischen Perspektive auf Geschlecht und Rassifizierung (Undoing Gender/Undoing Race) ist es zu verdanken, dass die Inkohärenz hegemonialer Kategorien (Männlichkeit/Weißsein/Heterosexualität) zunehmend ins Visier gerät. Der Blick hinter, über und unter die gesellschaftlichen Konstruktionen und die Frage danach, wem diese Konstruktionen nützen, haben sich für diese Analysepraxis als grundlegend erwiesen. So wurde es möglich, nicht nur zu erklären, welchen Zuschreibungen Angehörige der Genusgruppe Frauen ausgesetzt sind, sondern dass die Geschlechtergrenze an sich und die binäre Organisation – die kulturelle Zweigeschlechtlichkeit – eine solche Zuschreibungspraxis erst durchsetzbar machen. Die Erkenntnis, dass „wir" als soziale AkteurInnen verstrickt und somit beteiligt sind an unserer eigenen Unterdrückung, wurde durch die Analyseperspektive der Performanz eindrucksvoll fokussiert und eingefasst. Die Art, wie wir durch unsere eigene Praxis sowohl hierarchisierte Rassifizierung(en) und/oder komplementäre Vergeschlechtlichung(en) hervorbringen und mit-herstellen, ist damit gemeint.

Der (kritischen) Forschung zum „Weißsein" ist es zu verdanken, dass es inzwischen möglich ist, Rasse (Rassifizierung) als kritische Analysekategorie anzuwenden und nicht als eine biologistische Kategorisierung (sogar in Deutschland). Eine ähnlich produktive Dekonstruktion erwarte ich, wenn es sich durchsetzt, Männlichkeit(en) als eine kritische Analysekategorie einzusetzen. Es würde möglich werden, nicht in der Diskussion zu verharren, wie Angehörige der Genusgruppe Männer nun sind oder nicht sind. Vielmehr könnten Aussagen über spezifische Zuschreibungen und Zuschreibungsinteressen bzw. Verständnisse, Interpretationen und performative Aushandlungen von Männlichkeit(en) freigelegt werden. Solche Analysen bleiben meiner Ansicht nach aber nur so lange produktiv, wie sie an eine herrschaftskritische Perspektive konsequent rückgebunden werden können. Ansonsten droht die Reifizierung eines falschen (männlichen, heteronormativen oder *weißen*) Universalismus – bei gleichbleibender Machtverleugnung. Im Übrigen bin ich der Meinung, dass die Zeit schon überreif ist für „kritische Heterosexualitätsstudien".

What's Class got to do with It?

Ich habe diesen Beitrag damit begonnen, dass ich einige einführende Gedanken zur Konstruktion und Dekonstruktion von Rassifizierung und Vergeschlechtlichung umrissen habe. Diese Gedanken sollen den Rahmen bilden, innerhalb dessen ich in dem Hauptteil dieses Beitrags Klasse als interdependente Kategorie „denke“. Dabei ist es mir wichtig, ganz explizit darzulegen, welche Hürden eine solche Theoretisierung von Klasse bedeutet: Die drei Strukturkategorien Rassifizierung, Geschlecht und Klasse pflegen – wie die schwarze Theoretikerin Gloria I. Joseph in dem Aufsatz „Das disharmonische Dreiecksverhältnis: Marxismus, Feminismus und Rassismus“[2] argumentiert – ein antagonistisches Verhältnis zueinander. Viele KritikerInnen der jeweiligen Schwerpunktbewegung werfen einander vor, „geschlechtsblind/verschlossen“ und/oder „rassenblind/verschlossen“ und/oder „klassenblind/verschlossen“ zu sein. Die drei Unterdrückungsorganisationsformen zu thematisieren, ohne sie zu hierarchisieren (Geschlecht als Metakategorie; Klasse als die eigentliche Grundlage und somit einzig relevante Analyseform für Rassismus und Vergeschlechtlichung oder Rassismus/Antisemitismus als brutalste Eingriffsform), erweist sich als eine wahre Herausforderung. Die drei Kategorien gleichzeitig zu thematisieren wirft aber ein weiteres grundlegendes Problem auf – nämlich das der Überschaubarkeit.

Kann es gelingen, alle drei Kategorien zu erfassen und dennoch die jeweilige Spezifizität ihrer Gewordenheit nicht zu banalisieren oder gar auszuradieren? Bleibt eine solche Analysepraxis dann zwangsläufig an der Oberfläche hängen? Und was geschieht denn eigentlich mit anderen Unterdrückungszusammenhängen, die durch Kategorien wie Begehren/sexuelle Orientierungen, andere Befähigungen/Behinderungen oder Alter und/oder religiöse Zugehörigkeit(en) begründet sind?

Als ersten Schritt dieser Herausforderung möchte ich vorschlagen, Klasse nicht (bloß) als eine gesellschaftliche Ein-/Zuordnung zu theoretisieren, sondern vielmehr als eine kritische Analysekategorie. Der Unterschied, den ich darin sehe, ist, dass eine lediglich zuordnende Analyse Widerstandssubjektivitäten leicht ausblenden kann.

Nehmen wir als erstes Beispiel die Zuordnung eines *weißen* männlichen Subjekts zur „Arbeiterklasse“. David Roediger hat in seinen Forschungsarbeiten zur *weißen* Arbeiterklasse in den USA seine eigene Positioniertheit als Sohn *weißer* amerikanischer ArbeiterInnen zum Ausgangspunkt seiner (theoretischen) Auseinandersetzungen bestimmt.[3] In systematischen Analysen legt er die Schnittpunkte zwischen den Konstruktionsweisen der *weißen* ArbeiterInnenklasse in den USA und ihrer Hegemonialisierung sowie ihrer gleichzeitigen Festlegung als de-klassifizierte Andere offen. Sein Bestreben (und meines auch) ist es nicht, zu behaupten, die *weißen* ArbeiterInnen der USA wären genauso/mehr oder weniger rassistisch wie

2 Joseph, Gloria I.: Das disharmonische Dreiecksverhältnis: Marxismus, Feminismus und Rassismus. In: Joseph, Gloria I. (Hrsg.): Schwarzer Feminismus: Theorie und Politik afroamerikanischer Frauen, Berlin 1993, S. 71-88.

3 Roediger, David: The Wages of Whiteness: Race and the Making of the American Working Class, London 2000.

die *weißen* Mittel- und Oberschichten der USA. Vielmehr geht es hierbei darum, die gleichzeitigen und wechselwirksamen Beteiligtheiten und Unterdrückungen durch Einschluss und Ausschluss dieser gesellschaftlichen Positionierung fassbarer zu machen.

Meine saloppe Feststellung lautet, dass gerade auf Grund eines Einschlusses ins *weiße* Kollektiv (durch das Angebot der *weißen* Distinktion) beim gleichzeitigen Ausschluss aus der hegemonialen *(weißen)* Definitionsökonomie die *weiße* ArbeiterInnenposition am fruchtbarsten gemacht werden konnte. Die „feine" Gesellschaft kann dann mit einem Verweis auf die Gewaltbereitschaft dieser Gruppe die eigenen zutiefst gewaltförmigen abstrakt-objektivierten *weißen* Strukturen leugnen und ihren Schatten auf diese fixierte Gruppe projizieren. Nichts anderes macht der Diskurs um *weiße* rechtsradikale Jugendliche in Deutschland. Diese sind durch Zuschreibungen wie „bildungsfern" und „sozial verarmt" bzw. „ostdeutsch" markiert und somit als de-klassifizierte *weiße* Andere fixierbar. Ihnen kommt aber eine unerlässliche Aufgabe innerhalb des *weißen* deutschen Kollektivs zu – nämlich die rassifizierte Grenzmarkierung zu artikulieren und performativ zu (re-)inszenieren. Sie bewachen die symbolische rassifizierte Grenze in Deutschland (was sie nicht nur mit Überzeugung, sondern offensichtlich auch mit Begeisterung tun). Sie recyceln (in wessen Dienst eigentlich?) sonst unaussprechlich gewordene Begriffe wie „Volkskörper", „Blutschande" und „Blutreinheit". Die Fassung von Klasse als kritische Analysekategorie ermöglicht es, diese spezifischen Einwebungen anzuschauen und – wie Ruth Frankenberg[4] auch auf der Grundlage einer konsequenten Selbstpositionierung als *weiße* Frau – nach den Überschneidungen von Beteiligtsein und Ausschluss und den dahinter liegenden Macht- und Eigeninteressen zu fragen.

Ich möchte diesen Abschnitt mit einem zweiten Beispiel abrunden. Dafür habe ich eines ausgewählt, welches den scheinbar umgekehrten Fall darstellt. Hier geht es also nicht darum, ein „Angebot der Distinktion" durch interaktive Performativität in eine Beteiligung an der Hegemonie trotz Deklassierung umzusetzen, sondern darum, wie Exklusivitäten in der Hegemonie zwar durchbrochen werden (können), aber Fixierungen weiterhin als symbolische Grenze(n) wirksam bleiben.

Durch den zunehmenden Durchstoß schwarzer, rassistisch markierter People-of-Color-Theoretikerinnen in den wissenschaftlichen Betrieben Deutschlands nehmen Theoretisierungen dieser „neuen" sozialen Positionierung zu. Es ist damit zu rechnen, dass die Anzahl dieser WissenschaftlerInnen in der bundesrepublikanischen akademischen Landschaft in den nächsten Jahren (im Vergleich zu der gegenwärtigen Situation und erst recht im Vergleich zu den 1980er und 1990er Jahren)

4 Frankenberg, Ruth: White Women, Race Matters: The Social Construction of Whiteness, London 1993.

bedeutend zunehmen wird. Diskurse um die gesellschaftliche Positionierung „intellektueller MigrantInnen“ – soweit damit People-of-Color gemeint sind – erwecken häufig den Eindruck, diese würden die Distinktion der *weißen* Academy durchbrechen. Demzufolge seien sie eher als Elite denn als Subalterne einzustufen. Meine Analyse dieses Beispiels bezieht sich auf ebendiese Elitenkonnotation. Die Konnotation suggeriert, dass eine schwarze Akademikerin in Deutschland klassenspezifisch wenigstens der unteren Mittelschicht angehören müsse (wenn sie denn erwerbstätig ist), um in der Sprache sozialer Schichtklassifizierung zu bleiben. Damit schwingt der Vorwurf mit, sie könnten nicht mehr richtig über „Rassismus sprechen“, weil die eigentlichen, wirklich unterdrückten subalternen Frauen in den „Post/Neo-Kolonien“ zurückgelassen wären, ohne jegliche Möglichkeit der Kommunikation und der Selbstrepräsentation. Schwarze Akademikerinnen wären also in der *(weißen)* Hegemonie eingeschlossen und daran prinzipiell beteiligt.

Selbst bei einer Durchstreichung dieser nicht nur entpolitisierend, sondern auch entsolidarisierend wirkenden Analysen ist nun nicht zu verneinen, dass schwarze Akademikerinnen Angebote einer hierarchisierenden Partizipation erhalten (und einige diese – nach dem Vorbild von Condoleezza Rice – mit Sicherheit begeistert aufnehmen und umsetzen). Es ist wie in dem ersten Beispiel nach den Bedingungen und nach Macht- bzw. Eigeninteressen zu fragen. Der Ort, von dem aus ich als schwarze Wissenschaftlerin in/aus Deutschland spreche, ist durch diese Diskurse überlagert, ich möchte sogar sagen: belagert. Die biografisch-politische Analyse meiner Situation ist für viele Afrikanisch-Deutsche, Asiatisch-Deutsche, Australisch-(First-Nations-People/Aborigines)-Deutsche etc. meiner Generation (mit Migrationshintergrund) kennzeichnend: Meine Mutter wurde 1950 geboren, 13 Jahre vor der Unabhängigkeit Kenias. Ihre Schulausbildung und der Beginn ihrer Ausbildung als Lehrerin fanden im Rahmen der britischen Kolonialverwaltung statt. Ich wurde 1973 geboren, das heißt zehn Jahre nach der Unabhängigkeit Kenias (meine Schwester 1972). Das Curriculum unserer Schulausbildung war bis zur panafrikanischen Schulreform 1986 britisch-kolonial. Meine Mutter war der „Kopf“ einer „woman-headed-family“, sprich: alleinerziehend. Ihr Vater war Koch auf einer Kolonialfarm und schulte dann zum Lokführer um. Ihre Mutter war Kleinbäuerin. Die Anstrengungen, die damit verbunden sind, sich nicht nur Bildung, sondern eine eigenständige wissenschaftliche Perspektive zu erschließen, die sich einem *weißen* hierarchischen Wissensproduktionssystem nicht unterwirft, dürften auf der Hand liegen.

Frigga Haug kritisiert in ihrem Aufsatz: „Tagträume eines sozialistischen Feminismus“[5] Praxen, die (*weiße* deutsche) Frauen gewissermaßen ihrer „angeworbenen

5 Haug, Frigga: Tagträume eines sozialistischen Feminismus. In: Gerhard, Ute et al. (Hrsg.): Differenz und Gleichheit. Menschenrechte haben (k)ein Geschlecht, Frankfurt am Main 1990, S. 85.

formellen Bildung" vorwerfen. Der Vorwurf lautet, sie würden jetzt andere Frauen „abhängen" und unterdrücken (können). Während ein kritisches Verständnis notwendig ist, müssen der Kontext dieses Bildungserwerbs und die damit verbundenen Widerstandspraxen vermittelbar und verwoben werden mit der Analyse um soziale Schichtung.

Um diesen Abschnitt abzuschließen: Eine Forschungsperspektive, die sich zur Aufgabe macht, ArbeiterInnentöchter und -söhne an den Universitäten Deutschlands zu erfassen, muss demzufolge über eine bloße Zuordnungsperspektive hinauskommen. Sind beide Eltern gemeint, wenn nicht – warum nicht? In der wievielten Generation ist die gemeinte Elternperson ArbeiterIn/AkademikerIn? Eröffnen sich andere Erkenntnisse, wenn die Elternperson(en) ArbeiterInnen/AkademikerInnen sind/waren? Durch eine Anwendung von Klasse, Klassifizierung und sozialer Schichtung als kritische Analysekategorien könnte es möglich werden, solche Schnittstellen und spezifischen Verwobenheiten fassbar zu machen.

„And Now for Something Completely Different": Experimente mit einem Modell zu exklusiver Partizipation

Mein Ziel in diesem Beitrag ist es, eine produktiv-inklusive Thematisierung von Klasse als interdependente Kategorie zu erreichen. Als ich in einer Einführungsveranstaltung mehr Fragen als Antworten zu dieser Aufgabe, insbesondere in Hinsicht auf Klasse, „versprach", ging ein Stöhnen durch die erste Reihe. Das verstand ich als Herausforderung und nach langem Überlegen kam mir die Idee, die Wechselwirkungen von Klasse, Geschlecht und Rassifizierung als Spielfeld – gemeint ist hier ein Brettspiel – darzustellen.

Mit diesem Spiel soll fassbar gemacht werden, dass sich Überschneidungen von Klasse, Vergeschlechtlichung und Rassifizierung keinesfalls gegenseitig in ihrer jeweiligen spezifischen Wirkung entheben, sich als interdependente Kategorien aber auch nicht einfach additiv verdoppeln oder verdreifachen lassen. Die sozialen Positionierungen – „alleinerziehende, schwarze-lesbische-jüdische-Mutter, britische Staatsangehörige" oder „queerer-*weißer*-rollifahrender Akademiker, der Kind von ArbeiterInnen-Elternpersonen ist und einen polnischen Pass hat" – sollen nicht mehr konkurrierende oder schier in ihrer Wirkung unerfassbare Kategorien bleiben, sondern symbolisierbar werden: auf Feldern stehend, die aufeinander bezogen sind in Unterdrückungs- sowie in Widerstandspotenzialen.

Das Spiel heißt *Reservierungen und Reservate* in Anspielung auf die produzierten Ein- und Ausschlüsse, die durch die Überschneidung der drei Strukturkategorien entstehen. In diesem Sinn wäre – in Anlehnung an Frigga Haugs „Reservierungsmetapher" – das „Spiel der Politik" eines, welches für (*weiße*, heteronormativ performierende) Männer[6] reserviert ist. Demzufolge wären Angie/Condi/Maggie – Merkel/Rice/Thatcher – nur integrierbar auf Grund ihrer scheinbaren Assimilation in ein männlich konnotiertes hegemoniales Modell. Ihre Beteiligung an der hegemonialen Klassifizierung würde aber ihr Frausein, Schwarzsein und Weißsein nicht neutralisieren oder ausradieren. Sonst müssten wir keine Bilder von Merkels Hinterteil (im Badeurlaub; in der britischen Presse erschienen) über uns ergehen lassen.

Eine kleine Spielanleitung: Das Spiel besteht aus einem Brett, vier Spielfiguren und einer unsichtbaren Spielanleitung. Das Brett ist in Felder gegliedert, die nach den Farben Grün (symbolisch für Rassifizierung) und Blau (symbolisch für Vergeschlechtlichung) sortiert sind. Das Brett ist weiß. Die Felder sind nummeriert – bis auf die weißen Ränder. Die Zahlen (symbolisch für Klasse) beginnen mit 1 und enden mit 1.000. Es gibt zwei Felder mit 1.000 und zwanzig mit einer 1. Die meisten Felder haben zwei Ziffern und liegen zwischen 10 und 100; diese verteilen sich (scheinbar) ohne Ordnung über das gesamte Brett. Die Felder sind mit Linien unterschiedlicher Farben voneinander abgegrenzt (symbolisch für die Unterdrückung nach Begehren/sexuelle Orientierungen, religiöse Praxis/Zugehörigkeiten, andere Befähigungen/Körperpolitiken, Alter). Die Spielfiguren haben die Farben der Linien.

Jeder Spielende erhält zwei Figuren. Allerdings muss für die Freigabe jeder Figur erst eine 6 gewürfelt werden. Spielen mehr als zwei Personen mit, können zwar mit einer Figur Punkte gesammelt werden, gewonnen werden kann damit allerdings nicht. Sind alle Figuren verteilt, scheidet die Person ohne Figur „natürlich" aus dem Spiel.

Das Ziel des Spiels ist es, die durchgezogenen Linien zu überqueren und zum weißen Rand zu kommen; dabei dürfen aber nur Linien derselben Farbe überschritten werden. Die Figuren beginnen in der Mitte und bewegen sich zum weißen Rand hin. Werden zweimal hintereinander Linien unterschiedlicher Farben „überquert", muss eine Figur abgegeben werden, beim dritten Mal muss die zweite Figur abgegeben werden. Es wird gegen die Zeit gespielt.

Nach einer Stunde werden die Figuren eingesammelt und die Felder, auf denen sie zuletzt standen, zusammengerechnet. Die Höhe der Punktezahl wird in Euro ausgezahlt. Es ist nahezu unmöglich, das Spiel zu gewinnen. Kein Spielabschluss also (bzw. Stecker-Ziehen).

Der Clou besteht nicht im Gewinnen des Spiels, sondern vielmehr im Erkennen, welche Felder „Reservierungen" und welche „Reservate" sind. Obwohl die Punkteverteilung wahllos aussieht, liegen in dem Bereich zwischen diesen „besetzten" Spielfeldern die meisten Punkte. Ein Erkennen ist aber nahezu unmöglich, weil

6 Ebd., S. 92.

Felder, welche die Illusion ausstrahlen, Reservierungen zu sein, sich als Reservate entpuppen, und Felder, die als Reservate gekennzeichnet sind, beim näheren Hinsehen ganz offensichtlich Reservierungen sind. Auf Letztere kommen Spielende aber nur, wenn sie es wagen, die zweimalige Durchquerung vorzunehmen, was aber nur mit zwei Spielfiguren möglich ist. Meist landet man auf den Reservat-Feldern und kommt somit nicht auf die Felder zwischen den Reservierungsfeldern und den Reservat-Feldern, die eine hohe Punktezahl aufweisen. Genug zum Spiel.

Eine schwarze, feministisch positionierte Kritik an der (kultivierten) Unfassbarkeit der Kategorie Klasse

Patricia Hill Collins' Feststellung, die gesellschaftliche Positionierung als schwarze Frau würde uns „zu unverwechselbaren Erfahrungen (verhelfen), die eine andere Sicht der materiellen Realität bieten als die anderen Gruppen zugängliche", entstammt einer Theoretisierung, die ihren Hintergrund als Kind schwarzer ArbeiterInnen-Elternpersonen kritisch und politisch-materiell reflektiert.[7] Toni Morrisons Kurzerzählung „Recitatif"[8] bietet ein weiteres eindrucksvolles Beispiel für die konsequente Umsetzung einer inkludierenden Analyseperspektive. Es gelingt ihr beinahe spielend, die konkrete materielle Realität der Interdependenzen einzubinden. Durch ihre radikal-dekonstruktivistische literarische Herangehensweise wird die tiefgreifende Verwobenheit von Klasse, Rassifizierung und Vergeschlechtlichung als interdependente Kategorien im Kontext sexualisierter und körperlicher Gewalt sowie von Behinderung/andere Befähigung fassbar. Im Sinn dieser schwarzen feministischen Analysen von Klasse als interdependente Kategorie soll mit der Metapher des Reservierungs-Reservaten-Spiels im folgenden Teil dieses Betrags ein letzter Analyseaspekt aufgegriffen werden.

Klasse als Konzept der marxistischen Theorieperspektive thematisiert feudale und kapitalistisch-industrialisierte Ausbeutung(en) der Arbeitskraft von „enteigneten" Subjekten. Dieser Fokus kann bezogen werden auf eine symbolische Grenze, durch welche Arbeitsteilung und Eigentum symbolisch und materiell ungleichmäßig bewertet oder verteilt werden. Die Trennung von Reproduktions- und Produktionsarbeit und die damit einhergehenden mächtigen Bewertungsschemata dieser

7 Collins, Patricia Hill: Die gesellschaftliche Konstruktion Schwarzen feministischen Denkens. In: Joseph, Gloria I. (Hrsg.): Schwarzer Feminismus: Theorie und Politik afro-amerikanischer Frauen, Berlin 1993, S. 17-52.

8 Morrison, Toni: „RECITATIF". In: Amiri, Baraka/Amiri, Amina: Confirmation – An Anthology of African American Women, New York 1983, S. 243-261.

binär fixierten Bereiche (Reproduktionsarbeit: Gebären, Erziehung, Versorgung, Betreuung gibt es umsonst und ist somit nichts bzw. weniger wert) gelten als zentral für die Analyse der Verschränkung von Klasse und Geschlecht. Das Konzept der kapitalistischen Klassenformation galt zu Zeiten des Kolonialismus – ebenso wie die *weiße(n)*, europäische(n) Interpretation(en) des Christentums – als Exportschlager. Kapitalismus wurde als Zivilisationsprojekt in den Kolonien zwangseingeführt. Interessant dabei sind vor allem zwei Aspekte (auf die ich in diesem kurzen Beitrag allerdings nicht tiefer eingehen kann): Erstens traf das kapitalistische Schichtungsmodell auf bereits existierende Klassifizierungssysteme im kolonialen Raum (einige eindeutig oppressiv wie „Kastensysteme der Unberührbaren in Indien"; einige begründet in matrilinearen/matrilokalen/spirituellen Kontexten; Heilerinnen als spirituelle Führungen; Same-Sex Sangomas in Südafrika). Zweitens lagen den *weißen* kolonialen Ökonomien vermutlich einige Anforderungen zugrunde, die der normativen Vergeschlechtlichung durch Trennung von Produktions- und Reproduktionsarbeit widersprachen. Gloria I. Joseph argumentiert z.B., dass die Sklaverei – zynischerweise, aber doch – als Egalisierung der Geschlechterverhältnisse zwischen schwarzen weiblichen und männlichen Sklaven gewirkt hat. Hochschwangere und stillende Frauen mussten ähnliche Arbeiten auf dem Feld verrichten wie die männlichen Sklaven.[9] Im kolonialen Raum wirkte sich das Prinzip der sexualisierten Unterwerfung schwarzer Männer anknüpfend an diese Argumentation so aus, dass es eine sehr große Anzahl von männlichen Hausbediensteten gab – als Fixierung und Entschärfung schwarzer Männlichkeit (abwertend markiert als „Boy", „Houseboy", „Man-Servant" etc.). Eine kritische Analyse der Wirkungsweise von „Klasse" als interdependente Kategorie erfordert daher Reflexionen, die in der Lage sind, postkoloniale Analyseperspektiven konsequent einzubeziehen. Aktuelle Auseinandersetzungen z.B. mit der aggressiven Vermarktung von Skinlightener in Südostasien können durch eine solche Analyse als komplexer Spiegel interdependenter Konstruktion von Klasse, Geschlecht und Rassifizierung erfasst werden:

> „Die ungeheuer umfangreiche Sammlung von aufhellenden Hautcremes in den Regalen von Supermärkten und Drogeriemärkten ist Zeugnis einer Industrie, die im vergangenen Jahrzehnt geradezu explodiert ist. Vier von zehn Frauen in Hongkong, Malaysia, den Philippinen, Südkorea und Taiwan verwenden inzwischen aufhellende Hautcreme. […] In Thailand – ähnlich wie in anderen Ländern der Region – ist das Stigma einer dunklen Hautfarbe tief in der Sprache eingezeichnet. Eine gängige Beleidigung lautet 'tua dam' oder 'schwarzer Körper', eine negative Bezeichnung für eine Person mit einem niedrigen sozialen Status. Ähnlich auch 'e dam' (schwarzes Mädchen) oder 'dam tap pet' (schwarz wie die Leber einer Ente). Werbungen für hautaufhellende Produkte preisen weiße Haut als glänzend und ge-

9 Joseph, Das disharmonische Dreiecksverhältnis, S. 73 f.

sünder an. *Olay*, eine beliebte Marke, hat ein Produkt mit dem Namen 'Weißes Strahlen'. L'Oreal vermarktet eine Produktlinie mit den Namen 'Perfektes Weiß'. (Eine Frau geht an einer Werbefläche in einer U-Bahn-Station in Hongkong vorbei, dort wird für eine hautaufhellende Creme geworben. Der Werbeslogan lautet: 'White or wrong? The right choice') [...] Ein Problem, sagen ÄrztInnen, ist, dass die effektivsten hautbleichenden Produkte mit den größten Risiken verbunden, aber gleichzeitig die billigsten sind. Hierzu gehören Bestandteile auf Quecksilberbasis und Hydrochinon. Solche Präparate kosten dann 20 $ per Kilo im Vergleich zu einem hoch konzentrierten Lakritzpräparat für 20.000 $ pro Kilo. [...] Im letzten Jahr wurden 62 neue hautaufhellende Produkte in den Supermärkten und Drogeriemärkten der Asien-Pazifik-Region eingeführt. Nach der Statistik von Datamonitor, einem Marktforschungsunternehmen, wird damit ein Trend beschleunigt: In den letzten vier Jahren wurden jährlich durchschnittlich 56 neue Produkte eingeführt."[10]

Neokoloniale Praktiken einer oppressiven Globalisierung[11], Handel mit menschlichen Organen (wie in verarmten Gegenden Pakistans), korrupte afrikanische Regierungseliten, die in Zusammenarbeit mit Multikonzernen die natürlichen Ressourcen ihrer jeweiligen Staaten auf wenige Menschen verteilen, werden somit fassbar als durchzogen von interdependenten klassifizierenden, vergeschlechtlichenden und rassifizierenden Praxen.

Ausblick

Die anhaltenden lautstarken Proteste migrierter und schwarzer Jugendlicher sowie die Demonstrationen von Studierenden in Frankreich haben ernsthafte Fragen nach der Aktualität sozialer Schichtung und nach neuen Formen der Armut in Europa aufgeworfen. Ins Visier postkolonialer Kritik geraten zunehmend auch solche Werbeagenturen, die mit einer deklassifizierenden Industrie der Armutswerbung arbeiten. Kolonialmissionarisch anmutende Spendenaufrufe wie die langjährige Werbeaktion „Spenden Sie Licht" der Christoffel Blindenmission (christlicher Träger) sind exemplarisch für die Rekurrierung auf interdependente deklassierende, rassifizierende, vergeschlechtlichte Bilder. Unter dem Bild eines schwarzen Mannes, der Metallschlitze anstelle von Augen hat, und einer jungen (ganz offensichtlich dunkler geschminkten) schwarzen Frau, ebenfalls mit Metallschlitzen statt Augen, steht die Aufschrift: „Spenden Sie Licht!" Trotz einer großen Anzahl von Protesten weigert sich die Blindenmission, die Werbekampagne zurückzuzie-

10 Thomas Fuller in: *International Herald Tribune*, published by *The New York Times*, Tuesday May 2, New York 2006, S. 4. Übersetzung: M.M.E.

11 Tonkam, Senfo: „Warum Afrika keine sogenannte Entwicklungspolitik, -hilfe, -zusammenarbeit braucht". Unveröffentlichtes Manuskript eines Vortrags an der TU Berlin im Rahmen des Seminars „Bildungszusammenarbeit im internationalen Kontext", Berlin 2003.

hen. AktivistInnen der „Refugees Emancipation“ (eine Selfempowerment-Initative von Refugees in Berlin-Brandenburg) sahen sich einem ernormen Widerstand von institutioneller Seite her ausgesetzt, als sie (aus eigener Kraft) die Installierung von Internetcafés/Interneträumen in den Flüchtlingsunterkünften (Reservatenfelder) umzusetzen versuchten. Ihr Erfolg erweist sich als Landung auf einem Zwischenfeld. Das lässt hoffen.

Claudia von Werlhof

Globalisierungsprozesse und Patriarchat

Antworten der Frauen(-Bewegung)

Ich möchte einen anderen als den üblichen Ansatz für die Interpretation der gesellschaftlichen Hintergründe vorstellen, vor denen Frauen heute stehen und handeln. Ich werde dazu mein Verständnis der Globalisierung darlegen, deren Folgen für Frauen und dann meinen Begriff von Patriarchat, der sich in vielem daraus ergibt, dass die Globalisierung Tendenzen zu Ende bringt, die im Patriarchat schon lange angelegt sind. Anschließend gilt es zu fragen, was dies für das Handeln von Frauen und Frauenbewegungen bedeutet, welche Erfahrungen es gibt und welche Schwierigkeiten.

Globalisierungsprozesse

Die so genannte Globalisierung ist ein Ausdruck der Krise des „kapitalistischen Weltsystems".[1] Sie äußert sich darin, dass wir seit den 1970er Jahren, beginnend mit dem von den USA inszenierten Militär-Putsch in Chile 1973, eine neue Wirtschaftspolitik präsentiert bekommen, nämlich den so genannten Neoliberalismus (einer seiner Begründer ist der Österreicher Friedrich A. von Hayek).

In Chile wurde diese Wirtschaftspolitik vor dem Hintergrund einer Militärdiktatur zum ersten Mal ausprobiert. Sie wendet sich gegen den Sozialstaat in seiner Funktion der Vorsorge und Versorgung der Bevölkerung und verkleinert den öffentlichen Bereich und seine zum Teil außerökonomische Einflussnahme auf das Politik-, Sozial- und Wirtschaftsgeschehen immer mehr.

Der Neoliberalismus ist ein Ausdruck der Krise des Systems insgesamt, weil er durch eine verschärfte Umverteilung von unten nach oben versucht, den Profit und die Gewinne gerade der großen Unternehmen zu retten, ja zu erhöhen. Diese drohen nämlich in der globalen Konkurrenz und Oligopol- bzw. Monopolbildung sowie auf Grund von Wachstums- und Finanzmarktkrisen verloren zu gehen.

Der Neoliberalismus ist damit einseitig orientiert an den Interessen von international und global operierenden Konzernen. Neoliberalismus ist Konzernpolitik.[2]

---

1 Wallerstein, Immanuel: Aufstieg und künftiger Niedergang des kapitalistischen Weltsystems. In: Senghaas, Dieter (Hrsg.): Kapitalistische Weltökonomie. Kontroversen über ihren Ursprung und ihre Entwicklungsdynamik, Frankfurt 1979, S. 31-67.

2 Chomsky, Noam: Profit over People. Neoliberalismus und globale Weltordnung, Hamburg – Wien 2000; vgl.: Chossudovsky, Michel: Global Brutal. Der entfesselte Welthandel, die

Erfahrungen mit dieser Politik wurden seit den 1980er Jahren in vielen Ländern des Südens sowie in den USA und in England mit Ronald Reagan und Margaret Thatcher gemacht. Österreich hat selbst mit dieser Politik angefangen, nachdem es 1995 der EU beigetreten ist. Die EU ist ein neoliberales Projekt, was man von den Verträgen von Amsterdam und Maastricht bis hin zu den Ergebnissen des EU-Verfassungs-Konvents sehen kann.[3]

Die globalen Projekte des Neoliberalismus sind an der Tätigkeit der Weltbank und des Internationalen Währungsfonds (IWF) sowie den Abkommen der Welthandelsorganisation (WTO), insbesondere dem GATS, zu erkennen. Das „General Agreement on Trade in Services" hat einen zentralen Stellenwert. Es thematisiert nichts Geringeres als die Absicht, alles Handeln, Denken und Fühlen der Menschen auf der Welt und diese inklusive der Natur-Elemente, neben dem Boden auch Wasser, Wärme/Energie und sogar die Luft, möglichst restlos in Waren zu verwandeln und damit für die konzern-private Kommerzialisierung verwertbar zu machen.[4]

Wenn die neuzeitliche Wirtschaft überhaupt als der Versuch angesehen werden kann, neben allen Gütern auch den Boden und die Arbeitskraft zu Waren zu machen[5], dann ist dies als Prozess zu verstehen, der bisher zwar weltweit ausgedehnt wurde, aber (noch) nicht über bestimmte Grenzen hinausgekommen ist. Bisher nicht zugängliche Regionen in der Wildnis, nicht zugängliche politische Regimes (z.B. das Vorkriegs-Jugoslawien oder der Vorkriegs-Irak), generell der öffentliche Sektor sowie die häusliche Privatsphäre waren bisher, die letzten beiden ganz bewusst, als „non-profit"-Sektoren von der Kommerzialisierung ausgenommen.

Die neoliberale Politik macht damit Schluss. Das NAMA-Abkommen (Non Agricultural Market Access) der WTO dient der Erschließung der letzten Wildnisse für Zwecke des Profits, der Krieg dient dem Regimewechsel nicht westlich orientierter Regierungen, der „Öffnung" ihrer Märkte und der Plünderung ihrer Ressourcen[6] und das GATS der WTO dient der Verwandlung des öffentlichen Sektors und des Privatlebens in kommerzialisierbare „Dienstleistungen"[7].

Was wir also erleben, ist, dass die neuzeitliche Wirtschaft nicht dabei stehen bleibt, nur die Subsistenz- und die „einfache", also immer noch an den Bedürfnissen

---

Armut, der Krieg, Frankfurt 2002; vgl.: Mies, Maria/Werlhof, Claudia von (Hrsg.): Lizenz zum Plündern. Das Multilaterale Abkommen über Investitionen – MAI. Globalisierung der Konzernherrschaft – und was wir dagegen tun können, Hamburg 2003; vgl.: Werlhof, Claudia von: Alternativen zur neoliberalen Globalisierung oder Die Globalisierung des Neoliberalismus und seine Folgen, Wien 2007.

3 Oberansmayr, Gerald: Auf dem Weg zur Supermacht. Die Militarisierung der Europäischen Union, Wien 2004.

4 Mies/Werlhof: Lizenz, S. 7-23; vgl.: Werlhof: Alternativen, S. 46-51.

5 Vgl.: Wallerstein: Aufstieg.

6 Mies, Maria: Krieg ohne Grenzen. Die neue Kolonisierung der Welt, Köln 2004.

7 Mies/Werlhof: Lizenz, S. 7 ff.

der Menschen orientierte Warenproduktion lokaler oder regionaler Provenienz in kapitalistische Warenproduktionen für nationale bzw. Welt-Märkte zu verwandeln.[8] Sondern nun soll diese „Great Transformation" auch mit der (Produktion für die) Reproduktion geschehen, also in all den Bereichen, die bisher davon ausgenommen waren. Denn es galt auf Grund der zu Beginn der Industrialisierung gemachten Erfahrungen: ohne Reproduktion keine Produktion. Oder: Wo das Leben und die Lebewesen nicht relativ frei von Vermarktungsinteressen und unmittelbarer Ausbeutung nachwachsen können, da ist Letztere auch später nicht möglich. Aus diesem Grunde ist vor allem die moderne Kleinfamilie und mit ihr die gratis arbeitende Hausfrau geschaffen worden, die dafür sorgt, dass nicht nur täglich, sondern auch über die Generationen hinweg die (Re-)Produktion der entsprechend geeigneten Arbeitskräfte geschieht, ohne dabei größere Kosten zu verursachen.

Abgesehen vom Letzteren soll sich das nun ändern. So werden zurzeit bereits Gesundheit, Bildung, Transport, Kommunikation, Kultur und so etwas Grundlegendes wie die Wasserversorgung in profitable Geschäfte verwandelt.[9]

Gerechtfertigt wird diese Politik damit, dass mehr Wachstum und Arbeitsplätze gebraucht würden und dass damit ein Wohlstand angestrebt würde, der durch die Tätigkeit privater Unternehmen besser, professioneller und rationaler gewährleistet wäre als durch diejenige öffentlicher oder gar häuslicher Einrichtungen.

In der Zwischenzeit haben sich diese Behauptungen als falsch herausgestellt. Die neuen Privaten sind immer teuerer, die Qualität, die sie anbieten, ist immer schlechter, weil Infrastrukturinvestitionen der Kosten wegen hintangehalten werden, und die Versorgung ist am Ende nur mehr dort gewährleistet, wo hohe Preise gezahlt werden können.

Der neue Wohlstand zeigt sich entsprechend vor allem bei den Konzernen, die neue, profitable Betätigungsfelder erhalten und die „Filet"-Stücke des Umbaus und der „Privatisierung" des öffentlichen Sektors an sich reißen.

Dazu tragen konkret auch die SAPs bei, die „Strukturanpassungsprogramme" von IWF und Weltbank gegenüber den Ländern des Südens. Im Norden heißen sie „Sparpakte". Es sind dies Politiken, die zur Durchsetzung der konzernorientierten Globalisierungs-, Liberalisierungs- und Privatisierungs-, der „GLP"-Politik, erfunden worden sind.

Auf diese Weise wird ein Raubzug durch die Welt organisiert, um alles, was noch nicht auf den Weltmärkten erscheint, dorthin zu bekommen. Dass bei dieser als „Entwicklung" deklarierten Politik direkt wie indirekt die internationalen Kon-

8 Polanyi, Karl: The Great Transformation. Politische und ökonomische Ursprünge von Gesellschaften und Wirtschaftssystemen, Frankfurt 1978.

9 Barlow, Maude/Clarke, Tony: Blaues Gold. Das globale Geschäft mit dem Wasser, München 2003.

zerne die Hauptrolle spielen, bedeutet, dass kleine, mittlere und selbst größere Unternehmen nur vorübergehend, wenn überhaupt, dabei mit-„spielen" können.

Die zunehmend mono- und oligopolistische Macht-Struktur zeigt an, dass das Marktgeschehen, wie es für die kapitalistische Wirtschaft überhaupt gilt, nun umso mehr von einem ungleichen anstatt von einem „fairen" oder gleichen Tausch geprägt ist. Außerdem zeigt sie an, dass auch die dem Tausch vorausgehende Verwandlung in Waren zumeist eine rüde Plünderung, gewaltsame Beraubung und oft irreversible Zerstörung von Leben, Lebensräumen und Kulturen bedeutet. Diese werden damit einem fortgesetzten Prozess „ursprünglicher Akkumulation" unterworfen, der zur Folge hat, dass sie ihrer Über-Lebensmöglichkeiten verlustig gehen. Die Kapital-Akkumulation geschieht also immer mehr auf der Grundlage purer Enteignung. Dafür gibt es inzwischen zahllose Beispiele, Bereiche und Analysen.[10]

Es wird in den Abkommen des Neoliberalismus abgelehnt, dem einen Riegel vorzuschieben oder Maßnahmen zu ergreifen, damit diese Wirtschaftspolitik auch eine soziale oder gar eine ökologische Seite hat. Das gilt aus Konzernsicht sogar als „indirekte Enteignung", was angesichts der tatsächlichen Verhältnisse eine groteske Verdrehung darstellt. Die Konzerne gehen davon aus, dass ihnen alle Ressourcen, Märkte und Investitionsfelder allein zustehen.[11]

Daher sind in den Abkommen auch entsprechende Klauseln eingebaut, die dafür sorgen sollen, dass eine (inter)nationale oder kommunale Politik, die sich diesen Interessen widersetzt, nicht mehr möglich sein soll. Sie kann per Schiedsgericht der WTO sogar zivilrechtlich belangt werden – und wird belangt.

Die Abkommen der WTO werden zwischen Regierungsvertretern und Konzernen verhandelt, aber immer geheim. Die Öffentlichkeit, deren Einfluss ohnehin nicht vorgesehen ist, ist davon immer ausgeschlossen gewesen. Die Medien berichten darüber entweder nichts oder nur Zustimmendes und Belangloses.

Es soll diese Politik auch nicht transparent werden, damit sie ohne Widerstand wirksam wird. Ist ein Abkommen einmal unter Dach und Fach und damit internationales Recht, sogar mit Völkerrechtsstatus, dann kommt jede Reaktion zu spät. Das GATS hat z.B., so wie alle WTO-Abkommen, die Wirkung und den Status von nichts Geringerem als einer globalen Verfassung. Diese hat eine Konzern-Privatisierung zur Folge, die nicht mehr zurückgenommen werden können soll.

Der gigantische Prozess, die ganze Welt in eine Fabrik und einen Markt zu verwandeln und alle Dinge, Tätigkeiten und Bedürfnisse in Waren, nebst dem ersten

10 Werlhof, Claudia von/Bennholdt-Thomsen, Veronika/Faraclas, Nicholas (Hrsg.): Subsistenz und Widerstand. Alternativen zur Globalisierung, Wien 2003.

11 Mies, Maria: Globalisierung von unten. Der Kampf gegen die Herrschaft der Konzerne, Hamburg 2002, S. 7.

und letzen Tropfen Wasser, den wir zu uns nehmen, oder gar dem ersten und letzten Atemzug, den wir tun, wird damit als Priorität gesetzt und „legalisiert". Dazu gehört im Zweifel auch seine gewaltsame Durchsetzung.[12]

Durch den Prozess der Verwandlung der Welt in Ware, also in Geld, Kapital, Maschinerie und Kommando über Arbeit [13] bis in den letzten Winkel der Erde und bis in die Tiefen der Gesellschaft und der Körper hinein, findet heute eine Art Revolution von oben statt.

Dabei werden konsequenterweise auch die demokratischen Regeln immer mehr und immer offener außer Kraft gesetzt.

Die Bedeutung der Globalisierung für Frauen

Mit der Schließung öffentlicher Betriebe, mit ihrem Verkauf und Umbau und dem Schleifen des Sozialstaates sind vor allem Frauen die Verliererinnen der Globalisierung, weil viele halbwegs vernünftige Frauenarbeitsplätze verschwinden und eine Alternative dazu nicht in Sicht ist. Neue Arbeitsplätze werden wenn, dann vor allem in unsicheren, „prekären" Verhältnissen angeboten. Frauen befinden sich zunehmend in einer Situation, in der sich die Schere zwischen Arbeit und Einkommen immer mehr auseinanderentwickelt. Frauen werden gerade jetzt Lohnarbeit suchen müssen, aber nur noch eine sehr schlecht bezahlte und nicht mehr langfristig abgesicherte finden. Gleichzeitig beginnen die Kosten für den Lebensunterhalt zu steigen, und das Bildungs- wie das Gesundheitswesen sind im Prozess der Privatisierung, wodurch viele Menschen sich diese Leistungen bald bzw. bereits nicht mehr leisten können. Daher werden den Frauen die dadurch zunehmenden häuslichen Lasten durch Kranke, Alte und Kinder auch noch aufgebürdet, also das Ernstmachen mit dem Projekt, Frauen noch mehr unbezahlte Arbeit in- und außerhalb des Hauses abzupressen. Das bedeutet, dass der Zusammenbruch der bisherigen Reproduktion der Arbeitskraft in Quantität und Qualität voraussehbar ist. Wir sehen es am „Gebärstreik" der Frauen, an den Scheidungsraten und an der Zunahme von armen Familien und armen Alten sowie verwahrlosten Kindern.

Früher forderten Frauen einen „Lohn für Hausarbeit".[14] Jetzt ist es so, dass die Hausarbeit immer mehr kommerzialisiert wird, soweit das möglich ist, und damit ihren formellen „Subsistenz"-Charakter als Nicht-Waren-Produktion nun auch reell verliert. So ist die Hausarbeit bisher wie Subsistenzarbeit organisiert, aber sie

12 Vgl.: Mies, Krieg.
13 Marx, Karl: Das Kapital. Kritik der Politischen Ökonomie, 1. Bd., MEW 23, Berlin 1974.
14 Power of Women Collective/Lotta Femminista/Galtier, Brigitte: Frauen in der Offensive. Lohn für Hausarbeit oder: Auch Berufstätigkeit macht nicht frei, München 1974.

bringt am Ende immer wieder eine (potenzielle) Ware hervor: die menschliche Arbeitskraft. Die Hausarbeit ist daher die bisher wichtigste Vermittlungs-, die Scharnierarbeit, zwischen Leben/Subsistenztätigkeit und Arbeitsmarkt/Warenproduktion. Die mit ihrer tendenziellen Kommerzialisierung einhergehende zunehmende Verwandlung in „eindeutige" Warenproduktion bzw. Lohnarbeit bedeutet heute aber gerade nicht, dass nun auch wirklich – nennenswerte bzw. vertraglich geregelte – Vergütungen bzw. Löhne dafür gezahlt werden. Es kommt also trotz einer Art „Vergesellschaftung" der Hausarbeit gerade nicht zu einem „gerechten" Lohn für sie. Denn es geht um die zunehmende „Hausfrauisierung" und nicht um die „Proletarisierung" der Lohnarbeit der Frauen ebenso wie inzwischen auch der Männer. Das beweist die „Informalisierung" und „Prekarisierung" der Arbeitsverhältnisse überall.[15] Das Ergebnis nenne ich eine „hausfrauisierte", praktisch „lohnlose Warenproduktion".[16] Sie kann die Form „kommerzialisierter" Hausarbeit (neue Dienstmädchenfrage), prekärer Arbeit, neuer Sklaverei oder Leibeigenschaft, ausgelagerter „Vertragsproduktion" und sogar von Zwangsarbeit annehmen.[17]

Auf diese Weise wird das neuzeitliche Prinzip der Nichtentlohnung der Reproduktion der Arbeitskraft, die erst die Profitabilität anderswo garantiert[18], nicht nur nicht abgeschafft, sondern mit dem Neoliberalismus auch noch ausgedehnt, ja womöglich verallgemeinert. Das „Billiglohngeschlecht" steht dabei Modell für die Verbilligung der Arbeit generell. Diese ist für den Großteil der Gewinne heute verantwortlich.

Dieses Phänomen ist im Süden und neuerdings im Osten bereits viel ausgeprägter. Da gibt es nicht nur die unbezahlte Hausfrau, sondern auch Massen von kleinen Warenproduzenten, die fast nichts verdienen, wie die Kleinbauern, die Marginalisierten und daneben neue Sklaven und die hausfrauisierten Lohnarbeiterinnen der „ausgelagerten" Industrien in den „Freien" und „Sonder-Produktionszonen" oder „Weltmarktfabriken", wo die Konzerne vom Turnschuh bis zum Computer-Chip produzieren lassen.[19]

Nun werden die Verhältnisse im Norden immer mehr denen im Süden angeglichen, die der Männer denen der Frauen.[20] Die Unterentwicklung hält Einzug im

15 *Widerspruch*, Nr. 49: Prekäre Arbeitsgesellschaft, Zürich 2005.

16 Werlhof, Claudia von: Der Proletarier ist tot. Es lebe die Hausfrau? In: dies.: Was haben die Hühner mit dem Dollar zu tun? Frauen und Ökonomie, München 1991, S. 114-133.

17 Vgl.: Bales, Kevin: Die neue Sklaverei, München 2001.

18 Madörin, Mascha: Zur Verknüpfung von Kapitalismus und Männerherrschaft. In: Altvater, Elmar u.a.: Die Gewalt des Zusammenhangs. Neoliberalismus – Militarismus – Rechtsextremismus, Wien 2001, S. 125-142.

19 Wichterich, Christa: Die globalisierte Frau. Berichte aus der Zukunft der Ungleichheit, Reinbek bei Hamburg 1999.

20 Bennholdt-Thomsen, Veronika/Mies, Maria/Werlhof, Claudia von: Frauen, die letzte Kolonie. Zur Hausfrauisierung der Arbeit, Zürich 1992.

Norden. Es ist eben profitabler, keine oder nur geringfügige Löhne zu zahlen. Daher ist es immer schon nicht der „Proletarier“, sondern die „Hausfrau“, die das Ideal der Arbeitskraft im Kapitalismus abgibt.[21] Nun geht es darum, dies möglichst überall durchzusetzen.

Die Logik dieses Vorgangs ist bisher den meisten Menschen verborgen geblieben, weil die Hausarbeit unsichtbar gemacht wurde, indem sie nicht als Arbeit galt. Damit wird die zentrale Bedeutung der Hausarbeit für die Möglichkeit, überhaupt zu wirtschaften – und dies auf einer profitablen Grundlage zu tun –, nach wie vor notorisch unterschlagen.

Es gibt keine Perspektive für Frauen, weder dass sie auf die Dauer innerhalb/mit der Hausarbeit und dem dazugehörigen „Brotverdiener“ überleben werden noch mit Lohnarbeit außerhalb des Hauses. Hier kommt eine Tendenz ans Licht, die allen Ideologien und Hoffnungen auf Verbesserungen für Frauen widerspricht. Die Arbeitskraft gilt stattdessen zunehmend nur mehr als naturhafter „Roh-Stoff“, der keine/kaum eine Vergütung zu brauchen scheint. Eine entsprechende, relativ qualitätsvolle Reproduktion der Arbeitskraft erscheint von da her gar nicht mehr „notwendig“.

Das Ende der allgemeinen freien Lohnarbeit und des „Normalarbeitsverhältnisses“ ist damit erreicht, ohne dass der Kapitalismus deswegen verschwinden würde. Genau das Gegenteil ist der Fall.[22]

Wir bemerken heute mehr als früher, dass Warenproduktion im Saldo eher Zerstörung als Neuschöpfung bewirkt. Die Produktion mündet in eine Vernichtung von „Ressourcen“. Die Welt wird verbraucht, inklusive ihrer Menschen als „Arbeitskräfte“. Kapitalismus ist buchstäblich Kannibalismus.

Patriarchat: Frauen und Natur „ersetzen“?

Unser Wirtschaftssystem bietet auch technologisch keine Lösung. Das ist deshalb der Fall, weil die moderne Wirtschaft und Technik eine Art Krieg gegen die Natur, die Frauen und das Leben sind. Es geht ihnen nur um Beherrschung und Verwandlung möglichst aller Naturdinge in Waren, Geld und andere „Schöpfungen“, aber nicht um eine wirkliche Bedürfnisbefriedigung der Menschen, geschweige denn um eine Kooperation mit der Natur.

---

21 Werlhof: Der Proletarier; Werlhof: (Haus)Frauen, „Gender“ und die Schein-Macht des Patriarchats. In: *Widerspruch*, Nr. 44: Feminismus, Gender, Geschlecht, Zürich 2003, S. 173-189.

22 Vgl.: Werlhof: Keine Kapitalismuskritik.

Damit sind wir beim Patriarchat, das – im Gegensatz zum Kapitalismus, der erst 500 Jahre alt ist – schon seit etwa 5.000 Jahren besteht.[23] Unter Patriarchat verstehe ich die Vorstellung, dass das männliche Geschlecht schöpferisch sei und nicht das weibliche. So versucht man ständig zu beweisen, dass die Schöpfung von den Männern, ihren Institutionen, ihrer Herrschaft und ihrer Technik kommt und nicht von den Frauen, ihrer Kultur und der Natur. Demnach sei das Leben eigentlich eine männliche Erfindung und ein männlicher Gott sei dessen „Schöpfer".

Die vor allem seit der Neuzeit damit einhergehende Zerstörungspolitik wird damit gerechtfertigt, dass die Natur wie die Frauen beherrscht werden und unter Kontrolle sein müssten. Am Ende sollen sie allerdings ersetzt werden können durch Kunstprodukte, eben durch eine männliche „Schöpfung".

Der dazu stattfindende Transformationsprozess wird definiert als technischer Fortschritt. Das Leben käme dann aus Männern oder Maschinen. Die Reproduktions-, Bio-, Gen- und Nano-Technologien sind geradezu schreiende Beispiele dafür, wie versucht wird, Frauen als Mütter und als Lebensproduzentinnen bzw. möglichst viele Naturvorgänge generell durch technologische Großprojekte zu verdrängen.[24]

Eben deshalb ist die Warenproduktion der Neuzeit ein Zerstörungsprojekt: Produktion entpuppt sich als Destruktion. Denn sie ist genau dieser Versuch, die Natur, die Mutterschaft und die Subsistenzproduktion durch eine Art Gegenteil zu ersetzen.

Die Neuzeit ist damit die Zeit, in der die patriarchale Gesellschaft wirklich materiell beweisen will, dass Männer als Schöpfer der Welt gelten können und der Frauen oder der Natur nicht mehr bedürfen. Dass mit solchen Transformationsprozessen „Kapital" geschaffen und Geld gemacht werden kann, ist der Grund, warum sich dieses Projekt als „Kapitalismus" auf allen Ebenen durchgesetzt hat.

Der Versuch, die Welt auf den Kopf zu stellen und durch etwas anderes zu ersetzen, kann nur scheitern. Indem ein solches Scheitern erkannt werden kann, tritt dieses Projekt überhaupt erst ins Bewusstsein. Denn viele Leute halten die Zerstörungen bisher für nicht so schlimm, weil sie selbst (noch) nicht betroffen sind oder immer noch daran glauben, dass etwas anderes, eine neue, bessere Welt und eine „höhere" Zivilisation nachfolgen.

---

23 Werlhof, Claudia von: Das Patriarchat als Negation des Matriarchats. Zur Perspektive eines Wahns. In: Göttner-Abendroth, Heide (Hrsg.): Gesellschaft in Balance. Dokumentation des 1. Weltkongresses für Matriarchatsforschung in Luxemburg 2003, Stuttgart 2006, S. 30-41.

24 Werlhof, Claudia von: Patriarchat als „Alchemistisches System". Die (Z)Ersetzung des Lebendigen. In: Wolf, Maria (Hrsg.): Optimierung und Zerstörung. Intertheoretische Analysen zum menschlich Lebendigen, Innsbruck 2000, S. 13-31.

Antworten der Frauen(-Bewegung)

Angesichts der Folgen der Globalisierungsprozesse für Frauen gibt es zwei prinzipielle Möglichkeiten: Entweder sie machen mit, so gut oder schlecht es geht, weil sie keine anderen Möglichkeiten sehen oder/und weil sie selbst an den „Fortschritt“ glauben. Oder sie versuchen auszuscheren und sich nach Alternativen umzusehen.

Probleme dabei sind, dass wir bisher einen viel zu oberflächlichen Patriarchatsbegriff hatten, dass viele Frauen keinen Zusammenhang zwischen Patriarchat und Kapitalismus bzw. Globalisierungsprozessen sehen und dass immer mehr Frauen dem Fortschrittsglauben aufgesessen sind.[25]

Unter Frauen ist, sowohl im Nord-Süd- wie im Ost-West-Verhältnis, hier nicht nur eine Spaltung zu beobachten, sondern es herrscht auch eine große Verwirrung. Denn westliche Frauen haben weitgehend die kapitalistisch-patriarchale Denkweise übernommen, z.B. die Leib- und Naturfeindlichkeit, die programmatisch ist und sich nicht nur im Christentum findet. Viele Frauen wollen inzwischen selbst nicht mehr Schöpferinnen neuen Lebens sein, sondern haben die patriarchale Sicht angenommen, dass sie nur dann nicht unterworfen, minderwertig, niedrig, unproduktiv und stumm zu sein brauchen, wenn sie aufgehört haben, „Leib“ und „Frau“ zu sein.

So werden sie verwandelt/verwandeln sich selbst von der „leibhaftigen“ Hexe zur körperbetonten Hausfrau und von da qua Technik in eine Art „Gender“-, Arbeits-, Sex- und/oder Gebär-Maschine. Die Verwandlung der Frauen geht damit immer mehr in Richtung auf ihre Abschaffung/Ersetzung, inzwischen also sogar unter ihrer eigenen Mitwirkung.[26] So wird Frauenpolitik heute zu Technologiepolitik. Wie werden wir es los, dass wir Frauen sind, dass wir einen Leib haben? Viele versuchen also, das patriarchale Frausein auf ebenso patriarchalem Wege zu verlassen. Das ist auch ganz logisch. Es ist die systemimmanente Antwort auf die Zumutungen, mit denen Frauen konfrontiert waren und sind. Aber das Sich-Verabschieden aus dem Frau-Leib-Sein ist letztlich weder möglich noch erstrebenswert. Ohne Leib keine Leibeigenschaft? Das mag sein, aber ohne Leib auch kein Leben.

Der postmoderne Versuch, eine besondere „Identität“ anzunehmen oder sich von bestehenden Identitäten abzusetzen, ist meist ein Pyrrhussieg für Frauen. Er führt auch zu ihrer Entsolidarisierung, indem sie – ganz im Sinn des Patriarchats – ihre technologische Ersetzung quasi vorwegnehmen und sich schon von sich aus selbst umzumodeln und zu ersetzen versuchen. Die patriarchale Leib- und Frauenfeindlichkeit findet sich damit ganz konkret bei den Frauen selbst wieder.

---

25 Vgl.: Werlhof, (Haus)Frauen.

26 Thürmer-Rohr, Christina u.a. (Hrsg.): Mittäterschaft und Entdeckungslust, Berlin 1989.

Frauenbewegung ist der Versuch, aus Verhältnissen auszubrechen, in denen keine Zukunft liegt. Das ist heute das Heim, denn als Hausfrau und Mutter kann frau heute generell nicht mehr dauerhaft überleben. Die Perspektive war: Wir gehen in den Bereich der Lohnarbeit. Dieser Bereich bricht aber jetzt als Befreiungsperspektive für die meisten zusammen.

Was ist unsere Zukunft? Haben wir überhaupt eine? Das eine geht nicht mehr, das andere geht auch nicht mehr. Die neue Selbstständigkeit erweist sich ebenfalls nicht als Lösung. Weder Proletarierinnen noch Kapitalistinnen können wir werden, und Mütter zu werden, können wir uns nicht mehr leisten.

Es ist die Falle der Aufklärung, dass dort nach Gleichheit gesucht wird, wo es ja gerade eine Ungleichheit zwischen Männern und Frauen gibt, und dass man oder frau durch den technischen Fortschritt diese Ungleichheit, nämlich insbesondere die Gebärfähigkeit, technisch zu beseitigen plant. Dies läuft auf den Versuch einer Abschaffung der Frauen – zumindest als Mütter – hinaus.[27]

Es ist ein dem patriarchalen Denken und Projekt Auf-den-Leim-Gehen, das ich heute als Hauptproblem der Frauen(-Bewegungen) – vor allem im Norden – sehe. Die Frauen haben selbst angefangen zu glauben, sie seien „als Frauen" wirklich niedrig, unproduktiv und wertlos. Lange genug ist ihnen diese „Wahrheit" über sich selbst ja auch eingebrannt worden![28]

Für mich ist das ein Insassenphänomen. In diesem System zu leben bedeutet für viele, dass es wie das Gefängnis unüberwindlich wirkt und dass es kein Draußen zu geben scheint. Das System hat scheinbar alles geschluckt. Ein Frauendasein außerhalb des Systems existiert offenbar nicht (mehr). Es ist nur noch möglich, innerhalb des Systems zu versuchen, irgendeine „Macht" zu ergreifen[29], die „Macht als Mitmachen".

Es dreht sich also um die Schwierigkeit, sich von diesem System zu distanzieren.

Die Befreiung der Frauen kommt aber weder aus ihrer Anpassung noch selbstredend aus ihrer Abschaffung, sondern erst einmal aus dem inneren, geistigen Heraustreten aus den kapitalistisch-patriarchalen Voraussetzungen, die heute qua Globalisierung ohnehin an ihre Grenzen gelangen.

Die Denkfähigkeit der Frauen sollte daher nicht einfach angewendet werden, um affirmativ das System zu bestätigen oder gar zu „fetischisieren"[30], sondern um sich gegen dieses als dissident zu verstehen und zu verhalten. Es ist der Versuch

27 Schmölzer, Hilde: Die abgeschaffte Mutter. Der männliche Gebärneid und seine Folgen, Wien 2005.

28 Federici, Silvia: Caliban and the Witch. Women, the Body and Primitive Accumulation, New York 2004.

29 Foucault, Michel: Überwachen und Strafen. Die Geburt des Gefängnisses, Frankfurt 1977.

30 Holloway, John: Die Welt verändern, ohne die Macht zu übernehmen, Münster 2006.

zu unternehmen, die bestehenden Voraussetzungen nicht als die einzige und unabänderliche Realität unseres Daseins anzusehen und hinzunehmen.

Denn die Befreiung der Frauen findet weder in der Hausarbeit noch in der Lohnarbeit statt, sondern nur durch die Befreiung vom Patriarchat, einschließlich seiner neuesten Variante, des Kapitalismus (inklusive Sozialismus).

Der Irrweg der Frauen ins Patriarchat muss an irgendeinem Ariadnefaden wieder herausgeleitet werden in eine Situation, in der Frauen nicht nur eine mutter- und leiblose Zukunft bzw. die Zukunft in einer Leib- und Mutterlosigkeit sehen und auch nicht gezwungen werden, an der Selbstverhöhnung teilzunehmen, die es bedeutet, an dieses System auch noch zu glauben und seine Interessen als die eigenen zu vertreten.

Sondern es geht darum, dass die Frauen sich in radikaler, grundlegender Weise von ihrem Selbsthass und den patriarchalen Kriterien ihrer Beurteilung als Frauen verabschieden und sich wieder ihrer unabhängigen Frauenkultur erinnern, die es überall auf der Welt gegeben hat und immer noch gibt, auch hier, mitten unter uns, nämlich als „zweite Kultur“[31], und die in vielen alternativen Bewegungen wieder entsteht. Deshalb sind diese Bewegungen vor allem Frauenbewegungen.

Frauen können sich die Lebensfreude wieder holen, den Nihilismus des globalen Patriarchats und die systematische Zerstörung durch die moderne Gesellschaft, die ja kein Zufall, sondern beabsichtigt ist, ablehnen und sich die Fülle des Lebens zurückerobern – etwas anderes wird ihnen gar nicht übrig bleiben.

31 Genth, Renate: Matriarchat als „zweite Kultur“. In: Werlhof, Claudia von/Schweighofer, Annemarie/Ernst, Werner (Hrsg.): HerrenLos. Herrschaft – Erkenntnis – Lebensform, Frankfurt 1996, S. 17-38.

Lisbeth N. Trallori

Selbstbestimmung – Neue Technologien – Neoliberalismus

Enteignungen und Verfremdungen

Die Thematik „Nachrichten aus Demokratien“ gibt Anlass nachzudenken über ein heiß umkämpftes Terrain und eine Begriffsbildung, die zentral für das Anliegen der Neuen Frauenbewegung steht: In dem Topos Selbstbestimmung kommt das feministische Politikverständnis zum Ausdruck, ebenso wie die Abwehr der Tatsache androzentrischer Fremdbestimmung, gegen die das Projekt des Feminismus von Beginn an vehement opponierte. Die Notwendigkeit, darüber zu reflektieren, ergibt sich keineswegs tout à coup, von einem Tag zum anderen. Vielmehr sind im Lauf der Jahre bereits viele Anregungen zum feministischen Selbstverständnis ergangen. Gerade in der gegenwärtigen Epoche, angesichts der diskursiven Vereinnahmung dieser Begriffswelt vor der Folie neoliberaler Sprachpolitik, stellt sich diese Nachdenkarbeit als eine dringliche Aufforderung heraus.

Zunächst möchte ich dazu auf den Transformationsprozess verweisen, der mit den rezenten ökonomischen, sozialen und kulturellen Veränderungen in Beziehung steht. Und zwar einmal mit der Technisierung und Genetifizierung der generativen Reproduktion – wir könnten auch sagen: einer High-Tech-kapitalisierten Menschenproduktion, wie sie die Repro-Genetik von der In-vitro-Fertilisierung bis zu den genetischen Screenings, von der pränatalen Diagnostik bis zur Verwertung von Körpersubstanzen präsentiert. Zweitens mit einer normativen Rochade unter der Ägide einer Neoliberalisierung der Gesellschaft, in der es zu dem disparaten Phänomen einer Aufhebung und neuerlicher, wenn auch modernisierter Festschreibung von geschlechterspezifischen Macht- und Herrschaftsverhältnissen gekommen ist. Und drittens mit einer Ausdünnung der feministischen Theorie und Praxis sowie mit einer Vereinnahmung und Änderung des feministischen Anliegens in Richtung „Genderismus“, wobei alle diese Phänomene der wissenschaftlich-technischen, der sozialen und intellektuellen Transformation in ihrem Zeithorizont nahe beieinander liegen. Bevor ich mich den technologisch und neoliberal induzierten Veränderungen zuwende, schlage ich zunächst eine Art Erinnerungsarbeit (und keinesfalls Trauerarbeit) zur Herausbildung des Begriffs Selbstbestimmung vor.

Selbstbestimmung als politisches Projekt des Feminismus

Im Aufschwung der Neuen Frauenbewegung hatte die Artikulation von weiblicher Selbstbestimmung stets zwei Dimensionen umschlossen. Einmal war darunter das allgemeine Prinzip der körperlichen Integrität subsumiert, das ergänzt wurde durch den Anspruch, wonach Frauen über die Entfaltung ihrer Körperpotenziale, das heißt körperlich und geistig, selbst verfügen sollten. Die zweite Dimension umfasste das Konzept der weiblichen Autonomie; gemeint war damit die Frage nach der Autonomie und dem Freiheitspostulat, die im Kontext mit der gesellschaftlichen Formierung weiblicher Interessen und Handlungspotenziale gestellt wurde. Im Verständnis der Neuen Frauenbewegung ist sowohl die jeweilige Subjektposition als auch die soziale und kulturelle Vermittlung zur Sozietät angesprochen. Erheblich dabei ist, dass die damit konnotierten politischen Vorstellungen die individuelle Situierung von Frauen als auch deren Anbindung an soziale und gesellschaftliche Strukturen tangieren. Über den Begriff der Selbstbestimmung verbindet sich die Politik der Subjektivität mit einer emanzipativen Gesellschaftspolitik, zumal das Autonomiekonzept nicht bloß Sexus, Begehren oder die generative Reproduktion betraf, vielmehr auch die Dimension einer sozialen und kulturellen Reproduktion, wie es beispielsweise in dem Entwurf einer umfassenden Kulturrevolution von Kate Millett[1] zum Ausdruck kam, als sie darin auf eine kämpferische Koalition der Neuen Frauenbewegung mit *black people* und der Studentenbewegung setzte.

Das Interessante und m.E. das noch immer Tragfähige an der feministischen Theorie eines selbstgestalteten Lebens liegt in der Tatsache, dass die weibliche Subjektkonstruktion stets differenziert und die gesellschaftliche Konstruktion implizit mitgedacht ist. Frauen befinden sich in unterschiedlichen gesellschaftlichen Positionen, sie treffen keineswegs die gleichen Entscheidungen, sie formieren weder eine soziale Klasse noch eine homogene Kultur. Oder anders ausgedrückt: Der feministische Selbstbestimmungsbegriff war kein Freibrief für das Ausagieren geschichtsloser Individualität an sich, sondern wurde im Zusammenhang mit der Veränderung jener Rahmenbedingungen verknüpft, die von anderen – sei es von androzentrischen Institutionen wie Kirche, Staat, Medizin oder von androzentrischen Interessenlagen – vorgegeben, gesetzt oder kontrolliert wurden. Selbstbestimmung im Sinn von Gleichheit und Gerechtigkeit resultierte in der frühen Phase der Neuen Frauenbewegung aus einem politischen Nachholbedarf heraus, wobei diese Topoi und der Autonomiegedanke, das Lebensrecht auf existenzielle Unabhängigkeit und Freiheit, noch keinesfalls in einen Widerspruch verwickelt waren.

1 Millett, Kate: Sexus und Herrschaft. Die Tyrannei des Mannes in unserer Gesellschaft, München 1974.

Die Konzeption des „aufgeklärten" Individuums, ausgestattet mit staatsbürgerlichen Rechten und Handlungsfähigkeiten, entstand aus der Tradition des Liberalismus und ist Ausdruck und Spiegelung der politischen Kämpfe mit den feudalen Strukturen. Zur Zeit des Feudalismus existierte das Individuum als solches gar nicht, denn Körperlichkeit und soziale Lebenslage wurden dem jeweiligen Willen des Feudalherrn in Form der „Leibeigenschaft" zugeschlagen. In ihrem Ursprung hatte die liberale Subjektkonstruktion stets das Existenzielle, die materielle Situation mitgedacht und beinhaltete emanzipatorische Elemente, was selbstverständlich für beide Genus-Gruppen galt. In einer der frühen feministischen Untersuchungen weist Rosalind Pollack Petchesky explizit darauf hin, dass die „reproduktive Freiheit – in der Tat das 'Eigentliche' der Reproduktion selbst – immer gesellschaftlich und individuell zugleich"[2] angedacht war. Über das grundsätzliche Begriffsverständnis einer „individuellen Eigenpersönlichkeit" konstatiert sie, dass ein Mensch, „um überhaupt Mensch zu sein, Kontrolle über sich haben [muss], über seinen Körper ebenso wie über sein Bewusstsein".[3] Konkrete Individualität stand auch in keinem Widerspruch zum marxistischen bzw. neomarxistischen Denkansatz[4], außerdem war das moderne Individuum noch keineswegs konstruiert als ein atomisiertes, egozentrisches, nur auf seinen Vorteil und die Profitmaximierung ausgerichtetes Wesen, ausgestattet mit einem „Ich-Körper"[5], wie es nach der Wandlung des Liberalismus zu seiner heutigen neoliberalen Formation sattsam bekannt ist.

Selbstbestimmung im Rahmen der neoliberalen und technologischen Wende

Der Zugriff bzw. der Kunstgriff des Neoliberalismus als eine hegemoniale Produktions- und Lebensweise besteht darin, gerade die Subjektkonstruktion von der sozialen Seite her auf- und abzutrennen und insofern ein tatsächlich „nacktes Leben" ohne gesellschaftspolitische Bezüglichkeit – von einer feministischen Ethik ganz zu schweigen – zu präsentieren. Das bedeutet die Konstituierung eines Individuums in der Zurückgeworfenheit auf sich selbst, fern von jeglicher sozialen Angebundenheit. Es handelt sich dabei um ein Individuum, das unter der Bedingt-

2 Petchesky, Rosalind Pollack: Reproduktive Freiheit: Jenseits „des Rechts der Frau auf Selbstbestimmung". In: List, Elisabeth/Studer, Herlinde (Hrsg.): Denkverhältnisse. Feminismus und Kritik, Frankfurt/M. 1989, S. 166.

3 Ebd., S. 167.

4 Ebd., S. 169.

5 Trallori, Lisbeth N.: Transformierte Körper. Wider die Entkoppelung des Realen von der Geschichte. In: Niederhuber, Margit et al. (Hrsg.): Performance, Politik, Gender, Wien 2007, S. 225-238.

heit einer neoliberalen Wettbewerbsgesellschaft die Kontrolle über sein Selbst – nun sich selbst – auferlegt. Im Übrigen haben Michel Foucaults Studien zu Gouvernementalität sowie jene seiner EpigonInnen auf dieses Novum als eine Technik neoliberaler Herrschaftsführung aufmerksam gemacht, wodurch Herrschaft äußerst subtil in den Subjekten verankert ist und durch sie relevant wird.[6] Die Ungleichheit zwischen den Geschlechtern wird nicht mehr als ein brisantes sozio-politisches Problem, sondern als ein individuelles Versagen, ja sogar als bewusstes persönliches Verlustkalkül in den diversen Aushandlungsprozessen bilanziert, sodass sich die diskursive Seite der Ungleichheit, die sich in einer Negation ausdrückt, und die handlungsrelevante Seite der Ungleichheit beträchtlich spießen.

Ein weiterer neoliberaler Zugriff besteht in der Durchökonomisierung der Individuen und des gesellschaftlichen Ganzen; es geht um die Durchsetzung von vermarktwirtschaftlichten Handlungsoptionen, sowohl für die einzelnen Menschen wie auch für die Strukturen der Gesamtgesellschaft. Zugleich bedeutet dies eine Änderung des Verhältnisses der Zone von Öffentlichkeit und Privatheit, indem die Strategie der Vermarktwirtschaftlichung diese (wenn auch fiktiven) Zonen wesentlich durchlässiger operationalisiert. Im Lauf dieser Durchökonomisierung erfahren die einzelnen Subjekte ihre Neukonstruktion als potenzielle ProduzentInnen, aber auch als KonsumentInnen. Insofern wird das emanzipative Potenzial von Selbstbestimmung umgelegt bzw. umgedeutet in die so genannte freie Wahl und in die freie Entscheidung, so z.B. zur repro-genetischen Produktion (Stichwort: Verkauf von Körpersubstanzen, von Ei- und Samenzellen) ebenso wie zum Konsum der angebotenen Techniken. Der individuelle Status einer Teilhabe an der Gesellschaft ist über den Markt vermittelt, der etwa auf dem Sektor der generativen Reproduktion jede Menge an Verfahren, Tests und Prozeduren der Fortpflanzungsindustrie in Warenform bereithält. Vor diesem Hintergrund eines hochtechnisierten Wissens- und Praxisbezugs erfuhr der Begriff Selbstbestimmung bzw. Selbstverfügung eine eklatante Verkürzung, zudem auch eine neoliberale und technologische Instrumentalisierung. Mit anderen Worten: Auf Grund der marktwirtschaftlichen Definition des Subjekts konnte die einst emanzipative Formel der feministischen Selbstbestimmung vereinnahmt ebenso wie durch repro-genetische ExpertInnen, die Biomedizin oder durch gesundheitspolitische Institutionen angeeignet werden. Nunmehr steht die „Förderung der 'Selbstbestimmung' […] auf der Agenda von Ärzten, Krankenkassen, Pharmakonzernen, Humangenetikern und Forschungspolitikern"[7],

---

6 Vgl.: Bröckling, Ulrich/Krasmann, Susanne/Lemke, Thomas (Hrsg.): Gouvernementalität der Gegenwart, Studien zur Ökonomisierung des Sozialen, Frankfurt/M. 2000.

7 Samerski, Silja: Entmündigende Selbstbestimmung. Wie die genetische Beratung schwangere Frauen zu einer unmöglichen Entscheidung befähigt. In: Graumann, Sigrid/Schneider, Ingrid (Hrsg.): Verkörperte Technik – Entkörperte Frau. Biopolitik und Geschlecht, Frankfurt/M. 2003, S. 213.

bemerkt Silja Samerski und macht auf die Widersprüchlichkeit der von diesen Institutionen „propagierten neuen Autonomie"[8] aufmerksam. Die usuellen „Aufklärungs- und Beratungsgespräche müssen die Frau für ihre neue Freiheit erst präparieren. Während des Gesprächs mit einem Genetiker lernt sie, sich auf verschiedenen Wahrscheinlichkeitskurven zu verorten und die Chancen und Risiken verschiedener Testoptionen zu bilanzieren".[9] Und dann formuliert die Autorin folgende Beobachtung: „Dieser neue 'Selbstbestimmungs-Unterricht' entmündigt Frauen noch tiefer, als es ein Strafgesetz jemals vermochte."[10] Als Vergleichsbasis bezieht sie sich dabei auf das gesetzliche Abtreibungsverbot der frühen 1970er Jahre: Den Abtreibungsparagrafen „haben Frauen schon immer umgangen, ignoriert, belacht und bekämpft. Wenn sie auch nicht so handeln durften, wie sie sich es gewünscht hätten, so konnte ein staatliches Verbot ihnen jedoch nicht ihre innere Unabhängigkeit rauben. Die selbstbestimmten Entscheidungen jedoch, die den Frauen heute aufgedrängt werden, zwingen sie nicht mehr zu gesetzestreuem Verhalten, sondern zu innerer Gleichschaltung. Sie zielen auf ihr Denken und Wünschen".[11] Generell sind hiervon auch die Beratung oder das Einholen des so genannten „informed consent" (beispielsweise vor Operationen) infiltriert, was eine selbstbestimmte Entscheidung bloß suggeriert.

Angesichts der Umwälzung von gesellschaftlichen Risiken auf das Individuum lässt sich konkretisieren, dass die Idee der politischen Freiheit auf einen kommerzialisierten und scheinbar Sicherheit versprechenden Freiheitsbegriff reduziert wurde, weshalb auch die Postulate von Gleichheit und Freiheit in Konflikt geraten sind. Auf der Strecke blieben jene Ansätze, wonach mit der feministischen Autonomie- und Freiheitsutopie zugleich immer eine radikale, antibürgerliche Gesellschaftspolitik verbunden war und ist – unabhängig davon, ob sich diese Konzepte in Richtung Entpatriarchalisierung und Aufbau einer frauenzentrierten Gesellschaft, in der Idee einer „lesbian nation"[12], in Konkordanz mit einer Geschlechterdemokratie oder in einem zivilgesellschaftlichen, geschlechtsegalitären Modell artikulieren.

8 Ebd.

9 Ebd.

10 Ebd.

11 Ebd., S. 213 f.

12 Vgl.: Trallori, Lisbeth N.: „Unter dem Pflaster, da liegt der Strand". Konkrete Utopien und Politiken der Neuen Frauenbewegung. In: Gaismair-Jahrbuch 2007, Innsbruck 2007, S. 116-130.

Selbstbestimmung als Nicht-Text im „Genderismus"

Eine ähnliche Beobachtung lässt auch die Theoriedebatte um die Dekonstruktion des weiblichen Subjekts zu, das durch diese angewandte Denkmethode zwar geborsten, zugleich jedoch aus dem Raum gesellschaftlicher Macht- und Herrschaftsverhältnisse entfernt wurde. Die existenzielle Seite der Autonomie, die materielle Befähigung zu einem selbstgestalteten gesellschaftlichen Leben jenseits von Fremdbestimmung muss zwangsläufig kursorisch bleiben und wird in die Phantasmen der subjektiven Wahl einer x-beliebigen, performativen Identitäts- und Körperkonstruktion verschoben. Angesprochen ist damit die Neutralisierung des politischen Projekts Feminismus und dessen Ersetzung durch die diskursive Wende zum „Genderismus", in dem die Vermittlung von feministischer Erkenntnis-, Kultur- und Gesellschaftstheorie nicht mehr stattfindet und somit die Interdependenz von Macht- und Herrschaftsverhältnissen unterbelichtet bzw. gänzlich ausgespart bleibt. Am Beispiel von Gender Mainstreaming, in androzentrischen Institutionen als Top-down-Prinzip gepflegt, lässt sich die Enthülsung des feministischen Politikkerns und der Verlust der politischen Handlungsbasis „von unten" verfolgen.[13]

Auch wenn die Dekonstruktion des Subjekts im Feminismus – nämlich „wir Frauen" – zu einer kategorialen Zertrümmerung führte, so verliert die Feministische Theorie keinesfalls ihre gesellschaftskritische Grundlage. Ebenso wie die Antagonismen von „Gleichheit versus Differenz" meines Erachtens zu einer falschen Grenzziehung in den Debatten führten, haben auch die Differenzen um die Differenz im feministischen Denkgebäude zu einer postmodernen Polarisierung geführt, die ideengeschichtlich an die Auseinandersetzung zwischen Idealismus und Materialismus erinnert. Die Dekonstruktion der Kategorie „Frau" mag zwar methodisch stringent und intellektuell höchst anspruchsvoll sein – für die Ebene des Politischen, der „feministischen Vita activa" hat sie jedoch keinerlei Bedeutung. Die Befürchtung, dass durch den *linguistic turn* das gemeinsame Ziel der feministischen Politikanstrengung verloren ginge – sozusagen perdu für immer – und somit eine Gefährdung für den Feminismus darstelle, also eine veritable Legitimationskrise hervorrufe, kann ich nicht teilen. Mit dieser Auffassung befinde ich mich nicht allein: Zum Beispiel weist Nancy Frasers Reflexion, wonach soziale Gleichheit und Anerkennung von Identitätsansprüchen in keinem Widerspruch zueinander stünden[14], in diese Richtung.

---

13 Vgl.: Krondorfer, Birge (Hrsg.): Gender im Mainstream? Kritische Perspektiven. Ein Lesebuch, Wien 2007.

14 Vgl.: Fraser, Nancy: Soziale Gerechtigkeit im Zeitalter der Identitätspolitik. In: Fraser, Nancy/ Honneth, Axel: Umverteilung oder Anerkennung? Eine politisch-philosophische Kontroverse, Frankfurt/M. 2003, S. 13-128.

Festzuhalten ist, dass die Neue Frauenbewegung der 1970er Jahre über das Votum der Selbstbestimmung sich als Korrektiv der tendenziell weltumspannenden Marginalisierung und Diskriminierung an Frauen wandte, doch zugleich hatte die feministische Politik damit Ansprüche an diese gestellt, an denen sie sich orientierten oder auch nicht, gegen die sie opponierten oder die sie aufgegriffen und weiterentwickelt haben. Diese Ansprüche wurden jeweils in einer spezifisch zeitgeschichtlich kulturellen Situation entfaltet und von dem Theorem der „Parteilichkeit" markiert. Die Essenz des Politischen ist es, solche Ansprüche zu formulieren, die geteilt, kritisiert oder verworfen werden. Um es einmal anti-essenzialistisch auszudrücken: Nicht weil Frauen Frauen sind, sondern weil sie ein vitales Interesse daran haben, diese Welt von Grund auf im Sinn einer herrschaftskritisch-emanzipatorischen Option zu verändern, machen Frauen in Theorie- und Praxisfeldern Politik.

Ausblick

Weil jedoch, wie es aus meinen Ausführungen bemerkbar geworden ist, die Begrifflichkeit Selbstbestimmung als politisches Anliegen des Feminismus eine diskursive Entwertung erfuhr und in der Tat beschädigt ist, wäre es durchaus vorstellbar, einen anderen Terminus anzudenken. Wichtig erscheint mir dabei die Herstellung einer feministischen Bezüglichkeit – um nicht zu sagen: eines „feministischen Universalismus" – verbunden mit der Zielrichtung politischen Handelns; allerdings immer unter der Voraussetzung einer differenten feministischen Subjektkonstruktion, die mit dem Gesellschaftlichen in seiner jeweiligen kulturellen Ausdifferenzierung konnotiert ist. Darauf basierend bietet sich die Konzeptualisierung einer *feminist citizenship* ebenso an wie jene der WeltbewohnerInnenschaft, die jedenfalls auf einer geschlechterdemokratischen Grundlage fundieren sollte, jenseits von Zuordnungen zu Macht, Herrschaft, Ethnizität, Hautfarbe[15], sozialer Klasse oder Geschlechterasymmetrie. Was sich hier wie eine Auflistung eines emphatisch vorgetragenen Forschungsprogramms kundtut, ist kein leichtes Unterfangen. Unter den Gegebenheiten eines neoliberalen Verknappungs- und Konkurrenzregimes, von dem Wissensproduktionen nicht ausgenommen sind, erweist es sich als eine Sisypha-Arbeit.

Der Bezugspunkt Geschlechterdemokratie hakt schon bei der Frage, welche der vielfältigen Demokratietheorien sich als adäquat für ein solches Ansinnen weiter zu entwickeln lohnt. Denn gerade dort verstellen die „blinden Flecken" nicht nur

15 Wollrad, Eske: Weißsein im Widerspruch. Feministische Perspektiven auf Rassismus, Kultur und Religion, Königstein/Taunus 2005.

des *malestream*, sondern auch feministische Diskurse selbst den Fortgang in der eigenen Theoriebildung.[16] Versuche, das begriffliche Spektrum zu verändern bzw. auszuweiten und damit die feministische Zielsetzung einer Re-Politisierung zuzuführen, könnten auf Jahre zurückgeworfen werden, wenn der Druck androzentrischer Adaption in den Bildungszentren zu Schlupflöchern im Genderismus bzw. zu Gender-Studies führt; wenn die eigene Verwobenheit in institutionelle Macht- und Herrschaftsbeziehungen unreflektiert und schließlich der einstmals so fulminant begonnene feministische Gang von Frauen durch die Hallen der Akademien und Universitäten folgenlos bleibt wie bisher. Eine weitere Prämisse sollte im innerfeministischen Diskurs Berücksichtigung finden, nämlich keineswegs in die Denkfalle der offerierten Identitätsbinarität hineinzutappen. Weder die Euphorisierung der Konstruktion „Göttin" noch die der „Cyborg"-Figuration[17] bieten einen Ausweg aus dem Dilemma. Die reale Kluft zwischen den Geschlechtern als ein strukturelles Gewaltverhältnis, verschärft durch die eskalierende globale Ungleichheit, lässt sich dadurch nicht minimieren, bestenfalls weiterhin kaschieren. Zudem kommt, dass die Neoliberalisierung von Wissensbeständen und Lebenslagen eine längerfristige Perspektive auf die Konturen einer Gesellschaft, in der Frauenbefreiung politisch anvisiert ist, verdunkelt hat. Auf Grund der gegenüber einem Umsetzungspotenzial von Geschlechterdemokratie mental und materiell errichteten Barrieren, die mit dem Machtanspruch hegemonialer Eliten, mit einem gouvernementalisierten Herrschaftsstil, mit einer zunehmenden alltagsweltlichen Technologisierung und dem Konsumismus in Zusammenhang stehen, zeichnen sich kaum innovative Antworten ab, zumindest nicht auf theoretischem Terrain.

Dies führt mich zu meiner abschließenden Option: Feministische Reflexionen und praktisches Handeln bedürfen daher eines reanimierenden Bündnisses, eines engagierten Schulterschlusses gegen eine hierarchisch-androzentrische und neoliberale Codierung der Welt. Nur so kann die Politik auf der Straße noch immer für Überraschungen sorgen.

---

16 Vgl.: Holland-Cunz, Barbara: Feministische Demokratietheorie. Thesen zu einem Projekt, Opladen 1998.

17 Haraway, Donna: Lieber Cyborg als Göttin! Für eine sozialistisch-feministische Unterwanderung der Gentechnologie. In: dies.: (Hrsg.): Monströse Versprechen. Coyote-Geschichten zu Feminismus und Technowissenschaft, Hamburg – Berlin 1995, S. 165-184.

Luzenir Caixeta/Elisabeth Cepek-Neuhauser

Kritik der Integration

Migrantinnen in Österreich

Die Wahrnehmung der Vielfalt der migrierten Frauen und ihrer unterschiedlichen Positionen in der Gesellschaft ist zentral für die Behandlung des Themas Integration[1] in den österreichischen Staat. Fragen wie „Welche Frauen?", „Woher kommen sie?" oder „Welche Art der Migration?" helfen uns weg von der vorherrschenden Sicht auf Migrantinnen, die eine verallgemeinernde, homogenisierende und stereotypisierende ist. Nach diesem Klischee werden Migrantinnen fantasiert als eine einheitliche Gruppe von unterdrückten, uneigenständigen, abhängigen Opfern, die keine eigenen Handlungsstrategien haben.[2] Die durchschnittliche Migrantin ist nach diesem rassistischen Klischee, das auch medial dargestellt wird, eine über „Familiennachzug" nach Österreich gekommene, schlecht Deutsch sprechende, schlecht ausgebildete, unter Männerunterdrückung leidende und an ihrem Äußeren leicht zu erkennende Frau (Kopftuch, Schwarz usw.). Die Vielfalt der sprachlichen Kenntnisse, die sozio-ökonomische Bedeutung, Selbstorganisationen u.a. werden dadurch verschleiert und unsichtbar gemacht.

„Integration" wird – in sozial-ethischer Perspektive – anhand folgender Ausgangspunkte kritisiert:

- Ausgehend von der Integrationsdebatte werden Exklusion[3] in Österreich und die Logik von Normierungsversuchen angesprochen.

1 Wir verwenden ungern den Begriff „Integration".Wir positionieren uns als Teil der anti-rassistischen Diskussionen und distanzieren uns von Multikulti-Diskussionen, die mit einer Rhetorik des Dialogs und der Bereicherung über die real-existierende soziale Benachteiligung, kulturelle Nicht-Repräsentation und politische Fremdbestimmung hinwegtäuschen, anstatt diese zu benennen. Die Folge sind Fetischisierung, Exotisierung und Verobjektivierung der MigrantInnen und Flüchtlinge als eine Form der „positiven" Diskriminierung, in der die Ausbeutung der Andersheit für die eigenen Wünsche und Projektionen zur politischen Korrektheit erklärt wird. In den anti-rassistischen Diskussionen gibt es kein essenzialistisches Verständnis von Ethnizität und keine binäre Vorstellung von kultureller Identität, die das Wir von dem Anderen, das Eigene von dem Fremden trennt und sich dabei in eine privilegierte Position setzt.

2 Korun, Alev: Frauen in der Migration. Nichts als Diskriminierung und Stereotypen? In: Gürses, Hakan/Kogoj, Cornelia/Mattl, Sylvia (Hrsg.): Gastarbajteri. 40 Jahre Arbeitsmigration, Wien 2004, S. 69.

3 In der Soziologie ist „Exklusion" ein Begriff, der in einer neuzeitlichen Gesellschaft den nachhaltigen Ausschluss einzelner sozialer Akteure oder ganzer Gruppierungen aus denjenigen sozialen Kreisen bezeichnet, die sich (gegebenenfalls gemeinsam) als die „eigentliche" Gesellschaft verstehen. Exklusion ist der Verlust an sozialen und politischen Teilhabechancen (http://de.wikipedia.org/wiki/Exklusion).

- Ausgehend von der Erfahrung mit migrantischer Selbstorganisation (SOM)[4] werden die gegensätzlichen Überlebensstrategien sowie demokratische und anti-rassistische Inklusion[5] angesprochen.

Um überhaupt von Integration reden zu können, müssen wir das internationale Frauenarbeitsmigrationsphänomen berücksichtigen, das nicht nur in den Herkunftsländern und -regionen verursacht wird, sondern auch eine Antwort auf Bedarf und Nachfrage innerhalb des reichen Europa/Österreich ist. Ebenfalls muss von Gleichheit und Demokratie die Rede sein. Würde nicht mehr die Situation vorherrschen, dass es ein extrem restriktives Ausländerbeschäftigungsgesetz gibt, welches die Bewilligung, d.h. die Existenz der migrantischen Menschen regelt, verschiedene Klassen von MigrantInnen konstituiert usw., erst dann könnten wir von Einbindung reden. Solange es diese politische und rechtliche Basis nicht gibt und sie nicht thematisiert wird, ist die Rede von Integration ein Irrtum.

Exklusionen in Österreich

Migrantinnen sind heterogen und differenzieren sich u.a. nach Aufenthaltsstatus, Arbeitsmarktzugang und Migrationserfahrung. Andere differenzierende Faktoren sind sozial-strukturelle, ethnische, regionale, ideologisch-politische, religiöse, geschlechts- und generationsspezifische Merkmale.

Die Frauenmigrationsbewegung nach Europa ist im stetigen Steigen begriffen. Mehr als je zuvor besteht seit den 1990er Jahren eine unleugbare Verbindung zwischen (Arbeits-)Migration und Geschlecht in der globalisierten Welt. Seitdem werden in der Sozialforschung häufig Begriffe wie „Frauenmigration" und „Frauenarbeitsmigration" verwendet.[6]

Die weltweite Konsolidierung der neoliberalen Marktwirtschaft hat eine Polarisierung der Ungleichheiten bewirkt, die große Sektoren der Bevölkerung betrifft. Am meisten betroffen sind Frauen und ihre Kinder. Immer mehr Frauen aus Asien,

4 Unter *SOM (Selbstorganisation von MigrantInnen)* verstehen wir nicht nur formalisierte Beziehungen unter MigrantInnen in Form eingetragener Vereine, sondern auch informale Beziehungen wie Gruppen, Projekte und Netzwerke (vgl. hierzu: wip, 2006).

5 Der Begriff „Inklusion" wird von uns im Sinn von Sozialethik verwendet. Inklusion wird hier verstanden als Empowerment oder Widerstand gegen neoliberale Globalisierung, die eine Exklusion von Massen – die so genannten „unnützlichen Menschen" – schafft.

6 Die Forschung zu Migration, Ethnizität und Geschlecht hat sich seit den 1960er Jahren deutlich verändert und ausdifferenziert. Die bis in die 1980er Jahre dominanten Sichtweisen und speziell die Reduktion der Migrantinnen und Migranten auf „ihre Kultur" und „ihre Herkunft" sind zwar nicht verschwunden, doch es gibt inzwischen in Europa eine Fülle von Forschungsarbeiten, in denen mit einem breiten methodischen Instrumentarium den Prozessen der Konstruktion von Geschlecht und Ethnizität in der Migration nachgegangen wird.

Afrika, Osteuropa, Lateinamerika und aus der Karibik *entscheiden sich*[7], in andere Länder zu migrieren, da sie im eigenen Land wenig bis keine Alternativen haben. Frauen verlassen ihr Zuhause, um es zu erhalten.[8] Deshalb ist die Frauenarbeitsmigration auch als Strategie des Widerstands gegen die durch Systemtransformation entstandene Prekarisierung zu betrachten.[9] Damit gehen alte Rollenmuster zusehends verloren. Es sind nicht mehr, wie in früheren Jahren, ausschließlich Männer, die zuerst migrieren, um dann nach einiger Zeit ihre Familien nachzuholen.

Zugleich als begünstigende Faktoren für eine Zunahme der Frauenmigration aus ärmeren Ländern gelten die soziale und geschlechtsspezifische Aufteilung der Arbeit sowie die „Fürsorgekrise" im westlichen Europa, die die Nachfrage in den Industrieländern für Frauen aus Asien, Afrika, Lateinamerika und Osteuropa als Dienstleisterinnen (Kranken-/Altenpflegerin, Sexarbeiterin, Köchin, Gehilfin, Hausfrau) erhöht. Weltweit migrieren immer mehr Frauen, um den Bedarf im Dienstleistungssektor abzudecken, mit oder ohne Aufenthaltstitel. Neben dem wirtschaftlichen Aspekt sind auch Rassismus und Sexismus als wesentliche Ursachen dieses Phänomens zu sehen. D.h., die Globalisierung des Weltmarktes schafft für Frauen Bedingungen, die es zulassen, ihr Service als Pflegerinnen, Sexarbeiterinnen oder Haushaltsarbeiterinnen zu besseren Preisen zu verkaufen als in anderen Arbeitsbereichen. Dieses Profil entspricht der internationalen (sozialen und geschlechtsspezifischen) Arbeitsteilung. Die traditionelle Unterbewertung der Reproduktions- und Fürsorgearbeit plus diskriminierende, sexistische und rassistische Strukturen verhindern den freien Zugang von Migrantinnen zum formellen Arbeitsmarkt und schaffen äußerst prekäre Lebens- und Arbeitsbedingungen.[10]

Wenn wir von Integration sprechen, so müssen wir auch von Integration in den österreichischen Arbeitsmarkt sprechen und dabei eben diese Mikro- wie Makro-Ebenen und darin geltende gesellschaftliche Herrschaftsprozesse in unsere Betrachtungen mit einbeziehen. Beschäftigungs- und Lohnhierarchien gehen im glo-

---

7 Für die Diskussion über die Freiwilligkeit und „Autonomie der Migration" siehe: Gregor Samsa – http://www.nolager.de/blog/node/453; Hardt, Michael/Negri, Antonio: „Dagegen-Sein: Nomadismus. Desertion, Exodus", Auszug aus: dies.: Empire: Die neue Weltordnung, Frankfurt – New York 2003, S. 222-226.

8 Morokvasic, Mirjana: „Pendeln statt Auswandern. Das Beispiel der Polen". In: Morokvasic, Mirjana/Rudolph, Hedwig (Hrsg.): Wanderungsraum Europa. Menschen und Grenzen in Bewegung, Berlin 1994, S. 166-187.

9 Sassen, Saskia: Counter-Geographies of Globalization and the Feminization of Survival. In: *Nordic Journal of International Law*, Vol. 71, 2/2002. S. 255-274.

10 Vgl.: Castro Varela, María do Mar/Clayton, Dimitria (Hrsg.): Migration, Gender, Arbeitsmarkt. Neue Beiträge zu Frauen und Globalisierung. Königstein/Taunus 2003; Caixeta, Luzenir/Gutiérrez Rodríguez, Encarnación/Tate, Sherly/Vega, Cristina: Haushalt, Caretaking, Grenzen … Rechte von Migrantinnen und Vereinbarkeit von Beruf und Familie. Madrid 2004; Lutz, Helma: Vom Weltmarkt in den Privathaushalt. Die neuen Dienstmädchen im Zeitalter der Globalisierung. Opladen 2007.

balen Raum des Weltwirtschaftssystems und innerhalb gegebener Staatsgrenzen stark einher mit einer Ethnisierung der ArbeiterInnenschaft. Der Bereich der Bildungs- und Beschäftigungspolitik ist in Europa von zahlreichen Ausgrenzungsmechanismen geprägt, welche mit Ethnizität und Geschlecht im Feld der beruflichen Beschäftigung korrelieren. Studien zur Gouvernementalität sprechen von einer neuen Form des Regierens des Sozialen, wo auf Basis institutionalisierter wie alltäglicher rassistischer Ein- und Ausschließungsmechanismen Ethnien als hierarchisierendes Unterscheidungsmerkmal fungieren.[11] Die verschiedenen Grade von Bürgerschaft in Europa beeinflussen die Arbeitsmarktpolitik, insofern sie differenzierte Formen von Ausbeutung ermöglichen. „Gerade die Anbindung von Bürgerschaft an die Arbeit bzw. an eine Arbeitserlaubnis zeigt weniger den Effekt einer Migrationssteuerung als den einer tendenziellen Illegalisierung der am meisten mobilen und mobilisierten Arbeitskräfte Europas.[12]

Die Schlechterstellung von Migrantinnen und die Reproduktion von diskriminierenden Strukturen vollzieht sich in Österreich tendenziell analog zu den bestehenden hegemonialen Strukturen und wird bei der Vergabe von Arbeits-, Ausbildungsplätzen und Repräsentationsfunktionen besonders sichtbar. Diskurse im Zusammenhang mit Integration präsentieren strukturelle Ausgrenzung im Bildungssystem und auf dem Arbeitsmarkt jedoch häufig als Folge und Ergebnis subjektiver Defizite und klammern dabei die rechtlichen Rahmenbedingungen aus.

Für den rechtlichen Status einer Migrantin in Österreich ist ihre Herkunft von zentraler Bedeutung. Entscheidend ist, *woher* sie kommt, ob aus der alten EU (bzw. EWR und Schweiz), aus den neuen EU-Ländern oder von außerhalb der „EU-Insel" (d.h. Drittstaat); daraus leitet sich der wesentliche Unterschied im Bezug auf ihren Rechtszugang sowie für ihre Lebens- und Arbeitsbedingungen ab.

In der österreichischen Gesetzgebung sind der aufenthaltsrechtliche Status und der Zugang zum formalen Arbeitsmarkt durch eine Verschränkung des Niederlassungs- und Aufenthaltsrechts (NAG) mit dem Ausländerbeschäftigungsrecht (AuslBG) im Rahmen des Fremdenrechtspaketes (FRP) eng miteinander verwoben. Die Koppelung des Beschäftigungsrechtes an den aufenthaltsrechtlichen Status und das abgestufte System von beschäftigungsrechtlichen Titeln (Beschäftigungsbewilligung, Arbeitserlaubnis und Befreiungsschein) schaffen unterschiedliche Kategorien von MigrantInnen, reglementieren damit ihren Zugang zum Ar-

11 Rodríguez Gutiérrez, Encarnación: Gouvernementalität und die Ethnisierung des Sozialen. Migration, Arbeitsmarkt und Politik. In: Pieper, Marianne/Rodríguez Gutiérrez, Encarnación (Hrsg.): Gouvernementalität. Ein sozialwissenschaftliches Konzept in Anschluss an Foucault, Frankfurt am Main 2003, S. 161-178.

12 Yun, Vina/Patulova, Radostina: Reality bites. In: Alles Equal! Über (politische?) Arbeiten in EUprojekten. Eine Publikation erstellt im Rahmen der Equal Partnerschaft wip *work in process*: Migrantische Selbstoganisation und Arbeit, Wien 2007, S. 14.

beitsmarkt und schränken ihre Bewegungsfreiheit ein. Ein Umstand, der die rechtliche Situation von Migrantinnen nicht nur schwächt, sondern in sämtliche Lebensbereiche hineinwirkt und ihre Prekarität im gesellschaftlichen, privaten wie beruflichen Leben verschärft.

Zusätzlich festgelegte Kontingente sowie das Primat der InländerInnenbeschäftigung[13] verfolgen das Ziel, die Arbeitsplätze von Angehörigen der Mehrheitsgesellschaft zu schützen und die Beschäftigung von MigrantInnen einzig volkswirtschaftlichen Interessen unterzuordnen. Der wirksame und gezielte Ausschluss von MigrantInnen aus der legalen Beschäftigung stabilisiert die nationale Wirtschaft, denn so dienen sie als stille Reservearmee.

Selbst Migrantinnen, die in Österreich über eine Aufenthaltsgenehmigung und Arbeitserlaubnis verfügen, sehen sich starken Benachteiligungen auf dem Bildungs- und Arbeitsmarkt ausgesetzt – insbesondere wenn es um den Zutritt zum qualifizierten Arbeitsmarkt geht. Eine systematische Dequalifizierung geht fließend vom Bereich der Bildungs- und Berufs-Beratung in die Realität des Arbeitsmarktes über. Ungeachtet mitgebrachter Qualifikationen geschieht eine Vermittlung von Migrantinnen meist nur in niedrig entlohnte, ethnisierte Sparten des Arbeitsmarktes.

Die offizielle Anerkennung von in Herkunftsländern absolvierten Ausbildungen kann in Österreich nur mittels äußerst komplizierter und aufwändiger Verfahren erreicht werden, die zudem mit sehr hohen Kosten verbunden sind. Dieses ist für die meisten Betroffenen so gut wie unmöglich zu erzielen. In der Praxis wird nur eine sehr geringe Anzahl absolvierter Fächer anerkannt. Ein Nachholen nicht anerkannter Fächer kommt häufig einer neuen Ausbildung gleich. Folglich zirkulieren Migrantinnen in einem stark segmentierten Arbeitsmarkt, der sie von zahlreichen Sektoren ausschließt und in spezifische Berufsbranchen lenkt wie z.B. Gastronomie, Hausarbeit, Sexarbeit und Pflege.

Im Gegensatz zu diesen strukturell und gesellschaftlich verankerten Mechanismen der Diskriminierung wird in den letzten Jahren vermehrt Augenmerk auf den gesellschaftlichen und wirtschaftlichen Mehrwert durch Einbeziehung von Migrantinnen gelegt. Unternehmen schmücken sich mit Leitbildern und Konzepten, die sie als „interkulturell“ und „weltoffen“ darstellen sollen. Der Diskurs basiert jedoch vornehmlich auf neoliberalen Positionierungen, die ihr Hauptaugenmerk auf eine ökonomische Vermarktung von Humanressourcen zur Sicherung von Wettbewerbsvorteilen legen. Im Mittelpunkt steht weniger die Frage „Wer hat Zugang

13 Das Primat der Inländerbeschäftigung legt fest, dass Behörden vor Erteilung einer Beschäftigungsbewilligung zu eruieren haben, ob eine Tätigkeit durch InländerInnen oder andere „integrierte AusländerInnen“ ausgeführt werden könnte. Bei anstehenden Entlassungen sind die UnternehmerInnen gezwungen, zuerst ausländische Arbeitskräfte abzubauen (§ 8 Abs. 2 AuslBG).

wozu?", sondern: „Wer hat dem Arbeitsmarkt was anzubieten?" Der Verweis auf interkulturelle Kompetenzen steht eng im Zusammenhang mit einer „Verwertbarkeit" oder „Kapitalisierung" von so genannten „Humanressourcen" und verspricht eine höhere Produktivität. Deterministisches Festschreiben kultureller Unterschiede hat sich hin zum neoliberalen Begriff des Diversity Management gewandelt, das die Verwaltung von Vielfalt zum Ziel ökonomischer Vermarktung vorsieht.

Hinzu kommt das kapitalistische Versprechen, dass, wer Leistung erbringt, auch entsprechend belohnt wird. Die neoliberale Rhetorik blendet dabei Konfliktpotenziale durch hegemoniale Interessen aus und präsentiert eine Welt der Win-win-Situationen, als ob diese für alle Menschen gleichermaßen zugänglich wäre, wenn sie voller Selbstverantwortung agierten. „Objektiv bestehende Macht- und Ausgrenzungsverhältnisse werden bagatellisiert, der institutionelle Rassismus und der Rassismus in den gesellschaftlichen Bewusstseinsstrukturen, in den sog. Selbstverständlichkeiten des common sense bleiben unerwähnt, und die Folgen der Ausgrenzungspraxen werden den Betroffenen als Individualschuld zur Last gelegt: mangelndes Selbstwertgefühl, mangelnde Emanzipation, mangelnde Selbstdisziplin, mangelnde Selbstverantwortung … Das Defizit ist also individuell (oder ethnisch bedingt und somit kulturell), liegt bei ihnen, und dem können/sollen sie Abhilfe durch die Zauberformel 'Empowerment' aus dem EU-Vokabular schaffen."[14]

Probleme der Inklusion

Kennzeichnendes Merkmal der Diskussion um die Integration ist ein ausgeprägter Gegensatz zwischen Objektivismus und dem Subjektivismus. Die Mehrheitsgesellschaft geht von einem souveränen Standpunkt eines äußeren Beobachters aus, der als objektive Instanz die so genannte „Integration" der MigrantInnen kontrolliert und benotet. So als ob alle ÖsterreicherInnen dieselbe Sicht und dieselben Kriterien hätten und eine Wahrheitsinstanz wären.[15]

Antirassistische Positionen haben immer die kritischen Fragen im Blick: Von welchem Standpunkt aus wird welche Politik gemacht? Wie, warum, von wem wird Diskriminierung erfahren?

Dabei geht es um die bewusste Überschreitung und Überwindung der „weißen" Dominanzkultur, der Organisationsstrukturen, mit paternalistischer Mission über

14 Sadjed, Ariane/Stöger, Marion/Prakash-Özer, Selin (Hrsg.): Handbuch zum Rahmencurriculum für Antirassistische Bildungsberatung. Eine Publikation erstellt im Rahmen des Projektes Empica/Equal Partnerschaft wip *work in process*: Migrantische Selbstoganisation und Arbeit, Linz 2007.

15 Araujo, Tania: Quotierung für rhizomatische Abnormalitäten: unmarkiertes Territorium feministischer Theorie und Praxis, Linz (maiz) 2007.

„die Anderen" zu reden und zu agieren, sowie um nationalstaatliche und nationalkulturelle Grenzen.

Eine wesentliche Funktion haben dabei die SOMs. „Bei Selbstorganisationen von MigrantInnen geht es um orientierte/orientierende Selbstvertretung – und nicht um eine (durch die Mehrheitsgesellschafter) institutionalisierte, oft gut gemeinte und die eigenen hegemonialen Mechanismen vergessende Stellvertretung. Dieses Prinzip geht davon aus, dass die 'Betroffenen' am besten ihre Bedürfnisse kennen und Darstellungs- und Umsetzungsformen entwickeln können, welche Arbeitsfelder in Ökonomie, Bildung und Kultur aufschließen helfen. Die Unterstützung von aktiven Partizipationen in/durch SOM können Machtgefälle zwischen Mehr- und Minderheiten reduzieren."[16]

Die Reproduktion von Hegemonieverhältnissen[17] resultiert aus der Selbstverständlichkeit, mit der Politik und Kultur von MehrheitsösterreicherInnen gemacht werden. So scheint die hegemoniale Theorie und Praxis keine Hautfarbe und kein Geschlecht zu haben und so wird die rassistische und sexistische Struktur unsichtbar gemacht.

In diesem Zusammenhang taucht die Frage auf, wie es kommt, dass in den vorherrschenden informellen Netzwerken des Wissenschaftsbereichs und im Kulturbereich kaum MigrantInnen, Schwarze oder Flüchtlinge vertreten sind. Nur in einigen Fällen, wenn die Stellen im Bereich Migration und Rassismus ausgeschrieben werden, finden die Bewerbungen von Migrantinnen Beachtung. Gerade die festen und gut dotierten Stellen im Migrationsbereich (z.B. Ausländerbeauftragte) werden noch zu 95 Prozent von „Weißen" besetzt.

Die Erfahrung von SOMs zeigt, dass Migrantinnen sich nicht einem „Schicksal" der aufgezwungenen Ausgrenzung unterwerfen (müssen). Sie rebellieren, widerstehen und suchen über die gegebenen Zweideutigkeiten und Grenzen hinaus nach *Alternativen für die Inklusion* – ein Potenzial des Widerstands und der Suche nach einer alternativen Ethik angesichts des anti-ethischen Systems der globalen Marktwirtschaft und ihrer Auswirkungen.[18]

---

16 wip *work in process*: Migrantische Selbstorganisation als politische Handlung. Eine Publikation im Rahmen der Equalpartnerschaft wip, Wien Februar 2006. http://work-in-process.at/html/dummy-3.8.1/uploads/media/reader.pdf

17 Die Vormachtstellung wird nicht nur durch repressive Staatsapparate, sondern durch die Bildung eines Konsens im Bereich des Diskursiven, das heißt der Kultur und Wissenschaft, immer wieder hergestellt. Hegemonial ist demnach eine soziale Gruppe, wenn sie auf den beiden Ebenen der Politik und des Zivilen beherrschend ist. Subalterne sind einerseits von diesem Kräfteverhältnis ausgeschlossen, andererseits konstitutiv für ihre Herausbildung. Nur durch Unterwerfung konstituieren sich die Herrschenden als hegemoniale Gruppe (nach Gutiérrez Rodríguez 2003).

18 Caixeta, Luzenir/Salgado, Rubia: Paradox der Intimität. Migration, Bett und Widerstand. In: Ralser, Michaela (Hrsg.): Egalitäre Differenz, Innsbruck 2001, S. 133-141.

Dazu gehört auch, sich selbst zu fragen, inwieweit man Normen folgt und damit ein gewisses Komplizentum mit dem dominanten System herstellt: ein Pendeln zwischen Objektivismus und Subjektivismus, Kritik und Selbstkritik, zwischen Privilegien und Umverteilung. Da setzen wir an und versuchen, nicht selbst in paternalistischer Mission über „die Anderen" zu reden, sondern vielmehr die längst überfällige Reflexion der eigenen Verstrickungen in solche Machtverhältnisse zu reflektieren. Eine seriöse Auseinandersetzung mit „Integration" und Demokratie braucht eine doppelte Strategie: Involvierung und Engagement in einem Prozess der Widerrede *und* als Selbsthinterfragung.

Obwohl weder eine gemeinsame, d.h. übereinstimmende, noch eine einzigartige Migrationserfahrung und -geschichte vorhanden ist, ist es zur Erkennung wesentlicher Unterschiede zunächst wichtig, darauf zu insistieren, dass es einen Kernbestand an grundlegenden Erfahrungen gibt. Die migrantische Existenz als subalterne Position in der Einwanderungsgesellschaft, die sich mit repressiver AusländerInnenpolitik und sozio-ökonomischer Benachteiligung auseinandersetzen muss, ist eine fundamentale Erfahrung, die geteilt wird.[19] Trotzdem existieren zwei unterschiedliche Perspektiven für den Umgang mit Ausgrenzung und Diskriminierung: die widersprüchlichen Überlebensstrategien der Assimilierung/Selbstethnisierung und die anti-rassistischen Widerstandsstrategien der Selbstrepräsentation.

Um rassistische/sexistische Diskriminierungen und Angriffe zu vermeiden, wird von vielen MigrantInnen eine Art Selbstethnisierung betrieben. Neben der Fremdethnisierung durch staatliche AusländerInnenpolitik, rassistische Stereotypen und folkloristische Multikulti-Diskurse leistet auch die Selbstethnisierung der MigrantInnen einen Beitrag zu einem Prozess, in dem ihre vielfältigen kulturellen Identitäten auf eine einzige ethnische Identität reduziert werden. Die Selbstethnisierung ist eine Reaktion auf das Scheitern der Assimilierungsbestrebungen vieler MigrantInnen.

Angesichts einer übermächtigen rassistischen Dominanz versuchen viele sich ihrer Opferposition unter Verleugnung ihrer Herkünfte zu entledigen. Durch Anpassung an herrschende Kultur- und Sprachstandards, durch Akzeptanz weißer Schönheitsideale, durch sozio-ökonomische Anspruchslosigkeit und politische Verzichtsleistungen suchen sie eine Übereinstimmung mit dem rassistischen Subjekt. Im Rahmen dieses pragmatischen Arrangements, das den Weg des geringsten Widerstandes geht, gibt es kein Entkommen aus der rassistischen Unterscheidung.

Daher erweisen sich Assimilierung und Selbstdisziplinierung, also diese Form der „Integration", als ambivalente Überlebensstrategien.

19 Ha, Kien Nghi: Ethnizität und Migration reloaded. Kulturelle Identität, Differenz und Hybridität im postkolonialen Diskurs, Berlin 2004.

Es gibt aber auch die kritische und von handelnden Subjekten ausgehende *Selbstvertretung*[20], die auf symbolische und politische Interventionen im gesellschaftlichen und kulturellen Kontext abzielt. Die in SOMs organisierten Migrantinnen sehen sich als aktive Subjekte ihrer eigenen Befreiung und gesellschaftlichen „Integration" und hinterfragen mit ihrer Praxis und Theorie die Migrations- und Integrationsvoraussetzungen der Mehrheitsgesellschaft. Sie kritisieren den neoliberalen Utilitarismus, wenn es um die Modernisierung des antiquierten Nationalstaates und den Wunsch mächtiger (Medien-)Konzerne geht, neue Märkte zu erschließen und potenzielle KonsumentInnen zu binden, oder um die Ausbeutung der kulturellen Kompetenzen des Anderen und die Ausnutzung der Differenz als exotische Zutat für den kapitalistischen Verwertungsprozess. Sie fordern dazu heraus, die übliche reduktionistische Polarisierung „Täter versus Opfer" zu überwinden, die häufig dann zur Anwendung kommt, wenn die Situation ausgeschlossener Gruppen wie Frauen und MigrantInnen analysiert wird. Sie repräsentieren sich selbst und machen sich in der Gesellschaft sichtbar. Sie fordern symmetrische Beziehungen und Respekt.[21]

Die SOMs haben gelernt, statt der Marginalität, die Migrantinnen zugewiesen wird, diese als einen Ort zu begreifen, wo Politik gemacht werden kann. Marginalität soll nicht länger ausschließlich für das kollektive Leid und die gesellschaftliche Ohnmacht stehen, sondern kann bedeuten, nicht im imperialistischen Zentrum zu sein, das eben die Begegnung mit dem Anderen zumeist als Chance zur Eroberung, Unterwerfung und Kolonisation verstanden hat. Wer am Rand lebt, wird am ehesten mit anderen kulturellen Zwischenräumen konfrontiert, sodass sie (oder er) frei und fähig ist, sich auf das jeweils Andere einzulassen und sich darauf zuzubewegen. Solche GrenzgängerInnen haben ein kreatives Potenzial, weil sie die ihnen zugeteilte Opferrolle ablehnen und in ihrer kritikfähigen und unbequemen Position zwischen den Kulturen vermitteln können. Menschen, die sich weigern, ausschließlich das eine zu sein, und sich unterschiedlichen Orten, Geschichten und Identitäten verbunden fühlen, können die willkürlichen und damit veränderbaren Grenzen zwischen den Kulturen und Nationen mit ihrer Uneindeutigkeit sukzessive auflösen.[22]

20 Ein Beispiel: „maiz positioniert sich für die Stärkung der Selbstvertretung von Migrantinnen u.a. durch die Strategie der Allianzenbildung. Die kritische Reflexion der Geschlechter-, Ethnien- und anderer Herrschaftsverhältnisse – auch in internen Auseinandersetzungen – ist dabei ebenso selbstverständlich wie der Subjektstatus jeder Person und damit ein Paradigmenwechsel von der Viktimisierung zum Protagonismus von Migrantinnen." http://www.malmoe.org/artikel/verdienen/668

21 Caixeta/Salgado: ebd.

22 Ha: ebd.

TOVE SOILAND

Gender: Kritik oder Bestandteil des neoliberalen Geschlechterregimes?

In einem Beitrag, der sich der Institutionalisierung von Frauen- und Geschlechterstudien im postsowjetischen Raum widmet, wird die These vertreten, die dortige rasante Entwicklung der Gender Studies sei im Kontext einer Verwestlichung zu sehen. Es werde damit eine symbolische Zugehörigkeit und Zustimmung zu den „Werten westlicher Demokratie und liberaler Gesellschafts- und Wirtschaftsordnung" signalisiert[1]; „gender", so formulierte es die Autorin auch in ihrem Workshop bei der Jubiläumstagung der Frauenhetz, sei in diesem Kontext zu einem „symbolischen Marker" für liberal-kapitalistische Marktwirtschaft geworden. Und sie zitiert dazu eine Wissenschaftlerin aus dem ehemaligen Jugoslawien, die dieses Phänomen so auf den Punkt brachte: „You send Western democracy through gender."[2]

Wenn wir uns daran haben gewöhnen müssen, dass „westliche Demokratie" zum Synonym für liberale Marktwirtschaft geworden ist, so ist es vielleicht auch wenig erstaunlich, dass das Konzept von Gender problemlos in Letztere integriert werden kann. Gleichwohl möchte ich diese bemerkenswerte Feststellung zum Anlass nehmen, gewissen Antinomien eines bestimmten Gender-Verständnisses nachzugehen, wie es sich im Kontext der Cultural Studies entwickelt hat und wie es meines Erachtens gerade im Begriff ist, auf europäischer Ebene hegemonial zu werden. Meine These dabei ist, dass dieses Konzept von Gender auf Grund problematischer theoretischer Grundannahmen einen sozusagen veralteten Feind anvisiert, nämlich normative Geschlechterstereotypen und Geschlechterrepräsentationen, und dabei übersieht, dass es gerade in dieser Abarbeitung an Geschlechternormen längst selbst zu „einer politischen Technologie der Individuen" geworden ist, zu einem Instrument jener „Menschenregierungskünste" also, denen Foucault attestiert, zum Inventar spätkapitalistischer Führungen zu gehören.[3]

Der Fokus meiner folgenden Befragung liegt auf der spezifischen Verschiebung, in welcher seit den 1990er Jahren sich die Frage nach dem Geschlechterverhältnis zunehmend als eine Frage von Identitätskritik stellt.

---

1 Zimmermann, Susan: Frauen- und Geschlechterstudien im höheren Bildungswesen in Zentraleuropa und im postsowjetischen Raum. Teil 2: AkteurInnen und Interessen im Prozess der Institutionalisierung. In: *L'homme. Zeitschrift für Geschichte*, Jg. 16, Nr. 1/2005, S. 72.

2 Ebd., S. 72. Der Workshop bei der Tagung „Nachrichten aus Demokratien" der Frauenhetz in Wien trug den Titel: Demokratisierung und Verwestlichung?

3 Foucault, Michel: Was ist Kritik, Berlin 1992, S. 10. Vgl.: ders: Die politische Technologie der Individuen. In: Martin, Luther H./Gutman, Huck/Hutton, Patrick H. (Hrsg.): Technologien des Selbst, Frankfurt/M. 1993, S. 168-187.

Geschlecht: eine Frage der Identität?

Das zurzeit im deutschsprachigen Raum dominierende Gender-Konzept, von dem ich im Folgenden sprechen möchte, hat seine besondere Ausformung innerhalb der Cultural Studies gewonnen. Theoretisch zeichnet sich dieses Konzept dadurch aus, dass es im Zuge der Ausweitung seiner Kritik an Gender auf die Kategorie *sex* den Fokus seines Interesses auf die Frage verlagert hat, warum es überhaupt so etwas wie zwei Geschlechter gibt: Nicht nur Gender als Rollenverhalten, sondern auch *sex* als dessen vermeintlich biologische Grundlage gilt diesem Ansatz als gesellschaftlich konstruiert. Dieses Gender-Verständnis problematisiert das Geschlechterverhältnis vorzüglich als eine Frage der Geschlechtszugehörigkeit, die es wiederum auf die normierenden und disziplinierenden Wirkungen von Gesetzen, Institutionen, Wissenschaftsdiskursen und Geschlechterrepräsentationen respektive auf das *doing gender* sozialer Interaktionen zurückführt. Das Geschlecht erscheint in dieser Sicht als Produkt einer mehr oder weniger gelingenden Identifikation mit sozial vorgegebenen Normen, wobei sich diese Vorstellung nicht nur auf die Geschlechterrollen bezieht, sondern ebenso auf den „biologischen" Geschlechtskörper, dessen Genese nunmehr auf bestimmte Körperpraxen zurückgeführt wird. Mit Gender ist hier jenes Theoriefeld angesprochen, das primär nach der Herstellung der Zweigeschlechtlichkeit fragt, um in einem nächsten Schritt und quasi als dessen weitreichendster Horizont deren Dekonstruktion anzustreben.

Politisch-praktisch hat dies zweierlei Konsequenzen: Von nun an werden beide Geschlechter als gleichermaßen konstruiert betrachtet: Auch Männer haben ein Gender. Und – gravierender für uns – die Grundlage des Feminismus, „die Frau", wird nun ihrerseits als Konstruktion lesbar. Judith Butler hat das so formuliert: Das Subjekt des Feminismus, „die Frau", ist selbst Produkt jener Verhältnisse, die der Feminismus eigentlich kritisieren will.[4] Aus diesem Paradoxon heraus entstand das, was als Kritik an Identitätspolitik aus den eigenen Reihen bezeichnet werden kann: Jeder Rekurs auf ein „Wir-Frauen" befestigt das Übel, von dem es befreien will, weil bereits die Kategorie, auf der diese Politik basieren soll, als Ursache der Malaise betrachtet wird. Die Identitätskategorie „Frauen" müsse stattdessen zu einem „Schauplatz ständiger Offenheit und Umdeutbarkeit" werden.[5] Damit einher geht eine Verlagerung: Im Blickfeld dieser Geschlechterpolitik steht nun weniger die Hierarchie zwischen den Geschlechtern als der Umstand des Geschlechts selbst, was die amerikanische Feministin Gayle Rubin bereits 1975 auf die griffige Formel

---

4 Butler, Judith: Kontingente Grundlagen – Für ein sorgfältiges Lesen. In: Benhabib, Seyla/ Butler, Judith/Cornell, Drucilla/Fraser, Nancy: Der Streit um Differenz. Feminismus und Postmoderne in der Gegenwart, Frankfurt/M. 1993, S. 51.

5 Ebd., S. 50.

brachte: „Wir werden nicht allein als Frauen unterdrückt, sondern wir werden dadurch unterdrückt, dass wir Frauen oder Männer zu sein haben."[6] Die in der Folge daraus abgeleitete Strategie, die auch als „Dekonstruktion der Zweigeschlechtlichkeit" bezeichnet wird, ist nicht nur Ansätzen von queer eigen, sondern sie steht, so glaube ich, am Horizont letztlich jeder Gleichstellungspolitik, die primär, z.B. mittels Gender-Trainings, auf das Rollenverhalten fokussiert. Die Überlegung, die hinter dieser Strategie steht, ist nachvollziehbar: Wenn Geschlechter konstruiert sind, lassen sie sich auch dekonstruieren.

Dass damit aber Geschlecht in einer ganz bestimmten Weise gerahmt ist, wird leicht übersehen. Und hier setzt meine Kritik an, denn Konstruktion kann Verschiedenes bedeuten. Dass die Fokussierung auf die Frage der Geschlechtsidentität, auf die Frage von Geschlechternormen weder die einzig mögliche noch eine selbstverständliche Weise ist, das Geschlechterverhältnis zu thematisieren, gerät heute zunehmend aus dem Blick. Wenn es uns gegenwärtig selbstverständlich erscheint, Geschlecht primär als eine Frage des Rollenverhaltens, als eine Frage von Geschlechternormen zu begreifen, so war das nicht immer so. Die feministische Theorie der 1980er Jahre thematisierte Geschlecht anders. Ich sage deshalb, dass der Übergang von Feminismus zu Gender ein Übergang in der Weise ist, wie wir uns das Problem der Konstruktion von Geschlecht denken: Während das Konzept von Gender die Trennung der Geschlechter primär mit dem Verhalten von Personen, dem *doing gender* und mit den Strukturen erklärt, die dieses Konzept hervorbringen, also letztlich mit der Sozialisation, führte die feministische Theorie die Geschlechtersegregation auf Mechanismen in den grundlegenden Organisationsprinzipien einer Gesellschaft zurück.

Geschlechterregime des Postfordismus

Von einem sozialwissenschaftlichen Standpunkt aus komme ich nicht umhin, Geschlecht anders denn als normative Geschlechtsidentität zu thematisieren. Denn ich denke, dass das Regime, in welchem wir uns gegenwärtig befinden und das gemeinhin als Neoliberalismus bezeichnet wird, zumindest in der Form, in der wir es hier bei uns, also in westlich-demokratischen Staaten, kennen, keine normativen Geschlechterideologien mehr produziert. Zumindest, wenn unter „Geschlechterideologie" die Produktion normativer geschlechtlicher Identitäten verstanden wird, also eben das, was dann als Gender dekonstruiert werden könnte. Ebenso sehr bin ich davon überzeugt, dass der gegenwärtige neoliberale Umbau unserer Gesell-

6 Rubin, Gayle: „The Traffic in Women: Notes on the 'Political Economy' of Sex". In: Reiter, Rayna R. (Hrsg.): Toward an Anthropology of Women, New York – London, 1975, S. 204.

schaft, der vielleicht eine der größten gesamtgesellschaftlichen Umwälzungen seit Bestehen des Kapitalismus überhaupt darstellt, stark geschlechtersegregierende Wirkung haben wird, dass er die bestehenden sozioökonomischen Unterschiede zwischen den Geschlechtern massiv verstärken wird. Aus einer geschlechtertheoretischen Perspektive kann ich dieses Problem nicht anders lösen als anzunehmen, dass es Mechanismen der Geschlechtersegregation und damit letztlich auch der Geschlechter-„Konstruktion", geben muss, die nicht mehr primär über Zuschreibungen von Eigenschaften oder Rollenzuweisungen operieren und damit schwerer zu fassen, aber auch schwerer zu durchschauen sind als offensichtlich repressive Geschlechternormen.

Vielleicht erscheint es abwegig, wenn ich sage, dass normative Geschlechterideologien nicht mehr das hauptsächliche geschlechterpolitische Regulativ unserer Gegenwart sind. Wer immer sich die Regierungsprogramme gegenwärtiger westlicher Nationen ansieht, muss zu dem Schluss gelangen, dass sich hier ein starker politischer Wille zum Abbau veralteter Geschlechterklischees artikuliert: Was uns entgegentritt, ist eine staatlich verordnete Gleichstellungspolitik, dekretiert von oberster Stelle. Genannt sei hier beispielsweise die Verpflichtung zu Gender Mainstreaming im Rahmen der Europäischen Union oder der Post-Beijing-Aktionsplan zur Gleichstellung der Geschlechter im Rahmen der UNO. Öffentliche Einrichtungen wie Schulen, Universitäten, aber auch der staatliche Verwaltungsapparat und zunehmend sogar die Privatwirtschaft geben sich mit Gleichstellungsbeauftragten die größte Mühe, Geschlechtervorurteile abzubauen. Lässt sich angesichts all dieser gleichstellungspolitischen Anstrengungen die These tatsächlich aufrechterhalten, dass sich unsere Gesellschaft noch immer an Leitbildern normativer Geschlechtlichkeit orientiert? Und wird damit nicht übersehen, dass die gegenwärtige Entwicklung des Spätkapitalismus gerade nichts mehr anzufangen weiß mit veralteten Vorstellungen von Geschlecht, sondern dass sie neue und andere Anforderungen an die Menschen stellt, in denen diese von ihrem Geschlecht – und allem, was dazu gehört – gerade abstrahieren sollen? Es hat sich ein grundlegender gesellschaftlicher Wandel vollzogen weg vom Modell des Fordismus mit seinem Ideal des männlichen Familienernährers hin zu dem, was die Soziologen „Postfordismus" nennen[7] – ein Wandel, der ganz neue Erfordernisse an die Gesellschaft stellt und in welchem sich normative Geschlechtervorstellungen geradezu als hinderlich erweisen. Das stellt die Geschlechtertheorie heute vor neue Herausforderungen. Denn gewiss wäre es unsinnig zu behaupten, hier herrsche immer noch eine Ideologie vor, welche Frauen zurück an den Herd drängen wolle: Die für die

7 Vgl.: Lemke, Thomas: Andere Affirmationen. Gesellschaftsanalyse und Kritik im Postfordismus. In: Honneth, Axel/Saar, Martin: Michel Foucault: Zwischenbilanz einer Rezeption, Frankfurt/M. 2003, S. 259-274.

EU-Mitgliedsstaaten verbindlichen „Beschäftigungspolitischen Richtlinien" beispielsweise fordern bis 2010 die Anhebung der Frauen-Erwerbsquote von gegenwärtig durchschnittlich 50% auf über 60% mit dem längerfristigen Ziel, sie vollständig an diejenige der Männer anzugleichen.[8] Die OECD wiederum rügt die Schweiz – und zwar aus wirtschaftlichen Gründen – für ihre fehlerhafte Familienpolitik und fordert sie auf, diese so zu gestalten, dass sie auch Frauen ein kontinuierliches Erwerbsleben ermöglicht. Und weder in den USA, wo unter Präsident Bush tatsächlich nochmals eine konservative Geschlechterideologie aufzublühen scheint, noch unter der von der links-grünen Regierung durchgesetzten Hartz-Reform in Deutschland ist Mutterschaft ein Hinderungsgrund für die Arbeitsmarktintegration:[9] Im Gegenteil werden gerade auch alleinerziehende Mütter mit Kleinkindern zu einer Arbeitsaufnahme motiviert oder sogar gezwungen.[10] Es scheint, dass heute gerade über diese Form der Arbeitsmarktintegration von Frauen und damit über eine neuartige Form von Gleichstellung erneut Geschlechterhierarchien produziert werden. Wie ist das zu verstehen?

Dazu muss man sich zunächst vor Augen halten, dass Neoliberalismus nicht einfach eine Wirtschaftsform ist. Es ist gleichzeitig eine Form der Regierung der Gesellschaft, die die Mittel ihres Regierungshandelns ökonomisch gestaltet. Neoliberale Regierungstechnologien suchen das Verhalten ihrer Bürger durch die Setzung von Rahmenbedingungen zu steuern, was entschieden ökonomischer ist, als jedes Individuum einzeln zu kontrollieren.[11] So wie die Wirtschaft auf die selbstregulierenden Kräfte des Marktes setzt, stützt sich diese Form politischer Rationalität auf die regulierenden Effekte des Umfeldes, in das sie ihre Individuen versetzt. Allenfalls leitet sie die Menschen dazu an, sich im Rahmen ihrer Vorgaben selbst anzuleiten. Aber stets wird diese Regierungsform nach Möglichkeit versuchen, auf direktive Vorgaben ihrerseits zu verzichten.[12] Wir haben es damit mit einem schwer denkbaren, aber gerade auch für das Geschlechterverhältnis zentra-

---

8 Notz, Gisela: Mehr Familienernährer, Zuverdienerinnen und Dienstmädchen. Geschlechterspezifische Auswirkung der Arbeitsmarktreform. In: *Widerspruch*, 46, 24. Jg., Nr. 1/2004, S. 33-42.

9 Pühl, Katharina: Der Bericht der Hartz-Kommission und die „Unternehmerin ihrer selbst": Geschlechterverhältnisse, Gouvernementalität und Neoliberalismus. In: Pieper, Marianne/ Gutiérrez Rodríguez, Encarnación (Hrsg.): Gouvernementalität. Ein sozialwissenschaftliches Konzept in Anschluss an Foucault, Frankfurt/M. 2003, S. 111-135.

10 Brodie, Janine: Die Re-Formierung des Geschlechterverhältnisses. Neoliberalismus und die Regulierung des Sozialen. In: *Widerspruch*, 46, 24. Jg., Nr. 1/2004, S. 19-32.

11 Lemke, Thomas/Krasmann, Susanne/Bröckling, Ulrich: Gouvernementalität, Neoliberalismus und Selbsttechnologien. Eine Einleitung. In: Bröckling, Ulrich/Krasmann, Susanne/Lemke, Thomas (Hrsg.): Gouvernementalität der Gegenwart. Studien zur Ökonomisierung des Sozialen, Frankfurt/M. 2000, S. 25-32.

12 Foucault, Michel: Die Gouvernementalität, Band I+II, Frankfurt/M. 2004, S. 87-120.

len Nebeneinander von Abstinenz bezüglich direkter Intervention in das Verhalten Einzelner zu tun, das trotzdem – oder gerade deshalb – bis tief in die Privatsphäre vorzudringen vermag. Nun tun die Menschen von sich aus – und sie tun es in erstaunlich hohem Maß –, wozu sie früher vielleicht hätten gezwungen werden müssen.

Der schwer zu durchschauende Doppelcharakter dieser neoliberalen Rationalität kommt insbesondere in dem zum Ausdruck, was allgemein als Privatisierung bezeichnet wird. Aus feministischer Perspektive ist es nämlich zentral, zu sehen, dass wir es mit zwei verschiedenen Weisen der Privatisierung zu tun haben: mit einer Privatisierung öffentlicher Betriebe, also einer Verlagerung vormals öffentlicher Güter in den „privaten Sektor“, was in erster Linie eine Privatisierung der Gewinne bedeutet; und, wie die kanadische Politologin Janine Brodie betont, mit einer Verlagerung öffentlicher Belange in die „private Sphäre“, was in erster Linie eine Privatisierung der Kosten bedeutet.[13] Beide Formen der Privatisierung sind zutiefst miteinander verwoben und wirken sich gerade in dieser Verschlungenheit auf das Geschlechterverhältnis aus. Einige Strukturmerkmale dieses marktorientierten Umbaus der Wohlfahrtslogik, die in ihrer Wirkung das Geschlechterverhältnis zentral tangieren, können benannt werden. Die Erwerbszentriertheit heutiger Wohlfahrtslogiken, d.h. die im Neoliberalismus gängige Vorstellung, dass eine aktive Bewirtschaftung des Arbeitsmarktes der beste Weg zur Wohlfahrt aller sei, ist von einer tiefen Paradoxie gekennzeichnet.[14] Zum einen ist damit eine Ideologie verbunden, die den Markt als einzigen Ort der Subjektwerdung feiert: Nur wer sich in diesem erfolgreich bewährt, hat den Nachweis des Individuums erbracht. Zum anderen setzt der dazu notwendig werdende Sozialabbau stillschweigend die Ausweitung der nicht-bezahlten Arbeit voraus, indem er die Grenzen dessen, was in die Zuständigkeit des Staates fällt, sukzessive zuungunsten einer nicht weiter spezifizierten „privaten Domäne“ verschiebt. Vormals öffentliche Belange werden nun kurzerhand zu Fragen individueller Präferenzen und Entscheidungen umdefiniert. Was allgemein als Individualisierung bezeichnet wird, ist aber eigentlich eher eine erneute Indienstnahme privater Haushalte, die heute mit enormen, neuen und zusätzlichen Aufgaben belastet werden. Nun lässt sich gewiss argumentieren, dass es nicht selbstverständlich ist, dass Frauen diese Arbeiten übernehmen. Doch will es der neoliberale Zufall, dass ausgerechnet ihre Stellen in mindestens zweifacher Hinsicht unter Druck geraten. Dass Frauen im Bereich der unbezahlten Arbeit wie-

---

13 Brodie: Re-Formierung, S. 23.

14 Vgl. zu einer Darstellung dieser Vorstellung bspw.: Nohr, Barbara: „Frauenförderung ist Wirtschaftsförderung“. Zur Geschlechterpolitik der rot-grünen Bundesregierung. In: *Widerspruch*, 44, Jg. 23, Nr. 1/2003, S. 51-60; Schunter-Kleemann, Susanne: Gender Mainstreaming, Workfare und 'Dritter Weg' des Neoliberalismus. In: Nohr, Barbara/Veth, Silke (Hrsg.). Gender Mainstreaming. Kritische Reflexionen einer neuen Strategie, Berlin 2002, S. 125-140.

der vermehrt in die Lücken springen, hat deshalb zunächst mit einer Bewegung auf dem Arbeitsmarkt selbst zu tun: Sowohl durch die Privatisierung von Staatsbetrieben als auch durch die Redefinition des Staates als Unternehmen sind es in erster Linie Stellen in der Verwaltung, die gestrichen werden. In diesen sind heute mehrheitlich Frauen tätig. So werden z.B. durch die Verschlankung der öffentlichen Verwaltung ausgerechnet jene Stellen abgebaut, in denen bisher Gleichstellungsforderungen am meisten Fuß fassen konnten. Frauen, die hier ihre Arbeit verlieren, stehen nun aber – und das ist ein weiterer zentraler Punkt – vermehrt jenem Arbeitsmarkt zur Verfügung, der als marginalisierter bezeichnet wird. Bereits heute zeichnet sich ab, dass neoliberale Restrukturierungen mit ihrem Bestreben, staatliche und gewerkschaftliche Kontrollen abzubauen, zu einer Spaltung des Arbeitsmarktes führen: Neben einem Kernarbeitsmarkt, in welchem schon heute mehr Männer als Frauen tätig sind und der sich weiterhin durch Gesamtarbeitsverträge und Vollzeitstellen auszeichnet, entsteht ein immer wichtiger werdender prekarisierter Arbeitsmarkt, in dem Teil- und Kleinstzeitstellen – oft in Stundenlohn bezahlt – die Regel sind.[15] Schon heute ist hier der weibliche Anteil viel höher und es ist anzunehmen, dass sich diese Tendenz verschärfen wird. So ist der vielgepriesene Anstieg der Frauen-Erwerbsquote in den 1990er Jahren europaweit nicht auf eine Ausdehnung des weiblichen Erwerbsvolumens zurückzuführen, sondern auf den Anstieg weiblicher Teilzeittätigkeit, was auch erklärt, warum der Anteil am Lohnvolumen trotz erhöhter Erwerbstätigkeit von Frauen in den letzten 20 Jahren bei ca. 30% stagniert.[16] Da Frauen damit meist weniger verdienen als ihre männlichen Partner, steigt wiederum der moralische Druck, im Haushalt mehr Arbeit zu übernehmen. Ihnen die Bürde aufzuladen, im Zuge ihres emanzipierten Gender den Geschlechterkampf beim Geschirrspülen auszufechten, wiederholt genau jene Privatisierung eines grundlegenden gesellschaftlichen Konfliktes, der eigentlich nur politisch gelöst werden könnte.

Die Ökonomin Mascha Madörin geht davon aus, dass die größte Krise im Zusammenhang mit dem Geschlechterverhältnis gegenwärtig im Bereich der Care-Ökonomie stattfindet.[17] Da Care-ökonomische Tätigkeiten – „das Sich-Kümmern

15 Michalitsch, Gabriele: Laissez-travailler. Geschlechter-Regime durch Arbeit. In: *Widerspruch*, 49, Jg. 25, Nr. 2/2005, S. 41-48.

16 Beckmann, Petra: Mit den EU-Beschäftigungszielen zu mehr Chancengleichheit am Arbeitsmarkt? In: *Widerspruch*, 48, 25. Jg., Nr. 1/2005, S. 39-50.

17 Madörin geht davon aus, dass neoliberale Restrukturierungen überhaupt nur im Zusammenhang mit den grundlegenden Umwälzungen im Care-Bereich im Zuge des veränderten Erwerbsverhaltens von Frauen verstanden werden können, ja sie fragt, ob diese Restrukturierungen nicht überhaupt als Antwort auf diese Veränderungen zu betrachten sind; vgl. dazu insb.: Madörin, Mascha: Neoliberalismus und die Reorganisation der Care Ökonomie – eine Forschungsskizze. Beitrag zur Denknetz-Fachtagung am 15. Juni 2007 (im Erscheinen).

um andere und die tägliche Versorgung von Menschen"[18] – standort- und zeitgebunden sind, lassen sie sich nicht in gleicher Weise rationalisieren, wie das in der Produktion von Gütern der Fall ist. Die angebliche „Kostenexplosion" im Gesundheitswesen ist deshalb nicht, wie neoliberale Ökonomen behaupten, auf eine Verteuerung dieser Dienstleistungen zurückzuführen, sondern auf eine im Vergleich dazu relative Abnahme der Kosten im Bereich der Produktion von Gütern.[19] Ökonomisch gesprochen ist die Möglichkeit zur Produktivitätssteigerung in diesem Sektor begrenzt. Gleichwohl wird heute versucht, mit Mitteln des New Public Management diesen Bereich personenorientierter Dienstleistungen an die Logik der Warenproduktion anzupassen, was nur mit massivem Druck auf die Löhne geschehen kann. Bedenkt man, dass heute in der Schweiz nahezu 80% aller Erwerbstätigen im Gesundheits- und Sozialwesen Frauen sind[20], so liegt es auf der Hand, dass auch diese Entwicklung die Einkommensunterschiede zwischen den Geschlechtern weiter verschärfen wird. Eine Verschärfung *nota bene* – und das scheint mir zentral –, die nicht einmal auf direkte Diskriminierung zurückgeführt werden kann.

Desartikulation einer kollektiven Involvierung von Frauen

Für Janine Brodie kennzeichnet das neoliberale Geschlechterregime eine tiefe Paradoxie, welche sie in der gleichzeitigen „Intensivierung und Erodierung von Geschlecht" verortet.[21] Zum einen würden Frauen und Männer gleichermaßen als geschlechtslose und selbstständige Marktteilnehmer re-formiert, die als autonome Individuen die Welt bevölkerten und nur als solche die Aufmerksamkeit staatlicher Fürsorge erhielten. Zum anderen jedoch werde stillschweigend davon ausgegangen, dass Frauen die im Zuge des Sozialabbaus anfallenden Mehrarbeiten übernähmen. Gleichwohl würden jedoch auch sie als geschlechtslose „Marktteilnehmer" adressiert, die dem Markt unabhängig von ihren reproduktiven Aufgaben zur Verfügung stehen sollten. Die versteckte Geschlechteragenda des Neoliberalismus laufe damit auf die gleichzeitige Auslöschung und Neu-Einsetzung von Frauen als

---

18 Madörin, Mascha: Care Economy – ein blinder Fleck der Wirtschaftstheorie. In: *Widerspruch*, 40, Jg. 21, Nr. 1/2001, S. 41.

19 Madörin, Mascha: Plädoyer für eine eigenständige Theorie der Care-Ökonomie. In: Niechoj, T./Tullney, M. (Hrsg.): Geschlechterverhältnisse in der Ökonomie, Marburg 2006; Madörin, Mascha: Feministische Ökonomiekritik und Wirtschaftspolitik. In: *Widerspruch*, 48, 25. Jg., Nr. 1/2005, S. 179-186.

20 BFS Bundesamt für Statistik. Branger, Katja/Gazareth, Pascale/Schön-Bühlmann, Jacqueline: Auf dem Weg zur Gleichstellung. Frauen und Männer in der Schweiz. Dritter statistischer Bericht. Sozialberichterstattung Schweiz. Neuchâtel 2003, S. 41.

21 Brodie: Re-Formierung, S. 25.

dem hauptsächlichen Subjekt sozialstaatlicher Reformen hinaus. Wenn demnach paradoxerweise die „Erodierung von Geschlecht" nicht geschlechtsneutral vor sich geht, sondern stattdessen eine geschlechtliche Asymmetrie aufweist, so lässt sich diese auf politischer Ebene wie folgt formulieren: Es gibt eine kollektive (strukturelle) Involvierung von Frauen, die nicht mehr als solche thematisierbar ist. Neoliberale Regierungsprogramme, die die Grenzen dessen definieren, was überhaupt als politisch verhandelbar gilt, formulieren diese Involviertheit neu als individuell zu verantwortendes Problem. Und hier eben ergibt sich eine unheilvolle Verschränkung: Während Gender die Existenz eines „Wir" bestreitet, zielt die neoliberale Logik ebenso auf dessen Desartikulation. Wenn sich Frauen heute gerade mit einander widerstrebenden und paradoxen Anforderungen konfrontiert finden, die eine flexible Handhabung ihres Genders verlangt, so zielt die vom Konzept Gender geleistete Kritik an normativem Rollenverhalten in eigentümlicher Weise ins Leere. Gleichzeitig begibt sich das Konzept damit der Möglichkeit, eine anders strukturierte, nicht mehr am Rollenverhalten festzumachende kollektive Involviertheit theoretisch erfassen zu können. Zu fragen ist deshalb, ob Gender mit seiner Kritik und Fixierung auf normative Geschlechterstereotypen nicht das Geschlechterregime des Fordismus vor Augen hat und so aus dem Blickfeld verliert, dass es möglicherweise bereits selbst zum Bestandteil des gegenwärtigen Geschlechterregimes geworden ist. Indem das Konzept von Gender das Geschlechterverhältnis als ein Problem von zu regulierenden Verhaltensweisen rahmt, tut es genau dasselbe wie neoliberale Regierungstechnologie auch: Es lässt die eigene, strukturell bedingte Position als Effekt des eigenen Rollenverhaltens erscheinen. Ein Gender-Training suggeriert, dass die Gestaltung des Geschlechterverhältnisses in meinen eigenen Händen liegt. Gender – nicht das *doing*, sondern das Konzept – wird damit zu einer Selbsttechnologie, die eine im sozioökonomischen Feld entstandene Spannung vermitteln soll: Indem es mich glauben macht, ich müsse mich gegen Festschreibungen wehren, lässt das Konzept von Gender mich genau jene Fähigkeiten erwerben, die ich brauche, um die divergierendsten, ja, sich vielleicht gegenseitig sogar ausschließende Anforderungen unter einen Hut zu bringen. Gender – verstanden als Geschlechtsidentität – re-privatisiert jenes „Private", das der alte Feminismus einst zum Politischen erklären wollte. Es scheint, dass zur doppelten Privatisierung sich die „Privatisierung des Geschlechts" hinzugesellt. Gender verhält sich zu den Erfordernissen des Neoliberalismus möglicherweise gerade dadurch funktional, weil es verkennt, dass der „Feind" sich längst verändert hat: Es ist die permanente Befragung meines Gender-Verhaltens, nicht dessen kohärente Performierung, die m.E. heute systemintegrierend wirkt:[22] Mein flexibilisier-

22 Vgl.: Soiland, Tove: Gender. In: Bröckling, Ulrich/Krasmann, Susanne/Lemke, Thomas (Hrsg.): Glossar der Gegenwart, Frankfurt/M. 2004; Soiland, Tove: Kritische Anmerkungen

tes Gender ist zur Schlüsselqualifikation meiner Ware Arbeitskraft geworden. Wenn es für die 1950er Jahre stimmen mag, dass die Selbsttechnologie das *doing gender* war, das sich in patriarchale Verhältnisse einpasste, so ist es heute das *undoing gender*, das dem nunmehr verschlankten Patriarchat am meisten dient.

Doch die andere Hälfte der Geschichte ist die, dass diese Rahmung auch ein Angebot darstellt: Indem Gender strukturelle Zwänge in die Verfügungsmacht der Einzelnen überträgt und damit strukturelle Probleme als vermeintlich individuell lösbare erscheinen lässt, stellt es gleichzeitig auch ein Freiheitsversprechen dar. Gender als Selbsttechnologie greift, weil es dieses Angebot macht. Es ist dasselbe Angebot wie jenes des Neoliberalismus; die malaysische Soziologin Cécilia Ng bezeichnet es als „Marktfeminismus“:[23] Der Markt mit seiner Abstraktion von Bindungen und anderen menschlichen Unwegsamkeiten ist ein Angebot zur Selbstverwirklichung – auch für Frauen. Und es ist verständlich, dass junge Frauen diesem gerne folgen. Die einzige Ideologie, die es heute noch gibt, ist die, dass das Geschlecht keine Rolle mehr spielt. Und diese Option hat etwas durchaus Verführerisches. Nur: Es bleibt das Faktum, dass trotz einer eindrücklichen Aufweichung von Geschlechternormen sich an der sozioökonomischen Stellung der Geschlechter nicht viel verändert hat. Es gibt eine kollektive Involviertheit von Frauen, die nicht mehr als solche benennbar ist, da sie sich nicht mehr über Rollenzuschreibungen herstellt und trotzdem existiert. Das eben nenne ich Desartikulation.

Die Freiheit, vom Geschlecht zu abstrahieren, steht offenbar nicht beiden Geschlechtern gleichermaßen offen; auf geheimnisvolle Weise scheint auch diese Freiheit mit einem geschlechtlichen Code versehen.[24] Der Konstruktionsbegriff von Gender kann diese Asymmetrie nicht wiedergeben, er täuscht vielmehr über dieses Phänomen hinweg: dass es nämlich heute viel eher die Abstrahierung von Geschlecht zu sein scheint, die geschlechtersegregierende Wirkung hat.

---

zum Machtbegriff in der Gender-Theorie auf dem Hintergrund von Michel Foucaults Gouvernementalitätsanalyse. In: *Widersprüche,* 95, März 2005: Genders neue Kleider?

23 Vgl. dazu: Ng, Cécilia: Gender and the Digital Economy: Perspectives from the Developing World, New Delhi – Thousand Oaks 2005.

24 Vgl. zu einem interessanten Verstehensversuch dieses Phänomens: Adkins, Lisa/Lury, Celia: The labour of identity: performing identities, performing economies. In: *Economy and Society*, vol. 28, no. 4, 1999; Adkins, Lisa: Gender and the post-structural social. In: Marshall, Barbara L./Witz, Anne (Hrsg.): Engendering the social. Feminist encounters with sociological theory, Boston/Mass. 2004.

Entwerfende Skizzierungen

Gudrun Perko

Denkendes Tun und handelndes Denken

Queer Theory als Pluralitätsmodell

Westliche Demokratien sind keine Demokratien, sondern liberale Oligarchien („Herrschaft der Wenigen"). Gewählte Repräsentanten und Repräsentantinnen verselbstständigen ihr Mandat und somit ihr Tun in den öffentlichen Institutionen des Politischen mit ihrer expliziten Machtausübung und Beschlusskraft. Profit und Selbstbereicherung, Korruption im politischen und wirtschaftlichen System und Konsum sind ebenso strukturelle Momente dieser Gesellschaft wie irreversible Zerstörung der Natur, Verarmung der Mehrheit der Bevölkerung etc. Rassismus, Antisemitismus, Antiziganismus und Sexismus sind an der Tagesordnung. Trotz gesetzlich verankerter Bekundungen (von Menschenrechtskonventionen, Gender Mainstreaming, dem Allgemeinen Gleichbehandlungsgesetz etc.) gibt es keine zunehmende Gleichheit der Bedingungen für alle und kein für alle gleich mögliches Teilhaben an gesellschaftlichen (ökonomischen, kulturellen, institutionellen, sozialen) Ressourcen. Imaginäre Bedeutungen und demokratische Werte verflüchtigen sich: „Demokratie heute entpuppt sich als Sprechblaseninszenierung; durch den Redezirkus wird aufrechterhalten, was nicht mehr existiert."[1] Normalisierungs- und Disziplinierungssysteme sind dem inhärent. Kontrolle nimmt nicht nur im technischen Sinn überhand, sondern auch da, wo Regierende ihre angebliche Besorgtheit über den gesundheitlichen Zustand „ihrer" Bevölkerung als Verbote über diese stülpen. Man spricht nicht mehr von einer Krise (Krisis als Moment der Entscheidung), sondern vom Verschwinden des politischen und gesellschaftlichen Konflikts:[2] Auch das Subversive wird vom Mainstream geschluckt und gesellschaftlicher Konformismus zeigt sich bei jenen noch, die durch ihren angeblichen Individualismus als Besondere erscheinen mögen. Soziale und politische Kräfte sind im Verschwinden.

Und doch gibt es Zeichen des Widerstandes – auch aus queerer Perspektive. Hier möchte ich mit meinem Beitrag ansetzen, indem ich einige Aspekte aus dem queeren Diskurs herausgreife, die Ausdifferenzierungen von Queer Theory im deutschsprachigen Raum (BRD, Österreich) skizziere und schließlich Queer Theory als Modell fokussiere, das mit Kritiken gegen und Alternativen zu Heterosexualität,

1 Treusch-Dieter, Gerburg: Demokratie: Volks- und Selbstherrschaft – oder wie? Ankündigungstext des Vortrages bei der Tagung (Wien, 26. bis 29. 10. 2006) „Nachrichten aus Demokratien. Feministische Positionen und Auseinandersetzungen", Frauenhetz. Feministische Bildung, Kultur und Politik.

2 Vgl.: Castoriadis, Cornelius: Der Anstieg der Bedeutungslosigkeit. In: ders.: Autonomie oder Barbarei, Frankfurt/Main 2006.

Heteronormativität, Essenzialismus und Identitätspolitik intendiert, der Pluralität auf allen Ebenen des gesellschaftlichen Lebens demokratischen Raum zu eröffnen.

Ausdifferenzierung von Queer Theory im deutschsprachigen Raum

Queer ist in vieler Munde. Doch die Verwendung des Begriffs erscheint oft beliebig: Queer „ziert Partyplakate und Songtexte, Zeitschriften und Dissertationen".[3] Der spielerisch-gewandte Umgang mit Queer[4] ist eine Seite der Medaille. Eine andere Seite zeigt den Versuch, zur Verwirrung identitärer Festschreibungen anzustiften: Queer Studies treten hierfür an.[5]

Die Bezeichnung Queer Theory entstand 1991[6], mittlerweile wird auch der Terminus Queer Studies verwendet. Im deutschsprachigen Raum wurde Queer Theory aus den USA in erster Linie über Judith Butlers Analysen darüber aufgegriffen, dass Sex (biologisches Geschlecht) immer schon Gender (sozial/kulturell konstruiertes Geschlecht) gewesen ist.[7] Die Bezugnahme auf den Poststrukturalismus als

3 Genschel, Corina u.a.: Vorwort. In: Jagose, Annamarie: Queer Theory. Eine Einführung, Berlin 2001, S. 7.

4 Begrifflich kann Queer nicht eindeutig ins Deutsche übersetzt werden. Als positive Eigenbezeichnung kann am ehesten der Terminus „seltsam" herangezogen werden, um ein Gegen-die-Norm-Sein anzudeuten; nur im weiteren Sinn kann die Verbindung zwischen *queer* und *quer* hergestellt werden.

5 Vgl.: Perko, Gudrun: Queer-Theorien. Ethische, politische und logische Dimensionen plural-queeren Denkens, Köln 2005. Erweiterungen finden sich u.a. in: dies.: Queer-Theorien als Denken der Pluralität: Kritiken – Hintergründe – Alternativen – Bedeutungen. In: Alice-Salomon-Fachhochschule (Hrsg.): *Quer. Lesen denken schreiben*, Nr. 12/06, Berlin 2006, S. 4-12. Online unter: http://www.asfh-berlin.de/index.php?id=1948. Queer-Theorien: Dekonstruktion von Identitätspolitiken und das Modell der Pluralität. In: *e-Journal Philosophie der Psychologie*, Nr. 7, 2007, hrsg. Charlotte Annerl, S. 1-8. Online unter: http://www.jp.philo.at [Zugriff 7 .5. 2007].

6 Als Initiator_innen der positiven Selbstbezeichnung queer gelten schwarze und coloured homosexuelle Frauen und Männer an den sozialen Rändern US-amerikanischer Metropolen. Politische Bewegungen (Homophilenbewegung der 1950er Jahre, GAY-Liberation und der Lesbische Feminismus der 1960er und 1970er Jahre) sowie die Aids-Krise respektive eine abermalige Politisierung durch sie gelten als zentraler Ausgangspunkt für die Entstehung von queer. Davon ausgehend wurde der Terminus zu einem Sammelbegriff für einen politischen Aktivismus (Queer Politics) sowie für eine spezifische Denkrichtung (Queer Theory). Zum historischen Kontext USA und BRD vgl.: Jagose, Annamarie: Queer Theory. Eine Einführung, Berlin 2001.

7 Vgl.: Butler, Judith: Das Unbehagen der Geschlechter, Frankfurt/Main 1991. Dies.: Körper von Gewicht. Die diskursiven Grenzen des Geschlechts, Frankfurt/Main 1995.

Hintergrundfolie von Queer führte zur Infragestellung eindeutiger Identitäten und zum Bedenken des Endes der Eindeutigkeit. Damit gehen der Dekonstruktionsgedanke und ein spezifisches Verständnis von Macht und Machtdiskursen in Anlehnung an Michel Foucault einher, die zur konstruktivistischen Auffassung führten, Sex, Gender und letztlich Identität als konstruiert und somit als veränderbar anzusehen.

Im Spannungsfeld dieser Diskussionen entwickelten sich unterschiedliche Schwerpunktsetzungen: Arbeiten u.a. zur Identitäts- und Repräsentationskritik, zur Regulierung von Zweigeschlechtlichkeit finden sich ebenso wie kulturwissenschaftliche, rechtspolitische und gesellschaftspolitische Analysen. Positive Bezugnahmen von Queer auf Feminismus sind ebenso auffindbar wie Ablehnungen zu feministischen Haltungen. Ich greife im Folgenden zwei Bereiche heraus: Ausdifferenzierung von Queer Theory in Bezug auf kategoriale und identitätspolitische Fragen sowie queere und feministische Fragestellungen.

Verschiedene Richtungen

Will man Schwerpunktsetzungen von Queer Theory in Bezug auf kategoriale und identitätspolitische Fragen auf einen Punkt bringen, so lassen sie sich gegenwärtig in drei Richtungen einteilen, deren Übergänge oft fließend sind: die lesbisch-schwule Variante, die lesbisch-bi-schwul-transgender Variante und die plurale Variante.

Gemein ist ihnen die kritische Bezugnahme auf eine gesellschaftliche Wirklichkeit, in der nicht allen Menschen die gleichen Rechte und die gleichen Möglichkeiten der Partizipation an gesellschaftlichen Abläufen zukommen. Strukturelle Ausgrenzung, Marginalisierung, Psychiatrisierung und Diskriminierung von Menschen sind über bestimmte gesellschaftliche Regulativa verankert, durch die ihr Status bestimmt wird. Insofern setzen sie bei Gesellschaftsanalysen an, denen es um das Aufzeigen von Macht- und Ohnmachtstrukturen, von Herrschafts- und Gewaltverhältnissen geht. Im Zuge dessen stellen Queer Studies institutionalisierte Hierarchien radikal infrage, um deren Auflösung sie zugunsten der Anerkennung verschiedener Lebens- und Seinsweisen von Menschen bemüht sind.

Unterschiede zeigen sich erstens im Hinblick darauf, ob die Diskussion um Sex, Gender, Begehren im Vordergrund steht oder ob die Verknüpfung von Sex/Gender mit anderen gesellschaftlichen Regulativa in den Mittelpunkt gerückt wird. Und zweitens hinsichtlich der Fokussierung auf jene Kategorien, mit denen sich Menschen als Queers bezeichnen: Eine Richtung legt nahe, queer als Synonym von lesbisch oder schwul, Queer Studies als Lesbian und Gay Studies zu begreifen. Eine andere Richtung erweitert diese Kategorien durch Bisexualität und Transgender und variiert intern durch den unterschiedlichen Gebrauch des Terminus Transgender: als jeweilige Annäherung an das jeweils andere Geschlecht oder als Oberbegriff für alle Personen, für die das gelebte Geschlecht keine zwingende Folge des bei der Geburt zugewiesenen Geschlechts ist. Eine weitere Richtung verwendet Queer als strategisch-politischen Oberbegriff, der so viele Kategorien als möglich einbezieht und den Anspruch hegt, im Sinn der Pluralität offen zu bleiben.

Queere und feministische Fragestellungen

Die Frage nach dem Verhältnis von queeren und feministischen Fragestellungen zueinander ist komplex. Denn analog zu den unterschiedlichen Richtungen von Queer Studies sind die Anliegen feministischer Theorien und Praxen ausgehend von den 1970er Jahren mannigfaltig. Deshalb können hier nur wenige Aspekte skizziert werden.

Analyse der (Zwangs-)Heterosexualität und Heteronormativität: Queer Theory schließt u.a. an die lesbisch-feministischen Problematisierungen von (Zwangs-) Heterosexualität an. Zentral waren feministische Analysen der (Zwangs-)Heterosexualität als Institution und nicht hinterfragte Norm in der Verknüpfung von Herrschaftsform, persönlicher Eigenschaft und sexueller Praxis. Damit in Verbindung stehend, rücken Queer Studies die Auseinandersetzung mit Heteronormativität ins Zentrum. Sie befragen, wie diese in Geschlechterverhältnissen und in Gesellschaftsverhältnissen verankert ist.[8]

Kategorie Geschlecht: Die Einforderung des feministisch(-lesbischen) Subjektes „Frau" war lange Zeit verbunden mit feministisch-politischen Strategien von (Selbst-)Entwürfen und (Selbst-)Gestaltungen weiblicher (lesbischer) Liebes-, Arbeits- und Denkformen. Im Zuge der postmodernen Kritik wurde auch in feministischen Kontexten die Kategorie „Frau" beanstandet. Die Kategorie „Frau" gibt es nur in Relation zur Kategorie „Mann".[9] Im Zuge der Intention, Geschlecht in seiner Eindimensionalität zu dekonstruieren und gleichzeitig mehrere Geschlechter sichtbar zu machen, verdeutlichen Queer Studies Bezüge zu jenen feministischen Problematisierungen.

Debatten um Sex und Gender: Diese Debatten führten dazu, dass Queer-Theorien sich auch vom Feminismus abgrenz(t)en. Dies zentriert sich im Vorwurf, in feministischen Theorien werde der Begriff Gender implizit als heteronormativ aufge-

8 Vgl.: Rich, Adrienne: Zwangsheterosexualität und lesbische Existenz. In: Schultz, Dagmar (Hrsg.): Macht und Sinnlichkeit, Berlin 1983. Hagemann-White, Carol: Thesen zur kulturellen Konstruktion der Zweigeschlechtlichkeit. In: Schaeffer-Hegel, Barbara/Wartmann, Brigitte (Hrsg.): Mythos Frau. Projektionen und Inszenierungen im Patriarchat, Berlin 1984.

9 In diesem Zusammenhang formuliert Monique Wittig, dass „Lesben keine Frauen" sind. Vgl.: Wittig, Monique: The Straight Mind. In: *Feminist Issues*, 1/1; 1980. Dies.: The Mark of Gender. In: *Feminist Issues*, 5.2, 1985.

fasst und stelle damit keine adäquaten Instrumente für die Analyse von Sexualität bereit.

Skandalisierung (struktureller) Gewalt: Gewalt gilt als ein Ausgangspunkt feministischer Bewegungen und Theorien: alltägliche Gewalt von Männern gegen Frauen, Gewalt als strukturell patriarchales Phänomen.[10] Gewaltkritik spielt in queeren Kontexten eine wesentliche Rolle: Gewalt gegen queere Menschen als alltägliche, institutionelle und strukturelle Gewalt. Analysen von Gewalt im Kontext feministischer Auseinandersetzungen standen im Zeichen der Befreiung der Frauen. Queer Studies greifen jene Analysen auf – mit dem Unterschied, dass sie den Blick nicht ausschließlich auf Frauen richten.

Unterdrückungs- und Diskriminierungsformen: Im Kontext feministischer Auseinandersetzungen wurde der intersektionale Ansatz als einer beschrieben, der sich gegen die Additionstheorie von Unterdrückung und Diskriminierung wendet.[11] Queer Studies greifen diesen Ansatz auf und verbinden ihn mit der Forderung nach politisch-ökonomischer Gleichstellung von Queers mit dem Ziel der *Social Justice* („soziale Gerechtigkeit").

Queer als Pluralitätsmodell

Im Zentrum steht, die größtmögliche Vielfalt menschlicher Seins- und Daseinsformen in ihrer Unabgeschlossenheit und in ihren Differenzen bei Anerkennung der (politischen) Gleichheit zu denken. Queer gilt hier als politisch-strategischer Überbegriff für Menschen, die der gesellschaftlichen Norm nicht entsprechen (wollen).

Kernaussagen der Queer Studies:

- Sein-Lassen verschiedener und mehrdimensionaler Formen von Identitäten, Identitäten ohne Kern, Nicht-Identitäten bzw. Trans- und Crossidentitäten.
- Bemühung um die Aufhebung aller eindeutigen und vermeintlich natürlichen Identitäten.
- Möglichkeit der Selbstdefinition aller Subjekte, so sie sich definieren wollen.
- Eröffnung vielfältiger Räume für vielfältige Ausdrucksformen von Geschlecht und Sexualität.
- Anerkennung von Vielfältigkeit, Ambiguität und Pluralität.

---

10 Vgl.: Thürmer-Rohr, Christina: Feministische Konfrontationen mit kulturellen Differenzen. In: Alice-Salomon-Fachhochschule (Hrsg.): *Quer. Denken. Lesen. Schreiben*, Nr. 07/03.

11 Vgl.: Crenshaw, Kimberle: Demarginalizing the Intersection of Race and Sex. A Black Feminist Critique of Antidiscrimination Doctrine, Feminist Theory, and Antiracist Politics. In: Phillips, Anne (Hrsg.): Feminism & Politics, Oxford 1998. Knapp, Gudrun-Axeli: „Intersectionality" – ein neues Paradigma feministischer Theorie? Zur transatlantischen Reise von „Race, Class, Gender". In: *Feministische Studien*, Jg. 23. H. 1, 2005.

Gegen diese Variation von Queer Theory werden auch Einwände erhoben. So erscheint manchen die praktische Umsetzung nicht möglich, insofern das Modell der Pluralität kein zusammengehöriges „Wir“ (als Gruppe oder als Handelnde im politischen Raum) ermöglichen würde. Andere wiederum wenden sich gegen jenes Modell, insofern sie darin eine bloße Beliebigkeit, ein Laissez-faire-Prinzip sehen. Gegen diese Einwände werden im Folgenden ausgewählte theoretische und politische Inhalte von Queer Studies skizziert.

Geschlechtervielfalt und vielfältige Alchemie des Begehrens

Queer Studies kritisieren Heterosexualität als vermeintlich natürliche Setzung und damit verbunden Heteronormativität in ihrer gesellschaftlichen Verankerung. Über die Sozialisation haben die einen wie die anderen gelernt zu handeln wie ein Mann und wie eine Frau *(Doing Gender)*. Und sie haben gelernt, dass ein Mann eine Frau begehrt und umgekehrt. Dieses Wissen stellt einen gesellschaftlichen Code dar, in den Menschen jeweils hineingeboren werden und der von vielen verinnerlicht ist. Alles, was dieser Form nicht entspricht, gilt als Abweichung, als krank. Doch dieses Wissen erscheint lediglich als „Wahrheit“, insofern es auf biologische bzw. genetische Ursachen zurückgeführt, naturalisiert und ideologisch abgesichert wird. Annahmen über Sex, Gender und Begehren sind in den jeweiligen gesellschaftlichen Kontext eingebunden. Dagegen setzen Queer Studies kritische Alternativen: Angebliche Wahrheiten und essenzialistische Vorstellungen werden zugunsten der Geschlechtervielfalt und der vielfältigen Alchemie des Begehrens dekonstruiert. Sex und Gender werden als soziales und kulturelles Konstrukt, Heterosexualität als vom Menschen hergestellte Kategorie entlarvt. Geschlecht wird als eine sich verändernde und veränderbare Variable gedacht. Es wird in Anlehnung an Butler als eine Herstellung aufgefasst, die durch die Macht der Diskurse in permanenter Wiederholung geschieht – Performativität.[12] Als Alternative richten Queer-Theorien ihr Augenmerk auf jene Schnittstellen, an denen biologisches Geschlecht, soziales Geschlecht und Begehren nicht zusammenpassen. Von da aus untersuchen und beschreiben Queer Studies Wirkungsweisen von Queerness selbst, d.h. von nicht-normativen sexuellen Identitäten, Praktiken und Begehren: „Gender nimmt viele Formen an. Wir sehen nur zwei von ihnen, weil wir gelernt haben, nur zwei von ihnen zu sehen [...].“[13] Sprechen sich Queer Studies für die Wahrnehmung und Anerkennung der Vielfältigkeit von Menschen aus, so liegt ihre positive Be-

12 Vgl.: Butler 1995, ebd.

13 Vgl.: Treut, Monika: Eine Reise ins Land der Neuen Geschlechter, Dokumentarfilm mit: Sandy Stone, Jordy Jones, Susan Stryker, 2002.

deutung darin, politische Gleichheit und Gerechtigkeit im Sinn von *Social Justice* für Menschen in ihren unterschiedlichen Seins- und Daseinsformen zu fordern, ohne Differenzen auszulöschen.[14] Wesentlich ist hier der Referenzrahmen der Menschenrechte, Anerkennungspolitiken und -ethiken, die gegen den Vorwurf eines queeren Projektes als Laissez-faire-Prinzip oder als Modell der Beliebigkeit sprechen.

Verknüpfung von Diskriminierungskategorien

Queer Studies kritisieren den begrenzten Blick auf Sex und Gender und verknüpfen diese Kategorien mit anderen gesellschaftlichen Regulativa wie Hautfarbe, Kultur, kulturelle Herkunft, Klasse etc. Dass diese Verknüpfung reflektiert wird, basiert auf Kritiken, die relativ rasch nach der Etablierung von Queer Theory im deutschsprachigen Raum gegen sie formuliert wurden: nämlich rassistische Strukturen nicht zu bedenken, die Bedeutungen, transgender mit schwarzer Hautfarbe zu sein, nicht zu reflektieren, schwul-lesbische und transgender MigrantInnen bzw. Flüchtlinge in den Reflexionen auszusparen, also einen Diskurs und eine Politik aus weißer Perspektive zu führen. Diese Kritiken gegen Queer und Analysen der Black Queer Studies und Queers of Colour konfrontierten vehement mit Fragen, die über die bloße Kategorie Sex/Gender hinausgehen.[15] Auch als Entgegnung zu jener Auslassung etablierte sich der plural-queere Ansatz. Er bezieht mehrere Kategorien ein, über die der Status eines Menschen in der Gesellschaft bestimmt wird. Zur Diskussion stehen u.a. ein ganzheitliches Modell, in dem alle Dimensionen von Diversitäten stets gleichzeitig berücksichtigt werden sollten, und der intersektionale Ansatz, der zwischen inter-kategorial, intra-kategorial und anti-kategorial unterscheidet. Ein inter-kategorialer Zugang analysiert die Verhältnisse und Wechselwirkungen zwischen Kategorien, ein intra-kategorialer Zugang fokussiert Fragen von Differenz und Ungleichheit innerhalb einer Kategorie und eine anti-kategoriale Zugangsweise thematisiert die Konstruktion der Kategorien selbst und strebt deren Dekonstruktion an. In der Verbindung dieser drei Zugangsweisen zeigen

14 Heike Weinbach beschreibt als einen Kern von „Social Justice": „[...] die Verortung [und Veränderung, Anm. G.P.] der strukturellen Bedingtheit von Gerechtigkeit und Ungerechtigkeit [und] das Aufzeigen [und Verändern, Anm. G. P.] von Ursachen im gesellschaftlichen Herrschafts- und Machtgefüge, jenseits der Entscheidungen von Subjekten, die dennoch davon betroffen und AkteurInnen sind." Weinbach, Heike: Social Justice statt Kultur der Kälte, Berlin 2006, S. 50.

15 Vgl. u.a.: Castro Varela, María do Mar/Gutiérrez Rodríguez, Encarnación: Queer Politics im Exil und in der Migration. In: Questio (2000), ebd. Ferreira, Grada: Die Farbe unseres Geschlechts. Gedanken über „Rasse", Transgender und Marginalisierung. In: Polymorph (2002), ebd.

Queer Studies fließende Übergänge hin zu Diversity- sowie zu interkulturellen Ansätzen.[16] Entgegen der Auffassung einer objektiven Messbarkeit von Ausgrenzungsmechanismen und Diskriminierungsgründen sind die Kriterien, mit deren Hilfe Ausgrenzung und Ungleichbehandlung stattfinden und konstruiert werden, miteinander verwoben. Queer Studies treten hiermit ein für die Abschaffung der Hierarchien von Macht und Nicht-Macht, von „höheren" und „niederen" Statusgruppen, von mit Rechten und nicht mit Rechten ausgestatteten Menschen.

Mehrdimensionales Sein und Handeln ohne Identitätsbegriff

Queer Studies kritisieren auch die Bildung abgeschlossener Gruppen und grundsätzlich Identitätspolitiken als Strukturen und Mechanismen einer mit Identität operierenden Ordnung. Als Ausgangspunkt dieser Kritiken gilt, dass es das Subjekt als mit sich selbst identische Einheit nicht gibt und identitätspolitische Wir-Konstellationen keine natürlichen Konstellationen sind.[17] Analog zum *Doing Gender* und *Undoing Gender* schlage ich vor, hier von *Doing Identity* und *Undoing Identity* zu sprechen. Identität dient auf subjektiver Ebene der Stabilisierung etc. des Ich/Selbst/Ego. Auf kollektiver Ebene dient sie der Aufrechterhaltung einer bestimmten (mehr oder minder homogenen) Ordnung, einer bestimmten Gruppe, eines bestimmten Teils der Gesellschaft. Diese wird identitätspolitisch bestimmt, also politisch im Zeichen von Identität, die die einen einschließt, die anderen ausgrenzt, den einen nützt, den anderen schadet und die an bestimmte Vorstellungen der Normalität gebunden ist. Hier gilt, was Adriana Cavero pointierte: „[...] das *Wir* ist immer positiv, das *Ihr* ist ein möglicher Verbündeter, das *Sie* (im Plural) hat das Gesicht des Gegners [...]."[18] Dem entgegen zeigen queere Ansätze Identität als gesellschaftliches Konstrukt und als Kulturiertes auf. Gegen identitäre Wir-Konstellationen setzen sie auf ein politisch-strategisches bzw. referentielles Wir. Wenn ein „handelndes Kollektiv" Bestehendes verändern will, also als *Wir* gegen etwas aufbegehrt und die Handelnden keine identitäre Einheit, keine Homogenität für sich beanspruchen, kann von einem solchen Wir gesprochen werden. Subjekte wären darin jeweils ein Subjekt der Handlung, wie Hakan Gürses formuliert: „Ich

16 Vgl.: Czollek, Leah Carola/Perko, Gudrun: Diversity in außerökonomischen Kontexten: Bedingungen und Möglichkeiten der Umsetzung. In: Broden, Anne/Mecheril, Paul (Hrsg.): Re-Präsentationen. Dynamiken der Migrationsgesellschaft, Düsseldorf 2007, S. 161-181.

17 Wichtig ist hierbei, zwischen verschiedenen Formen eines Wir zu unterscheiden (z.B. situativ-zufälliges Wir, politisch-strategisches Wir, Wir als anonymes Kollektiv, institutionell-instituiertes Wir und identitätspolitisches Wir). Denn die Kritik aus queerer Perspektive richtet sich explizit gegen identitätspolitische Wirs.

18 Cavero, Adriana: Relating Narratives, London 1997, S. 90 f.

stehe als Individuum hinter meiner Tat, ich *bin* der/die TäterIn hinter der Tat – ohne dafür einen kollektiven Namen annehmen zu müssen. [...] Ich *muss* mich nicht als schwul, Migrant oder Schwarzer bezeichnen, um als Individuum gemeinsam [...] mit anderen Individuen gegen die Macht [...] zu kämpfen: unabhängig davon, ob die anderen Individuen, die MitkämpferInnen, sich als schwul, MigrantIn oder Schwarze bezeichnen (bezeichnet werden)."[19] Die Handelnden stellen hierbei weder eine ontologische noch eine epistemologische Grundlage für „Einheit" dar: Keine_r gleicht dem anderen, weder in der Motivation noch der Intention des Handelns, weder in der Art und Weise des Handelns noch in der Art und Weise der Reflexion darüber.[20] Als verbindendes Element bleibt ein Referenzrahmen, der zum Bündnis führt respektive führen kann: die Intention der Veränderung, die auf die Neugestaltung der Gesellschaft abzielt.[21] Es geht um Regelungen und Veränderungen öffentlicher Angelegenheiten an öffentlich-politischen Orten, an denen sich Menschen versammeln, die getragen sind vom jeweiligen Interesse, Bestehendes zu verändern, sowie um die Annahme dessen, was Arendt nicht müde wurde zu betonen: Handeln im Sinn des Politischen ist dem Faktum der Pluralität geschuldet.[22] Die positive Bedeutung des queeren Ansatzes, die Zeichen eines allgemeinen *Wir* mit Argwohn zu betrachten und sich grundsätzlich gegen Identitätspolitiken zu richten, liegt in der umfassenden Kritik an Ausschlussverfahren, -strukturen und -mechanismen, die eine mit eindeutiger Identität operierende gesellschaftliche Ordnung birgt. Damit richten sich Queer Studies gegen Ungerechtigkeiten und Separatismus und bergen die Möglichkeit, der Gefahr zu widerstehen, sowohl die Strukturen von Ausgrenzung als auch die Mechanismen der Reproduktion dieser Strukturen zu wiederholen, in die neue Denkrichtungen und politische Praxen – trotz Suche nach Alternativen zu Herrschaftsstrukturen und -verhältnissen – immer wieder geraten sind und geraten.

---

19 Gürses, Hakan: Das „untote" Subjekt, die „ortlose" Kritik. In: Perko, Gudrun/Czollek, Leah Carola (Hrsg.): Lust am Denken: Queeres jenseits kultureller Verortungen, Köln 2004, S. 151.

20 Anstelle der identitären Einheit kann Hannah Arendts Ausgangspunkt als Grund des Handelns herangezogen werden, für die Handeln und etwas Neues anfangen dasselbe sind – *archein*: „Weil jeder Mensch auf Grund des Geborenseins ein *initium*, ein Anfang und Neuankömmling in der Welt ist, können Menschen Initiativen ergreifen, Anfänger werden und Neues in Bewegung setzen." Arendt, Hannah: Vita Activa oder vom tätigen Leben, München 1967, S. 15.

21 Castoriadis, Cornelius: Das Gebot der Revolution. In: Rödel, Ulrich (Hrsg.): Autonome Gesellschaft und libertäre Demokratie, Frankfurt/Main 1990, S. 55.

22 Das meint, schreibt Arendt, der Tatsache geschuldet ist, dass nicht ein Mensch, sondern viele Menschen auf der Erde leben und die Welt bevölkern, die nur in der Vielheit existiert. Vgl.: Arendt, Hannah: Vita Activa oder vom tätigen Leben. München 1967, S. 14.

Fazit: Pluralität als Veränderungskraft

Dabei meint Pluralität, die Vielfalt menschlichen Seins und menschlicher Lebensweisen – gebunden an Menschenrechte, Ethiken und Politiken der Anerkennung – ernst zu nehmen. Queer Studies bergen so die Möglichkeit, gegen Fremdbestimmungen und Identitätspolitiken der Pluralität auf allen Ebenen des gesellschaftlichen Lebens demokratisch Raum zu eröffnen. Zwar sind queere Menschen weitgehend aus der öffentlichen Institution des Politischen ausgeschlossen, doch kann Handeln im politischen Sinn im agoralen Raum stattfinden: als Ort impliziter Machtausübung der Handelnden in ihrer Heterogenität (Verschiedenheit) und Vielheit. In dieser queeren Pluralität liegt die Möglichkeit der Veränderung bestehender Verhältnisse zugunsten einer Gerechtigkeit für alle Menschen im Sinn von Social Justice. Insofern geht es nicht darum, gegenwärtige Demokratie abzuschreiben, sondern zu verändern. Es gilt im Sinn des denkenden Tuns und handelnden Denkens in unseren Verschiedenheiten „jedenfalls, dass diejenigen, die sich der Ernsthaftigkeit dieser Fragen (vgl. Einleitendes) bewusst sind, alles in ihrer Macht Stehende tun müssen – ob durch Wort, Schrift oder einfach durch ihre Haltung an den Orten, wo sie sich befinden –, damit die Leute aus ihrer derzeitigen Lethargie erwachen und im Sinn der Freiheit zu handeln beginnen".[23]

23 Castoriadis, Cornelius: Der Anstieg der Bedeutungslosigkeit. In: ders.: Autonomie oder Barbarei, Frankfurt/Main 2006, S. 20.

Carla Amina Baghajati

Muslimische Frauen und Demokratie

Entwicklungen und Herausforderungen in Österreich

Die Begriffe „muslimische Frau“ und „Demokratie“ wie selbstverständlich zueinander zu stellen, mag zuerst einmal verwundern. Jedes der Themen für sich ist im aktuellen Diskurs um den Islam derartig stark mit der skeptischen Frage nach der Kompatibilität des Islam mit der Moderne verbunden, dass sich in der Wahrnehmung womöglich sogar ein Widerspruch auftut. Sind muslimische Frauen nicht durch ihre Religion mit einer ganzen Reihe von Benachteiligungen gegenüber Männern konfrontiert? Wie kann sich aus einer dem Islam oft als immanent angelasteten „Unterdrückung der Frau“ überhaupt ein Partizipieren in der Gesellschaft entwickeln, geschweige denn eine Teilhabe am politischen Geschehen? Und – lässt der Islam überhaupt Demokratie zu? Doch gerade weil einerseits Klischees über die Lebenswelt von Musliminnen und Muslimen einen sachlichen und realitätsbezogenen Zugang häufig verstellen und sich andererseits die Situation von Frauen in muslimisch geprägten Gesellschaften tatsächlich alles andere als zufriedenstellend darstellt, ist das Nachdenken über den Anteil muslimischer Frauen an demokratischen Prozessen so bedeutend – und wie dieser, auch jenseits aller politischen Instrumentalisierung (schließlich wurden und werden Kriege unter beiden Aspekten zu legitimieren gesucht), zu fördern ist.

Voraussetzungen für gleichberechtigte Teilhabe von MuslimInnen in Europa

„Die richtige Frage ist die Hälfte der Wissenschaft“, soll der vierte Kalif Ali einmal gesagt haben. Viele der aktuellen Fragen, die an die Muslime in Europa derzeit herangetragen werden, implizieren bereits eine (negative) Antwort und sind dadurch mitverantwortlich, dass der Diskurs oft den Charakter einer Spirale ständiger Rechtfertigungen trägt. Dann, wenn etwa die Frage nach der Trennung zwischen Staat und Religion, die angeblich nicht vollzogen sei, völlig ausklammert, ob historische Prozesse im Orient überhaupt vergleichbar mit jenen im Okzident seien. Während Muslime in Europa sich wiederholt in diversen Dokumenten zum säkularen System bekennen, müssen sie sich gleichzeitig immer wieder fragen, inwieweit Säkularität in Europa überhaupt für sie konkrete Anwendung findet oder nicht vielmehr – mit dem Hinweis auf die mangelnde Verfasstheit des Islam und damit fehlender Ansprechpartner – sich der Staat bei sensiblen Bereichen, die direkt in die „Regelung innerer Angelegenheiten“ und damit in die Religionsauslegung eingreifen, auf die Expertise von außen durch Gutachten verlässt. Damit ist für Muslime in Europa die Trennung von Staat und Religion immer wieder verwischt. Österreich hebt sich durch das Islamgesetz von 1912 und die 1979 gegründete Islamische Glaubensgemeinschaft als offizielle Vertretung für die religiösen Angelegenheiten der Muslime von fast allen anderen europäischen Staaten positiv ab. Hier ist eine Basis gelegt, die durch den Anerkennungsstatus Muslime in den Rechtsstaat ganz direkt integriert und damit die Chance für eine echte Teilhabe legt. Weniger als anderswo, aber doch muss weiter festgestellt werden, wie viel noch immer *über* den Islam geredet wird, anstatt MuslimInnen direkt mit einzubeziehen. Vor allem wo es um Frauenthemen geht, geraten muslimische Frauen leicht zwischen die Fronten wohlmeinender BefreierInnen hier und traditionalistischer Vertreter der eigenen Community dort, die konträr, aber in der Art des ideologischen Zugangs verblüffend ähnlich letztlich die Definition, warum frau sich so oder so zu verhalten hätte, nicht den muslimischen Frauen selbst überlassen können.

Wie sehr haben muslimische Frauen in Österreich Anteil an Demokratie? Dazu bedarf es auch einer Definition, worin dieses demokratische Engagement genauer besteht. Dabei geht es eindeutig um viel mehr als nur um die Frage nach der Wahlbeteiligung und Repräsentanz in der Parteienlandschaft, so Musliminnen die österreichische Staatsbürgerschaft besitzen. Tatsächlich gibt es inzwischen einige Mandatarinnen mit muslimischem Hintergrund, vor allem in Wien und hier auf der Ebene von Bezirk und Landtag, im Nationalrat nicht. Vor allem wäre Demokratie als genereller mitgestaltender Zugang in die Gesellschaft zu verstehen und reicht damit von der aktiven Teilnahme bei Elternabenden bis hin zum Sich-Einmischen per Leserbrief oder in einem Online-Forum, um den öffentlichen Diskurs zu diesem oder jenem Thema mitzubestimmen, und auch hinein in die Familien und die Art und Weise, wie innerfamiliär Entscheidungsprozesse verlaufen. Auf die muslimische Community bezogen bleibt zu berücksichtigen, inwieweit sich Frauen im Vereinsleben etwa von Moscheegemeinden sichtbar engagieren oder welche Positionen sie innerhalb der Islamischen Glaubensgemeinschaft bekleiden und wie damit umgegangen wird.

Vielfalt innerhalb der Gruppe muslimischer Frauen

Zu bedenken wäre weiters, dass muslimische Frauen in sich keine homogene Gruppe darstellen. In einer Zeit, da vor allem bei so genannten Integrationsfragen verstärkt auf das Kennzeichen der Religion abgestellt wird, soll das alleinige Fokussieren auf „den Islam“ vermieden werden. Genauso wenig wie christliche oder jüdische Frauen einzig durch ihre Religionszugehörigkeit definiert werden, lassen sich auch muslimische Frauen nicht in eine einzige Schublade stecken. Der soziale, ethnische und kulturelle Hintergrund und vor allem der Grad der persönlichen Bildung (z.B. Beherrschung der deutschen Sprache, um Teilhabe überhaupt in vollem Umfang ermöglichen zu können) oder das Sich-verbunden-Fühlen mit dieser oder jener Denk- oder Rechtsschule im Islam spielen eine entscheidende Rolle. Mit der gebotenen Zurückhaltung bei persönlichen Beobachtungen lässt sich aber vielleicht gerade angesichts vieler emotionaler Debatten der letzten Jahre eine gewisse Solidarisierung untereinander beobachten. Egal wie Frauen es im Einzelnen mit der Glaubenspraxis halten, sehen sie vielfach ein gemeinsames Ziel darin, das verzerrte Bild des Islam und der Frauen im Islam zurechtzurücken. Bezeichnend dafür ist auch, dass sich in der Kopftuchfrage Gelassenheit breit macht und Frauen zunehmend nicht bereit sind, in das Stück Stoff Ideologien zu winden. Frauen sprechen sich immer öfter explizit dafür aus, den jeweiligen Umgang damit, das Tragen oder auch Nichttragen, einfach zu akzeptieren. Stehen Frauen mit und ohne Kopftuch bewusst nebeneinander und füreinander ein, könnte dies dem Gedanken der Selbstbestimmung wirksam Ausdruck verleihen und einseitigen Interpretationen von „Symbol der Ungleichbehandlung" bis „politisches Statement" den Boden entziehen.

Differenzierung zwischen Tradition und Religion

Um den Blick auf die theologische Auslegung kommt man dann doch nicht herum. Die Reflexion über Normen und Verhaltensweisen und inwieweit sie aus Religion und Kultur gespeist werden, findet gerade bei jungen Musliminnen der zweiten und dritten Generation auch im Austausch untereinander statt. Denn sehr oft werden Tradition und Religion zum Nachteil von Frauen und Mädchen miteinander vermischt. Kritisch angemerkt werden soll hierbei, dass dies nicht nur eine Frage einseitiger Medienberichterstattung ist, die dem Prinzip „bad news is good news", folgend kaum Raum für „Erfolgsgeschichten" über Musliminnen lässt, sondern teilweise auch durch das Verhalten von Muslimen selbst bestimmt wird. Wenn Macho-Gehabe auf Rückfrage völlig unbedarft auf die Religion geschoben wird, liegt auch hier eine Wurzel der Verstärkung von Vorurteilen. Ob dem jungen Mann, der auf die Frage, warum er bevormundend über seine Schwester spricht, ohne sie zu Wort kommen zu lassen, und sich gleichzeitig noch von ihr bedienen lässt, überhaupt bewusst ist, welchen Eindruck sein Handeln hinterlässt? Dass die scheinbar bequeme „Ausrede", das sei so „im Islam", um sich erst gar nicht auf weitere Diskussionen einlassen zu müssen, fatale Folgen für das Image der Muslime insgesamt hat? Schließlich potenziert ein solches Gehabe erst recht den Eindruck der muslimischen Frau als „Opfer" vor allem männlich dominanten Verhaltens. Aus einer solch bemitleidenswert inaktiven und unselbstständigen Rolle herauszutreten, die sich in einer fatalen Verkettung von inneren Missständen und äußerem Simplifizieren immer stärker zu etablieren scheint, ist nicht einfach. Sich als mündige, selbstbestimmte Entscheidungsträgerin zu begreifen und dementsprechend zu handeln wird erschwert, wenn die Umwelt, sei es nun die eigene Community oder die „Anderen", längst auf ein bestimmtes Bild fixiert ist. Zynisch mutet es an, wenn muslimischen Frauen unter Verweis darauf, dass man nach außen nicht den Eindruck der Befürwortung oder gar Förderung frauenfeindlicher Strömungen erwecken möchte, die Teilhabe, etwa im Berufsleben, verweigert wird.

Gleichzeitig zeigt dies, wie viel Dialogbedarf besteht. Die Implementierung der EU-Gleichbehandlungsrichtlinien brachte zwar mit sich, dass sich „religiöse Diskriminierung" am Arbeitsplatz verbietet. De facto aber erleben Trägerinnen eines Kopftuches immer wieder, dass die Stelle „leider schon vergeben" ist. Weiß der potenzielle Arbeitgeber darum, dass eine Ablehnung wegen des Kopftuches ein gerichtliches Nachspiel haben könnte, so lässt sich diese Aussage leicht vermeiden. Aber auch wer völlig offen sagt, dass er selbst kein Problem damit habe, aber um die Ablehnung der Kunden wisse und nun einmal keine Geschäftseinbußen hinnehmen könne, braucht kaum damit zu rechnen, sich dafür verantworten zu müssen. In vielen Gesprächen mit betroffenen Frauen kommt zum Ausdruck, dass diese sich davor scheuen, ihren Fall gerichtlich klären zu lassen, wissend darum, dass zumindest im Stillen die Sympathie der breiten Öffentlichkeit mit dem Arbeitgeber wäre.

Rollenbilder auseinandernehmen – auch aus theologischer Sicht

Die Tatsache, dass der Islam immer wieder als Rechtfertigung vorgeschoben wird, um Frauen in den Hintergrund drängendes Verhalten scheinbar zu legitimieren, lässt die Frage, wie es sich nun tatsächlich mit der gesellschaftlichen Bedeutung der Frau aus theologischer Sicht verhält, umso bedeutender erscheinen. Vor allem eine Dekonstruktion von angeblich aus dem Islam abgeleiteten Rollenbildern kann Bewusstsein dafür wecken, dass frauenfeindliche Mechanismen aufgezeigt und überwunden werden müssen. Dabei geht es in erster Linie um einen innermuslimischen Diskurs. Diesen aber auch in der Außensicht wahrnehmbar zu gestalten ist von immenser Bedeutung, um die Tendenz abzubauen, im Islam an sich den „Feind" von Chancengleichheit für muslimische Frauen zu sehen.

Der Koran unterstreicht die Gleichwertigkeit der Geschlechter: „Die einen von euch sind von den anderen."[1] Mann und Frau sind aus gleicher Substanz geschaf-

---

1 Die Koranzitate folgen im Wesentlichen der Übertragung von Max Henning in der Überarbeitung von Murad Wilfried Hofmann, Istanbul 2003, Sure 3, Vers 195, S. 76.

fen.[2] Zu gleichen Teilen sind sie Adressaten im Koran, in der Anrede heißt es immer wieder „ihr gläubigen Männer, ihr gläubigen Frauen".[3] Mann und Frau sind als füreinander Verantwortung tragende Partner beschrieben, die in freundschaftlicher Weise miteinander umgehen.[4] Dieser Aspekt wurde auch in der Schlusserklärung der Europäischen Imamekonferenz von 2006 in Wien herausgehoben.[5] Denn hieraus lässt sich besonders anschaulich ableiten, dass es kein hierarchisches Verhältnis zwischen den Geschlechtern geben soll.

Kollektivdenken im Kontrast zum Konzept individueller Verantwortlichkeit

Wie kommt es dann dazu, dass Frauen immer wieder als Opfer eines streng patriarchalischen Systems gelten bzw. tatsächlich unter Benachteiligungen leiden? Zum einen wirken vorislamische Traditionen, vor allem Stammestraditionen, fort. Hier ist besonders der Ehrbegriff zu beleuchten. Stammes- oder Clandenken geht viel weniger von der persönlichen und unantastbaren Würde des Einzelnen aus, als sich auf das Kollektiv und einen für dieses geltenden Verhaltenskodex zu beziehen, der für alle verletzt wäre, wenn auch nur ein Teil zuwiderhandle. Die Betonung der Bedeutung des Individuums kann dagegen auch als Kernaussage des Islam beschrieben werden, siehe etwa: „wa laqad karamna bani Adam – Und Wir versahen die Menschen mit Würde".[6] Im Koran finden wir das Wort „Ehre", arabisch „scharaf", nicht, sondern stattdessen „karamah", Würde. Im Bedeutungsfeld schwingt anders als bei „scharaf", das eher auf einen gesellschaftlichen Rang wie „Adel", „von hohem Rang", „hochgestellt" anspielt, bei „karamah" Ethisches mit: Die gleiche Wortwurzel im Adjektiv „karim" gibt Eigenschaften wie edel, hochherzig, freigiebig, wohltätig, gastfreundlich, gütig, gnädig, achtbar usw. an. Würde wird also aus der Menschlichkeit selbst abgeleitet und nicht mit einem Stand verbunden. Gerade in Verbindung mit der Diskussion um Demokratie ist eine Reflexion über derartig essenzielle Fragen von immenser Bedeutung. Aus dem Islam lässt sich eine Balance ableiten zwischen der Betonung der individuellen Persönlichkeit und dem Tragen von Verantwortung für die Gemeinschaft.

Nicht nur im Koran, sondern auch in der zweiten Hauptquelle des Islam, dem Hadith, also der später in Einzelberichten gesammelten vorbildhaften Lebensweise

2 Ebd., Sure 4, Vers 1, S. 77.
3 Ebd., Sure 33, Vers 35, S. 422.
4 Ebd., Sure 9, Vers 71, S. 198.
5 Siehe: http://www.derislam.at/islam.php?name=Themen&pa=showpage&pid=174
6 Koran, Sure 17, Vers 70. Henning übersetzt allerdings mit „auszeichnen".

des Propheten Muhammad, wird ständig Mut gemacht, die Möglichkeit eigenen Engagements zu nutzen. Damit wären wir auch bei einem der am meisten diskutierten Fachbegriffe angelangt, dem „Dschihad", dem Sich-Einsetzen auf dem Weg Gottes. So wie ein Hadith den Ausspruch des Propheten überliefert – „Der größte Dschihad ist ein wahres Wort gegen einen Tyrannen" –, vermittelt dies etwas von der Dimension, wie sehr das kritische Mitdenken und Hinterfragen auch von Machthabern gefordert ist und Kontrolle von unten im Konzept des Regierens selbst Platz haben muss. Eine Frau gibt im Koran ein Beispiel dafür: Die Frau des Pharao setzt sich über seinen Befehl, alle männlichen Babys zu töten, hinweg und nimmt Moses auf. Das Prinzip der Zivilcourage liegt in diesem Hadith: „Wenn du etwas siehst, das nicht in Ordnung ist, so sprich dagegen oder handle dagegen. Wenn das nicht geht, so fasse wenigstens im Herzen Widerstand." Es versteht sich von selbst, dass dies, wie alle religiösen Gebote und ethischen Empfehlungen, sowohl für Männer als auch für Frauen gilt. Selbstbewusstsein und Mündigkeit sind auch durch das Bildungsgebot nach dem koranischen Motto „Wollt ihr nicht nachdenken?!" auszuschöpfen.

Solange ein sozio-kultureller Hintergrund dazu führt, eingebildete oder tatsächliche Erwartungshaltungen der Gruppe derartig zu verinnerlichen, dass sie im Extremfall den Maßstab des eigenen Handelns selbst gegen religiöse Gebote, ja im scharfen Kontrast zu ihnen, bestimmen, wird dieser Ausgleich zwischen der Bedeutung des Individuums und der Gesellschaft als Rahmen, in dem sich das Individuum als nützliches Mitglied bewährt, zu Ungunsten des Individuellen aufgehoben. Das besonders komplexe Thema des „Ehrenmordes" führt dies aufs Dramatischste vor. Überhaupt ist in einem solchen Stammesdenken das eigene Ansehen direkt mit jenem der verwandten Frauen verknüpft, die damit weniger individuelle Trägerinnen von Würde werden als vielmehr Folie für den Ehrbegriff der Männer. Das islamische Prinzip „Keine Seele kann die Last einer anderen tragen"[7] wird verlassen. Diesem entsprechend sollte es selbstverständlich sein, dass jeder und jede schließlich nur dem eigenen Gewissen folgen kann und mit persönlicher Verantwortung für das eigene Handeln einstehen muss. Stattdessen kommt eine Gruppendynamik ins Spiel, die im schlimmsten Fall einen solchen Druck bewirkt, dass wider bessere Überzeugung Taten gesetzt werden. Besonders tragisch mutet dies vor allem dann an, wenn um gewisse Themen, vor allem mit sexueller Konnotation, gleichzeitig eine so große Tabuisierung aufgebaut wurde, dass wegen mangelnder interner Diskussion sich Einstellungen weiterschleppen, die längst von der Mehrheit innerlich abgelehnt werden – aber ohne dass darüber je ein befreiendes Wort gesprochen würde.

7 Koran, nach ebd., Sure 2, Vers 123, S. 19.

Fehlende weibliche Perspektiven in der Auslegung

Eine weitere Wurzel liegt in der Auslegungstradition an sich. Wenig überraschend bietet sich ein ähnliches Bild wie im christlichen Bereich, als Frauen über Jahrhunderte kaum in der Exegese öffentlich in Erscheinung treten konnten. Dabei gibt es zu Beginn durchaus eine Tradition gelehrter Frauen. Auf diese beziehen sich viele moderne Musliminnen, wissend um die Kraft der Argumente, die sich auf die Vorbildwirkung dieser Zeit beziehen. Chadidscha, die erste Frau des Propheten Muhammad, war nicht nur gut 15 Jahre älter als er, sondern als gebildete Kauffrau seine Arbeitgeberin, die dem jungen Mann einen Heiratsantrag machte. Als er etwa 15 Jahre später mit ersten Offenbarungserlebnissen nach Hause kam, war sie es, die ihn bestärkte und vor allem ihren Einfluss nutzte, um die Botschaft des Einen Gottes zu verbreiten. Die Frauen um den Propheten bieten mit ihren Biografien ganz unterschiedliche Lebenskonzeptionen an und können damit auch einen Gegenpol zu jenen Traditionalisten bilden, die am liebsten über ein überbetontes Hadith wie „Das Paradies liegt unter den Füßen der Mütter" das Rollenbild als Hausfrau und Mutter favorisieren möchten. Von der sozial engagierten Helferin der Armen bis zur hochintellektuellen Denkerin finden sich Beispiele. Umm Salama erlangte vor allem dadurch Berühmtheit, dass sie dem Propheten in einer kniffligen Situation einen politischen Ratschlag erteilte, den er dann erfolgreich befolgte. Hafsa wurde das kostbare erste handschriftliche Exemplar des Koran anvertraut. Über Aischa wird ehrend gesagt, man könne „die Hälfte der Religion" bei ihr lernen, denn sie war auch dadurch, dass sie den Propheten um Jahrzehnte überlebte, eine zuverlässige Quelle in vielen Alltagsfragen, gerade wenn es um Frauenthemen ging. Historisch trat sie auch dadurch in Erscheinung, dass sie in den Diskussionen um die Nachfolge Partei ergriff und ihre Autorität demonstrativ und alles andere als unumstritten einsetzte. Fatima, eine Tochter des Propheten, öffnet bis heute vor allem spirituelle Wege und ist in ihrer starken Persönlichkeit aber auch Zeugnis für die gesellschaftliche Kraft von Frauen.

Muslimische Frauen waren sehr präsent in der Moschee als zentralem Versammlungsplatz und Ort von Debatten. Dass sie die Gelegenheit nutzten, drängende Fragen anzusprechen, ist mehrfach überliefert. Besonders bezeichnend die Geschichte jener Frau, die sich energisch einmischte, als man die im Ehevertrag festzulegende Summe Geldes, die im Scheidungsfall als Absicherung der Frau zu zahlen ist, begrenzen wollte. Mit ihrer stichhaltigen Argumentation sorgte sie dafür, dass diese Idee fallen gelassen wurde. Frauen fungierten als Gelehrte und unterrichteten dabei auch Männer. Erst im Mittelalter hatten sich die Umstände dahingehend gewandelt, dass der bekannte Philosoph Averroes in einem seiner Texte beklagte, der Gesellschaft gehe die „Hälfte ihres Potenzials" verloren. Der Orientalist Ismail Balic führt im Vorwort zur Übersetzung von „Die Befreiung der Frau" von Qasim Amin, einem ägyptischen Intellektuellen der Jahrhundertwende, als Grund dafür an, dass der Islam im Zuge seiner Ausbreitung und des sich gleichzeitig verstärkenden Wohlstands zunehmend das Modell des „pater familias" aus dem Mittelmeerraum absorbierte.[8] So fremd mutet das „Meine Frau hat es nicht nötig zu arbeiten" gar nicht an. Wer um den Umstand weiß, dass eine muslimische Frau theologisch in keiner Weise verpflichtet ist, von ihrem persönlichen Vermögen, etwa durch Berufstätigkeit, zum Familienauskommen beizutragen, weil dies Sache des Mannes ist, kommt unschwer zu der Überlegung, ob nicht hier ein starkes Frauenrecht Stück für Stück ausgehebelt wurde. Denn dass finanzielle Unabhängigkeit eine Frau damit ungebunden an einen „Ernährer" macht, ist ebendiesem womöglich suspekt.

Tatsache ist, dass eine spezifisch weibliche Sicht auf theologische Fragen nach und nach verloren ging. Der oben erwähnte Autor kann als Beleg dafür dienen, wie erste Anstrengungen, der Rolle der Frau endlich wieder das nötige Gewicht zu verleihen, nicht einmal von Frauen ausgingen. Er hatte sein Schlüsselerlebnis, als er in Frankreich hoch gebildete Frauen in den Salons erlebte, die hier ihren Einfluss entfalteten, de facto aber rechtlich weit schlechter gestellt waren als eine muslimische Frau. Weder konnten sie vermögensrechtlich über sich bestimmen noch waren sie in der Lage, ihren Familiennamen bei Heirat beizubehalten, die sie in einen rechtlichen Stand versetzte, nicht viel anders als die Beziehung eines Mündels zum Vormund. Vorher hatte der Vater zu bestimmen, nun der Gatte. Qasim Amin beschäftigte die Frage, wie es möglich sei, dass für ägyptische Frauen eine derartige Kluft zwischen dem damaligen, gegenüber Europa weitaus frauenfreundlicheren Recht und der Realität eines auf die eigenen vier Wände beschränkten Lebens bestehen konnte. Seine Hauptthese, dass der Schleier ja keineswegs dahingehend missinterpretiert werden dürfe, die Frauen aus dem Gesellschaftsleben zu verbannen, sondern im Gegenteil einen von Äußerlichkeiten freien Umgang zwischen den Geschlechtern in der Öffentlichkeit zu sichern, wird auch heute noch diskutiert.

Dynamik, nicht Statik als muslimisches Prinzip

Heute werden Auslegungen – auch von Frauen – vor allem daraufhin untersucht, ob sie noch zeitgemäß sind. Der Islam trägt den dynamischen Anspruch in sich, dass seine Quellen jeweils vor dem Hintergrund von Zeit, Ort und handelnden Personen, also den gesellschaftlichen Rahmenbedingungen, neu zu beleuchten wären. Auch dies ist ein Grund für die Ausbildung einer Vielzahl von Rechtsschulen, wo-

8 Amin, Qasim: Die Befreiung der Frau (Überarbeitung: Smail Balic). In: Khoury, A. Th./Hagemann, L. (Hrsg.): Religionswissenschaftliche Studien, Band 20, Würzburg 1992, S. 9-26.

bei dieser Pluralismus immer positiv auch als eine Vielzahl von Optionen betrachtet wurde. Das den monotheistischen Religionen insgesamt angelastete Problem „immerwährender Wahrheit“ stellt sich so durch den im Islam selbst begründeten Anspruch auf Aufklärung und Entwicklung nicht als Betonieren von Positionen dar, sondern als in der Rückbeziehung auf den Einen Gott durchaus geschmeidige Form, auf Basis der Quellen immer wieder neue Mechanismen für die praktische Umsetzung zu finden. Prinzipien wie der „Nützlichkeitsgedanke“ oder der Grundsatz „Was nicht verboten ist, ist erlaubt“ zeigen, wie viel Spielraum hier gegeben ist. Um diesen auch wirklich auszuschöpfen, ist ein lebhafter innerer Diskussionsprozess unabdingbar. Angelegenheiten in „gegenseitiger Beratung“ zu ordnen ist in der gleich lautenden Überschrift der 42. Sure „Asch-Schura“ festgehalten. Sie wird heute gerne zitiert, um Demokratie als mit dem Islam kompatibel zu beschreiben. Frauen wurden in der frühesten islamischen Geschichte bei politischen Absprachen einbezogen. Bevor der Prophet Muhammad 622 nach Medina auswanderte und dort das erste muslimische Gemeinwesen gründete, waren entsprechende Vorgespräche mit den dortigen Bewohnern nötig. Beim als „Zweiter Vertrag von Aqaba“ in die Geschichte eingegangenen Bündnisvertrag waren immerhin zwei Frauen (von 75 Delegationsteilnehmern aus Medina, auch dies sei nicht verschwiegen) dabei. Ihre Stimmen wurden voll gewertet.[9]

Bevormundender „Schutz“ versus mündige Entscheidungsfreiheit?

Eine Vielzahl von Reglementierungen bei Frauen lassen sich unter einen „Schutzgedanken“ fassen. Über die Angemessenheit von Maßnahmen zur Sicherheit in Abwägung der Gefahr eines Eingriffs in Persönlichkeitsrechte wird im Westen gerade ein breiter Diskurs geführt. Muslimische Frauen könnten hierüber ein ganz eigenes Lied singen. Nur ein Beispiel: Freilich ist es etwas ganz anderes, im 7. Jahrhundert in der arabischen Wüste per Karawane unterwegs zu sein und dabei wochenlang entweder im Freien oder in womöglich zwielichtigen Quartieren nächtigen zu müssen oder heute in ein Flugzeug einsteigen zu können. Darauf haben moderne Auslegungen reagiert, die wegen der heutigen Sicherheit im westlichen Reiseverkehr die frühere Auffassung aufgehoben haben, eine Frau dürfe ohne männlichen Schutz (seitens eines Verwandten oder des Ehemannes) nicht weiter als einen bestimmten, überschaubaren Radius reisen (Tagesreise eines Kamels, daher auch „Kamelfatwa“). Den Charakter von Bevormundung kann aber auch die Lesweise scheinbar eindeutig „frauenfreundlicher“ Aussagen gewinnen. Berühmt

9 Vgl.: Barnaby Rogerson: The Prophet Muhammad. A Biography, London 2003, S. 117.

ist das durch seine Gattin Aisha nach dem Hadith-Sammler Tirmidhi überlieferte Prophetenwort: „Der beste von euch ist der, der am besten zu den Frauen ist.“[10] Nicht gemeint dürfte hierbei sein, als Mann dann gleich zu bestimmen, was denn „das Beste“ für Frauen sei!

Reizvoll wäre es nun, genauer zu analysieren, wie muslimische Frauen immer stärker ihren Platz in der Gesellschaft einzunehmen suchen. Dabei wirken unleugbar sowohl ein neu erwachtes Selbstbewusstsein jener Musliminnen, die ihr Engagement aus der Religion ableiten, und ein allgemeiner Trend zusammen, der Wörter wie „Gender Mainstreaming“ in den allgemeinen Sprachschatz erhob. „Tatsachen schaffen“ oder „Agieren statt Reagieren“ – dieses ehrgeizige Motto wurde unter Musliminnen in Österreich immer wieder laut. Viele Frauen erkennen, dass es nicht nur darum gehen kann, theoretisch zu formulieren, wie und warum Frauen Chancengleichheit gebührt, sondern darum, sichtbare Präsenz zu beweisen – sei es am Arbeitsplatz, im sozialen Engagement, in den Medien, in der Politik oder in NGOs.

Junge Organisationen wie die „Muslimische Jugend Österreich“, die mit Hunderten Mitgliedern ein gleichberechtigtes Zusammenarbeiten und Auftreten von Männern und Frauen verwirklicht, geben Hoffnung. Im Dezember 2007 wurde mit Tuğba Şeker erstmalig eine Frau als Vorsitzende an die Spitze einer großen muslimischen Organisation gewählt. Dies erscheint auch darum bedeutsam, als in den muslimischen Vereinen im Allgemeinen bestenfalls Untergruppen für Frauen bestehen. Diese Frauenabteilungen leisten gerade in den „klassisch“ den Frauen zugeschriebenen Aufgabenbereichen, also im Sozialen, viel. Inwieweit von hier ausgehend aber eine echte Mitbestimmung in generellen Entscheidungsfindungsprozessen existiert, bleibt eher fraglich. So wird in Gesprächen unter Frauen einerseits das Bedürfnis nach offenen Diskussionen untereinander, sozusagen „im geschützten Raum“, laut. Andererseits sieht frau die Notwendigkeit, solche Diskurse auch mit Männern zu führen und diese hier zu Verbündeten zu machen. Als Initiative muslimischer ÖsterreicherInnen haben wir daher seit 1999 bewusst den Weg gewählt, als Männer und Frauen sehr eng und gleichberechtigt zusammenzuarbeiten. Das führte dann auch dazu, dass die Initiative gebeten wurde, Frauen für die Wahlen bei der Islamischen Glaubensgemeinschaft aufzustellen. Damit traten zum ersten Mal seit 2000 Frauen in die Gremien ein. 2002 wurden beide in den Obersten Rat gewählt.

Sich einzumischen bedeutet auch die Entscheidung, das vielleicht bequeme Verstecken hinter dem Rücken anderer zugunsten eines mündigen eigenen Auftretens einzutauschen. Wenn kulturell bedingt eine eher zurückhaltende, höchstens im Hintergrund beratende und unterstützende Rolle für Frauen favorisiert wurde,

10 Khoury, Adel Theodor: So sprach der Prophet. Worte aus der islamischen Überlieferung. Gütersloh 1988, S. 263.

ja womöglich dafür religiös noch besonderer Lohn zu winken scheint, bedarf es nicht zuletzt des gegenseitigen Ermutigens von Frauen, selbst aus dem eigenen Schatten herauszutreten.

Utta Isop

„Utopieren heißt probieren“[1]

Solidarische Ökonomien und Partizipation

„Demokratisierung“ fordern soziale Bewegungen heute weltweit. Um weiter gehende Demokratisierung zu erreichen, sind viele Prozesse zur „Revolutionierung des Alltags“[2] nötig. Ohne diese praktizierten Versuche „heute, hier und jetzt“ bleiben theoretische Überlegungen leer. Bedeutsame Ziele dieser Forderung nach Demokratisierung sind die Ausübung von Basisdemokratie[3], Wirtschaftsdemokratie[4] und Solidarische Ökonomien. Für diese ist die aktive Partizipation aller, welche von einer politischen und/oder einer wirtschaftlichen Entscheidung betroffen werden, an dieser Entscheidung zentral. Deshalb sind Bezüge auf praktische Projekte gerade im Zusammenhang mit Solidarischen Ökonomien unverzichtbar.

Soziale Bewegungen kritisieren an repräsentativer Demokratie in Verbindung mit neoliberaler, auf Globalisierung gerichteter Ökonomie, dass die herrschenden Organisationsformen von Gesellschaften im Kontext heutiger historischer Entwicklung fünf wichtige Mängel aufweisen: Erstens leiden repräsentative Demokratien tendenziell an einer zu geringen Partizipation von Frauen und Minderheiten. Zweitens wird der Zusammenhang von Ökonomie und Demokratisierung zu wenig thematisiert und nicht institutionalisiert. Drittens wird durch ein formales Verständnis von Demokratie die Bedeutung von sozio-kulturellen Praktiken des Zusammenlebens für Demokratisierung nicht sichtbar. Viertens gibt es keine Praxis, militärische und kriegerische Gewalt durch Demokratisierung zu entschärfen. Fünftens führen die herrschenden Organisationsformen zu einer Verminderung von kultureller Diversität und Biodiversität anstatt zu deren Erhaltung und Vermehrung. Auf die ersten drei dieser Mängel repräsentativer Demokratie und neoliberaler Ökonomie unter heutigen historischen Bedingungen soll im Folgenden hier eingegangen werden. Gleichzeitig sollen einige wenige in sozialen Bewegungen entwickelte theoretisch-praktische Alternativen aus einer sehr großen Fülle bereits erarbeiteter alternativer Praxis- und Theorieformen vorgestellt werden.

---

1 Habermann, Friederike: Utopieren, heißt probieren. In: Stifung Fraueninitiative. Möller, Carola/Peters, Ulla/Vellay, Irina (Hrsg.): Dissidente Praktiken. Erfahrungen mit herrschafts- und warenkritischer Selbstorganisation, Königstein/Ts. 2006, S. 270.

2 Hammer, Heide: Revolutionierung. Auf der Spur kollektiver Widerstandspraktiken, Wien 2007.

3 Vgl.: Brand, Ulrich/Lösch, Bettina/Thimmel, Stefan: ABC der Alternativen. Von „Ästhetik des Widerstands“ bis „Ziviler Ungehorsam“, Hamburg 2007, S. 28.

4 Vgl.: ebd., S. 40.

Geringe politische Partizipation von Frauen und Minderheiten

Repräsentative Demokratien bedeuten einen zu würdigenden Versuch, über die Wahl von Parteien und RepräsentantInnen die meisten von Entscheidungen Betroffenen an den Entscheidungen selbst zumindest indirekt und mittelbar teilhaben zu lassen. Dennoch verhindern u.a. eine Reihe von historisch gewachsenen Institutionen und bestimmte gesellschaftliche Felder eine darüber hinausgehende direktere Demokratisierung. Drei dieser historisch ausdifferenzierten Felder, nämlich Markt, Staat und Militär, machen besonders deutlich, wie gering die Bedeutung von Prozessen der Demokratisierung in tatsächlichen Verhältnissen heutiger Gesellschaften geschätzt wird. Der Markt ist der offensichtlichste Bereich, der sich demokratischen Prozessen völlig entzieht. Das Militär untersteht zwar so genannter „demokratischer Kontrolle", ist aber in sich nicht nach demokratischen Prozessen strukturiert. Der Staat wird nach den Praxisformen repräsentativer Demokratie organisiert, der es bis jetzt nur sehr bedingt gelungen ist, basisdemokratische Prinzipien zu integrieren. Als ein Beispiel für den relativ geringen Grad an Demokratisierung im Bereich des Staates kann die von der IPU[5] errechnete Prozentzahl von 16% Frauen als Abgeordnete in rund 187 Parlamenten weltweit angesehen werden[6]. Diese 16% weiblichen Abgeordneten weltweit stellen in der ungefähr 120-jährigen Geschichte zur Erkämpfung des Frauenwahlrechts im „Jahrhundert des Feminismus"[7] durchaus einen Erfolg dar. Dennoch verweisen sie andererseits auf ein begrenztes Potenzial bestehender Institutionen, sich innerhalb des Tobens hegemonialer Kämpfe auf grundlegende Prozesse einer Demokratisierung hin zu öffnen. Diese Begrenzung lässt sich an vielen Phänomenen wie der Gläsernen Decke, dem Gender Pay Gap oder dem Nebeneinander von Frauenförderung und Frauenfeindlichkeit sehen. Geißel und Penrose[8] berichten von Politikerinnen-Studien, die zeigen, dass innerhalb von politischen Parteien ein Nebeneinander von Frauenförderung und struktureller Diskriminierung, von frauenfreundlicher Rekrutierung und männer-orientierter Organisations- und Kommunikationsweise von den Politikerinnen wahrgenommen würde. Es stellt sich die Frage, ob es Sinn macht, den engen Begriff politischer Partizipation, wie ihn die IPU mit der Aus-

5 Interparlamentarische Union: http://www.ipu.org/english/home.htm [Zugriff 23. 12. 2007].

6 Vgl.: Samouiller, Ségolène/Jabre, Kareen: Das allgemeine Wahlrecht und die politische Partizipation von Frauen. In: Ockrent, Christine (Hrsg.): Das Schwarzbuch zur Lage der Frauen. Eine Bestandsaufnahme, München 2007, S. 439.

7 Vgl.: Weckwert, Anja/Wischermann, Ulla (Hrsg.): Das Jahrhundert des Feminismus. Streifzüge durch nationale und internationale Bewegungen und Theorien, Königstein/Taunus 2006.

8 Vgl.: Geißel, Brigitte/Penrose, Virginia: Dynamiken der politischen Partizipation und Partizipationsforschung – Politische Partizipation von Frauen und Männern: http://web.fu-berlin.de/gpo/geissel_penrose.htm [Zugriff 23. 12. 2007], S. 18.

übung des aktiven und passiven Wahlrechts fasst, um die Bedeutungen sozialer Partizipation[9] zu erweitern. Dies wurde im Rahmen feministischer Partizipationsforschung unternommen. Politische Partizipation umfasst demnach nicht nur Handlungsoptionen wie Wahlrecht, Demonstration, Bürgerinitiative, öffentliche Diskussion usw., sondern auch Phänomene sozialer Partizipation. So werden vor allem soziale Tätigkeiten, in welchen Frauen sehr stark repräsentiert sind, z.B. ehrenamtliche Arbeit, Elternarbeit, kirchliche und karitative Organisationen, Selbsthilfegruppen, Pflege- und Fürsorgetätigkeiten, ebenfalls als eine erweiterte Form politischer Partizipation gesehen. Diese Erweiterung des Partizipationsbegriffs führt jedoch nicht dazu, dass alle, die von einer wirtschaftlichen und politischen Entscheidung betroffen werden, diese auch selbst fällen.

Was sich an den Schlüsseldaten zur Einführung des Frauenwahlrechts[10] in den verschiedenen Ländern weltweit sehr gut sehen lässt, sind die jeweils unterschiedlichen Wirkungen der Intersektionen Geschlecht, „race", Ethnie. So gewährt Australien 1902 zwar weißen Frauen das aktive und passive Wahlrecht, aber Aborigines und „farbige Menschen" erhalten es erst 1962, also 60 Jahre später. In den US-Bundesstaaten erhalten weiße Frauen nach 1920 das Wahlrecht, aber afroamerikanische Frauen erst 1965. Diese historischen Daten weisen auf die Tendenz hin, dass jede Minderheit ihr Recht, z.B. das Wahlrecht, für sich erkämpfen muss. Der Kampf um das Wahlrecht für Frauen ersetzt nicht den Kampf um das Wahlrecht für Minderheiten. Jedes gesetzliche Recht muss innerhalb einer repräsentativen Demokratie von um Hegemoniefähigkeit ringenden Minderheiten und/oder Gruppen erneut erkämpft werden. Es gibt so etwas wie eine „Nicht-Ersetzbarkeit des Kampfes um Rechte und Repräsentativität" in den herrschenden demokratischen Ordnungen. Dies wirkt sich bei so genannten „Mehrfachdiskriminierten" besonders schwerwiegend aus, denn diese können sich nicht für alle Kämpfe auf Rechte mit gleicher Intensität einsetzen, auch wenn dies notwendig wäre.

Der Eintritt von Frauen und Minderheiten in Parlamente verändert nicht das grundlegende Prinzip nur indirekter und mittelbarer Selbstbestimmung durch RepräsentantInnen im Bereich des Staates. Eine stärkere Partizipation von Frauen und Minderheiten in den agonalen Feldern repräsentativer Demokratien, Markt, Staat und Militär, wie dies in den letzten 50 Jahren weltweit versucht wurde, führt sicherlich zu einer größeren „Hegemoniefähigkeit" dieser Gruppen, aber nur sehr begrenzt zu einer tieferen Demokratisierung dieser und anderer gesellschaftlicher Bereiche. Sie trägt auch nur geringfügig zur Linderung der anderen problematisierten vier Mängel repräsentativer Demokratien und neoliberaler Ökonomie bei. Die Vergabe von Mikrokrediten stellt eine große Unterstützung für das Überleben

9 Ebd., S. 4.
10 Vgl.: Samouiller, Ségolène/Jabre, Kareen: ebd., S. 414 f.

von Frauen und ihrer Familien weltweit dar.[11] Dennoch ändert dieses Vorgehen nicht viel an der Dominanz von Geld- und Marktwirtschaft gegenüber jenen anderen Bereichen, in welchen Frauen traditionell arbeiten, wie Fürsorgetätigkeiten (Caring Labour[12]), wie Bedarfswirtschaft[13], wie Haus- und Familienarbeit[14].

Die VertreterInnen des Frauenweltmarsches gegen Armut und Gewalt[15] fordern beispielsweise die Nicht-Teilbarkeit von individuellen bürgerlichen, politischen, sozialen und wirtschaftlichen Menschenrechten. Es stellt einen Mangel des Demokratieverständnisses dar, wenn davon ausgegangen wird, dass die ökonomische Situation und die praktizierten Formen von Ökonomie keinen Einfluss auf die Möglichkeit politischer Partizipation ausüben. Konsequenterweise stellen geringes Vermögen und geringes Eigentum innerhalb der Europäischen Union aber keinen (z.B. mittelbaren) Diskriminierungsgrund dar, der einklagbar wäre. Nicht zufällig konnte der Frauenweltmarsch gegen Armut und Gewalt zwischen 2000 und 2005 weltweit rund vier Millionen Unterschriften sammeln.

Strukturelle Faktoren, welche die reale Ausübung politischer Partizipation in Form des aktiven und passiven Wahlrechts von Frauen weltweit verhindern, sind nicht nur Gewalt und Armut, sondern auch fehlende Bildung. Diese Faktoren verweisen auf die trotz formaler repräsentativer Demokratie dominanten sozio-kulturellen Praktiken, die verhindern, dass Demokratisierung zumindest in der Form repräsentativer Demokratie stattfinden kann. Prozesse der Demokratisierung können nicht nur an formal-rechtlichen Dimensionen ansetzen, wie dies z.B. die feministische Kritik der Menschenrechte deutlich macht.[16] Das formale Recht, als Abgeordnete in ein Parlament gewählt werden zu dürfen, ist eine wichtige Voraussetzung für Demokratisierung. Aber die sozio-kulturellen Praktiken, die ermöglichen, dass ausreichend Bildung, ausreichend Erfahrung, ausreichend Ermutigung, ausreichend Geld und anderes vorhanden ist, sodass einzelne Frauen Identitäten ausbilden können, um Abgeordnete zu sein, werden dadurch nicht benannt und sichtbar gemacht. Die zapatistische Bewegung z.B. pflegt seit ca. 13 Jahren Formen

---

11 Vgl.: Nowak, Maria: Kleinkredite helfen Frauen in aller Welt. In: Ockrent, Christine (Hrsg.): ebd., S. 490.

12 Vgl.: Folbre, Nancy: Caring Labour. In: Ressler, Oliver: Alternative Economics. Alternative Societies, Gdańsk 2007, S. 151.

13 Shiva, Vandana: Erd-Demokratie. Alternativen zur Neoliberalen Globalisierung, Zürich 2007, S. 32.

14 Eichler, Margrit/Matthews, Ann: Was ist Arbeit? Eine Betrachtung aus der Perspektive unbezahlter Hausarbeit. In: Ernst, Waltraud: Leben und Wirtschaften – Geschlechterkonstruktionen durch Arbeit, Münster 2005, S. 17.

15 http://www.marchofwomen.org [Zugriff 31. 12. 2007].

16 Dackweiler, Regina-Maria: Transversale feministische Politik für globale Gleichheit. In: Degener, Ursula/Rosenzweig, Beate: Die Neuverhandlungen der Gerechtigkeit. Feministische Analysen und Perspektiven, Wiesbaden 2006, S. 186.

basisdemokratischer Selbstverwaltung und übt dabei bestimmte sozio-kulturelle Praktiken, welche sie umschreibt und benennt: „sich nach den Langsamsten zu richten" – das heißt, die Gruppenprozesse, politische und wirtschaftliche Entscheidungen an den Langsamsten der Gruppe zu orientieren. Dies stellt die Prozesse repräsentativer Demokratie (Mehrheitsentscheid) und neoliberaler Ökonomie, nach welchen unser Leben ausgerichtet ist, infrage.

Beispiele für Solidarische Ökonomien in Verbindung mit Basisdemokratie

Die zentrale Argumentation, welche den folgenden feministischen Theorien und Praxisbeispielen gemeinsam und dadurch zentral ist, lautet: Solidarische Ökonomien sind von ihren Hauptgedanken her darauf gerichtet, das für ein gutes Leben Notwendige allen Menschen gemeinsam zur Verfügung zu stellen. Da Menschen, die als Frauen sozialisiert sind bzw. sich selbst als solche identifizieren, traditionell in diesen gesellschaftlichen Feldern der Notwendigkeit, Versorgungsarbeit, Bedarfswirtschaft usw. dominant sind, könnte mit einem Zentralwerden dieses Anspruchs auch eine Veränderung der Stellung und Bedeutung von Frauen einhergehen. Der Begriff des „gemeinsamen Eigenen" oder der „Allmende" ist ein Element, das feministische Theorien mit Solidarischen Ökonomien verbindet.

Diese Ökonomien unterscheiden sich von Alternativen Ökonomien[17] durch ihr „marktkritisches Außenverhältnis". Während Alternative Ökonomien den solidarischen Anspruch nur auf das Innere einer Gruppe oder z.B. einer Genossenschaft beziehen, richtet sich der Anspruch auf Solidarität im Begriff der Solidarischen Ökonomien besonders nach außen auf die Markt- und Geldwirtschaft. Solidarische Ökonomien sind durch diesen Anspruch markt- und warenkritisch zu verstehen,

---

17 Carola Möller: Theoretische Zugänge zu solidarischer Ökonomie aus feministischer Sicht: http://coforum.de/?1699 [Zugriff 23. 12. 2007].
„Die Vorstellungen, die sich unter dem Begriff 'alternative Ökonomie' versammeln, sind unterschiedlich und teilweise gegensätzlich. Viele Begriffe sind im Umlauf: Économie sociale, Soziale Ökonomie, Lokale Ökonomie, Moralische Ökonomie, Gemeinwesenökonomie, Solidarische Ökonomie u.a.m. Den einen reicht es, wenn die inneren Strukturen eines Projekts 'alternativ' sind, wenn es z.B. weniger Hierarchien gibt und die Mitbestimmung aller gewährleistet ist, aber nach außen konkurriert man mit seinen Produkten und seiner Arbeit auf dem 'freien Markt', der nicht infrage gestellt wird und dessen Regeln Priorität haben. Die Soziale Ökonomie wiederum entspricht dem, was bei uns als 'Dritter Sektor' seit einigen Jahren mit viel öffentlichen Lohnsubventionen, niedrigen Löhnen und ehrenamtlicher Arbeit aufgebaut wird. Hier werden Leistungen angeboten, die nicht profitabel zu vermarkten, aber notwendig sind, um den Ersten Sektor (Privatwirtschaft) und den Zweiten Sektor (Staat) funktionsfähig zu halten."

denn die Praktiken von Markt- und Geldwirtschaft stellen die Grundsätze Solidarischer Ökonomien infrage und umgekehrt. Carola Möller versucht eine Definition von solidarischem Wirtschaften zu geben:

> „Ziel eines bedürfnisorientierten, solidarischen Wirtschaftens ist es, Wirtschaften, Arbeiten, Lernen und Leben wieder zu verbinden mit der Absicht, eine gute und sich möglichst verbessernde Lebensqualität auf der Basis einer lokal orientierten und überörtlich vernetzten Selbstversorgung für alle herzustellen. Es ist ein Wirtschaften und Arbeiten für ein 'gemeinsames Eigenes'. Die Reproduktion des Lebens ist das Ergebnis von Zusammenarbeit und gegenseitiger Unterstützung, in die alle Personen mit gleichen Rechten und gemäß ihren Möglichkeiten einbezogen sind. Eine eigenständige Existenzsicherung resultiert aus bezahlten und unbezahlten Leistungen für gesellschaftlich notwendige und ökologisch sinnvolle Arbeiten."[18]

Auch die Theorie der Geschenksökonomie[19] ist auf Basis von gesellschaftskritischen Ansätzen der Zweiten Frauenbewegung in den 1970er Jahren entwickelt worden. Geben und Nehmen zur Stillung von Bedürfnissen konkreter Menschen in der nahen Umgebung folgt diesem Verständnis nach in den seltensten Fällen der Tauschverpflichtung von „nur wenn du dieses machst, mache ich jenes". Sowohl die „Akte des Schenkens" als auch das „Verlieren von Zeit" widersprechen der Tauschverpflichtung und Geldproduktion, über welche Gesellschaften heute als miteinander verbunden und voneinander getrennt gedacht und praktiziert werden. Es sind dies Ansatzpunkte, das „Schenken in nahen Beziehungen" und das „Verlieren von Zeit mit Kindern", und keine „markt-reinen", von der Verwertung unbelasteten Räume; aber eben Ansatzpunkte für andere Formen von Beziehungen zwischen Menschen, die den Absolutheitsanspruch von Markt, Geld und Tausch infrage stellen:

> „Es existiert ein grundlegendes Paradigma mit weit reichenden Auswirkungen, das nicht erkannt und nicht beachtet wird. [...] Ich nenne diesen unsichtbaren und bedeutenden Teil unseres Lebens 'das Paradigma des Gebens'. Dies ist eine Art, Realität zu konstruieren und zu interpretieren, welche durch die Praktiken der Mutterschaft und Elternschaft bestimmt wird. Das Paradigma des Gebens, das zentral von Frauen praktiziert wird, zumindest solange Frauen den größten Teil der Elternarbeit übernehmen, stellt das Geben als Befriedigung von notwendigen Bedürfnissen in sein Zentrum."[20]

Genevieve Vaughan geht es um die Infragestellung des in marktwirtschaftlich orientierten Gesellschaften vordergründigen Zwangs zum Tausch und zur Reziprozität.

---

18 Ebd.

19 http://www.gift-economy.com [Zugriff 31. 12. 2007].

20 Vaughan, Genevieve: For-Giving. A Feminist Criticism of Exchange, Austin 1997, S. 30. Übersetzung von U.I.

Durch die Entkoppelung von Geben und Nehmen entsteht eine Form von Fülle, die völlig anders strukturiert ist, weil ihre Grundlage das Beziehungsgeflecht aktuell miteinander verbundener Menschen ist.

Ein realisiertes Projekt Solidarischer Ökonomien und ermutigendes Beispiel für die Selbstorganisation auch in materiellen Notlagen stellt die Frauenorganisierung in Santa Fe dar, die Friederike Habermann in ihrem Buch „Aus der Not eine andere Welt" beschreibt. Die SAC, Sindicato de Amas de Casa, eine Hausfrauengewerkschaft, wurde 1985 gegründet, um eine Rente für Hausfrauen zu erkämpfen, und zählte in ihrer Blütezeit 80.000 Mitglieder. Als die wirtschaftliche Krise in Argentinien die Zahlung der Mitgliedsbeiträge erschwerte, traten viele Tausende aus. Nach dem Crash 2001 in Argentinien gründeten Frauen das Netzwerk „Red Interbarrial Mujeres", das sich die Existenzsicherung und Selbstversorgung der nun nicht mehr ausreichend durch das Gehalt des Mannes abgesicherten Familien zum Ziel setzte. 2003, ein Jahr nach seiner Entstehung, hatte dieses Frauennetzwerk 500 Mitglieder, die Barrios (Stadtteile). Für die Frauen im solidarischen Netzwerk Red gilt, dass es sie sind und nicht ihre Männer, die politische Forderungen stellen, die schreiben, die diskutieren, sich zusammenschließen, demonstrieren, auf die Stadtverwaltung gehen, Versammlungen abhalten, mit Geld umgehen und revoltieren.

Solidarische Ökonomien bedürfen der stetigen Kritik an Geschlechterverhältnissen

Dieses Bild einer sehr starken Partizipation und Repräsentation von Frauen im Red Interbarrial de Mujeres ändert sich vor dem inneren Auge schlagartig, wenn der Blick auf die Ausübung repräsentativer Funktionen mit Außenkontakten in der MTD Solano fällt, einer großen Bewegung erwerbsloser ArbeiterInnen in Buenos Aires, die fast ausschließlich von Männern ausgeübt werden.[21]

Ein ähnliches Bild ergibt sich bei der Analyse der Forderungen, Repräsentationsformen und Bewegungsräume indigener Protestbewegungen in Lateinamerika.[22] Exemplarisch greift Stefanie Kron die Rückkehrerbewegung guatemaltekischer Kriegsflüchtlinge Anfang der 1990er Jahre am Beginn indigener Protestbewegungen und die Proteste der Nachbarschaftsräte (FEJUVE) in El Alto (Bolivien) 2005 auf.

21 Habermann, Friederike: Aus der Not eine andere Welt. Gelebter Widerstand in Argentinien, Königstein/Ts. 2004, S. 146.

22 Kron, Stefanie: Der stumme Schrei des Entsetzens. Frauenrechte und radikale Demokratisierungsbewegungen – eine Kritik. In: Marchart, Oliver/Weinzierl, Rupert (Hrsg.): Stand der Bewegung? Protest, Globalisierung, Demokratie – Eine Bestandsaufnahme, Münster 2006, S. 115 ff.

Im Verlauf dieser indigenen Bewegungen entstehen neue politische Räume für die Frage nach und Ausübung von Demokratie wie das Barrio und die Comunidad (ländliche Gemeinde). Es werden Forderungen nach politischen Partizipationsmöglichkeiten außerhalb von Instanzen der repräsentativen Demokratie (Parlament, Partei, Wahlen) aufgestellt. Stadtteilräte, Nachbarschaftsräte und Gemeinderäte sollen ebenfalls als Instanzen der Demokratie vom Staat anerkannt werden. Kron kritisiert scharf, dass im Widerspruch zur starken Sichtbarkeit von Frauen auf Bildern in Presse und Fernsehen am Beginn indigener Bewegungen eine reale Marginalisierung auf der später neu etablierten politischen Ebene entgegensteht:

> „Weil die Frauen aber in der Regel keine Landtitel erhielten, wurde ihnen auch die politische Mitbestimmung und Repräsentation auf lokaler Ebene verwehrt. Auf diese Weise kam es zu einer tendenziellen Verdrängung der Frauen aus den entstehenden Öffentlichkeiten. Sie wurden stattdessen auf ihre Rolle als 'Mütter' zur Reproduktion der Familien und Gemeinde festgelegt.“[23]

Die Kritik an Markt, Geld und staatsorientierten Ökonomien und alternative Vorschläge Solidarischer Ökonomie führen keinesfalls gleichsam als Selbstläufer zu einer stärkeren Partizipation von Frauen und Minderheiten in politischen, ökonomischen und kulturellen Prozessen. Es bedarf auch hier starker Frauenorganisationen und Gruppen, um einer Marginalisierung entgegenzuwirken. Eine neue Initiative auf europäischem Boden dazu ist etwa das zapatistische FrauenLesben-Treffen, das sich aus dem Netzwerk Ya-Basta[24] entwickelt hat und auf Projekte der Solidarischen Ökonomie rückwirken könnte[25].

Auf Differenzen im Denken und im politischen Handeln zu achten, lehren dekonstruktivistische und queere Theorien. Das heißt für den hiesigen Zusammenhang u.a., einer Identitätslogik zu widerstehen, die z.B. suggeriert, dass mit der Kritik an kapitalistischer Ökonomie und neuen Wegen in Richtung Solidarischer Ökonomien auch andere Formen von Herrschaft und Dominanz gleichsam automatisch mitbegegnet würden. Die Schwierigkeit im dekonstruktiv-queeren Denken besteht jedoch darin, die sich artikulierenden Bedürfnisse, politischen Forderungen und Selbstverständnisse von sich immer wieder völlig neu formierenden Gruppen, Identitäten und Selbstverständnissen einerseits radikal zu fördern und andererseits gleichzeitig alle diese entstehenden Identitäten und Kategorien wieder infrage zu stellen.[26] Wenn sich aber durch ein angewandtes Denken in Differenzen nicht da-

23 Ebd., S. 122 f.

24 http://www.ya-basta-netz.de.vu [Zugriff Dez. 2007].

25 Autonomes Zentrum KTS: kts-freiburg.org, http://www.mulitline-net.de/forum/index.php?board=101.0 [Zugriff Dez. 2007].

26 Perko, Gudrun: Queer-Theorien. Ethische, politische und logische Dimensionen plural-queeren Denkens, Köln 2005, S. 31.

von ausgehen lässt, dass ein Schritt in Richtung Solidarischer Ökonomien auch gleichzeitig eine stärkere Partizipation von Frauen und Minderheiten in allen Bereichen einer Gesellschaft ergibt, lässt sich dennoch danach fragen, ob Solidarische Ökonomien mit stark basisdemokratischen, anarchafeministischen, queeren Elementen nicht zumindest förderlicher und zuträglicher für eine stärkere Partizipation von Frauen und Minderheiten sein könnten. Die Notwendigkeit, innerhalb feministischer, queerer und geschlechterkritischer Bewegungen über Solidarische Ökonomien nachzudenken und neugierig zu sein, besteht.[27]

27 Habermann, Friederike: Aus der Not eine andere Welt. Gelebter Widerstand in Argentinien, Königstein/Ts. 2004, S. 182.

Regina Trotz

Kooperationen und Differenzen

Gruppendynamik und partizipative Prozesse

Demokratie im Blick dieses Textes wird als Strukturform des Politischen gesehen, welche zur Gestaltung von Entscheidungsfindungsprozessen eingesetzt wird, um zu gemeinsamen Lösungen unter der Voraussetzung unterschiedlicher Interessen(-gruppen) zu gelangen.

Meine Aufmerksamkeit richtet sich auf die Frage, wie diese Aushandlungsprozesse gelingen können, was es dafür braucht, was wichtig zu beachten wäre.

Wir lernen das Alphabet, wir lernen schreiben, wir lernen multiplizieren und später dann konstruieren, operieren, verkaufen. In jedem Lernvorgang steckt ausreichend Aneignung von Fachwissen, gilt es Abläufe und Modelle zu verstehen, Rahmenbedingungen zu schaffen, Ressourcen und fachkundige Lehrpersonen und Begleitung zur Verfügung zu haben. Dann können wir konstruieren, operieren, verkaufen.

Was mich immer schon wundert, ist: Beim Kommunizieren, Koordinieren und Kooperieren wird erstaunlicherweise ganz anders vorgegangen. Kaum eine/r darf lernen, üben, Modelle begreifen. Sondern: Aus unerfindlichen Gründen wird davon ausgegangen, dass genau diese Fähigkeiten den Menschen in die Wiege gelegt sind und sie deshalb einfach vorausgesetzt werden können. Die Qualität ist egal, Üben nicht angesagt und alle sind immer wieder damit beschäftigt, ihre diesbezüglichen Mängel zu vertuschen und (mit Hilfe von Ignoranz und Abwertung bis hin zu gewalttätigen Handlungen) zu kompensieren. Warum wird Kommunizieren nicht genauso geübt wie Dividieren? Warum werden kollektive Zielfindungsprozesse nicht genauso achtsam vorbereitet und eingeübt wie andere Operationen? Warum werden PolitikerInnen in Demokratien nicht danach ausgewählt, ob sie auch demokratisch denken und (ver)handeln, koordinieren und kooperieren können?

Mein Weg hat mich von der (Uni- und Frauen-)Politik zur Gruppendynamik geführt. Es waren viele Grenzen, an die ich in den politischen Kontexten gestoßen bin, natürlich strukturelle, aber sie wurden auch durch das Unvermögen der ProtagonistInnen gebildet, produktive Aushandlungsprozesse ein- und zu Ende zu gehen, um tragfähige Lösungen zu finden. Jahre später habe ich dann begriffen, was wir nicht konnten und was uns fehlte. Ich entwickelte ein neues Verständnis von Kooperationsprozessen, ich lernte Verfahren und Methoden kennen und wurde aber auch nicht davor verschont, mich selbst, mein Tun in Kontakt mit anderen Menschen, in Gruppenprozessen zu reflektieren und zu entwickeln, mich von vertrauten Verhaltensweisen zu verabschieden, meine Haltungen zu verändern, um kooperativer zu werden. Enttäuschungen werden dann produziert, wenn die notwendigen Prozesse, Fähigkeiten, Rahmenbedingungen, Ressourcen nicht ausreichend zur Kenntnis genommen werden.

So habe ich über die Jahre ein Bewusstsein dafür entwickelt, was es eigentlich alles braucht, um gemeinsame Lösungen zu generieren und kollektiv handlungsfähig zu werden.

Wenn aber die Grundlagen vorhanden sind, so wird zuerst das Gelingen möglich, gelegentlich sogar ganz einfach, beginnt es Spaß zu machen, und wird darüber hinaus auch noch professionell.

Kollektive Autonomie braucht die Reflexion von Gruppenentwicklungsprozessen

Gruppendynamische TheoretikerInnen gehen davon aus, dass Personen, um intergruppal wirksam (ver)handeln zu können, zuerst die Arbeitsfähigkeit in der eigenen Gruppierung erlernt und eingeübt haben sollten.

Gruppen brauchen Raum zum Kennenlernen, für Gruppenbildungsprozesse. Sie brauchen Raum zur Orientierung an gegebenen Rahmenbedingungen. Raum zur Verhandlung der Regeln, Normen und Vereinbarungen, die sie für sich als Handlungsgrundlage wählen wollen. Sie brauchen Zeit und Unterstützung, um Macht, Einfluss, Zugehörigkeit, Nähe und Distanz so weit ausreichend geklärt zu haben, dass die nicht geklärten Anteile den Arbeitsprozess später nicht stören. Wenn sie sich dann auf ein gemeinsames Interesse, ein Ziel und den Arbeitsinhalt einigen können, sind sie als Gruppe arbeitsfähig und können den Großteil der Energie in den Produktionsprozess investieren.

„Durch Reflexion erlebt die Gruppe Selbststeuerung."[1] Erst wenn Gruppen selbststeuernd wirksam sind, können sie auch in Kontakt und in Auseinandersetzung mit anderen Gruppierungen (Interessen, Parteien) wirksam werden. Im gruppendynamischen Setting der Selbsterfahrungsgruppe (T-Gruppe) lässt sich diese Fähigkeit einüben.

> „In positiver Hinsicht kann somit das Lernziel des T-Gruppen-Trainings als Erfassung der Selbstzweckhaftigkeit von Gruppen als soziale Gebilde, Ganzheiten, angegeben werden. Diese ist einerseits das Fundament der Selbststeuerung, andererseits Voraussetzung für kollektive Autonomie. Letztere wiederum ermöglicht sowohl individuelle Autonomie als auch deren Einbindung in eine handlungsfähige Sozialität. Sie bringt überhaupt erst so etwas wie Systemfreiheit in den Blick."[2]

1 Königswieser, Roswitha: Reflexion als Sprungbrett. In: Heintel, Peter (Hrsg.): betrifft: TEAM. Dynamische Prozesse in Gruppen, Wiesbaden 2006, S. 73.

2 Heintel, Peter: Über drei Paradoxien der T-Gruppe. In: ebd., S. 198.

Die Landschaft der Partizipation lässt sich nicht auf den Akt der Entscheidung reduzieren

In basisdemokratischen Initiativen, wie ich sie kennen gelernt habe, wurde „basisdemokratisch“ in etwa mit „alle entscheiden alles“ übersetzt und das wurde dann im Schweiße aller Angesichter der beteiligten Personen umzusetzen versucht. Zu dieser Vorstellung ist aus meiner heutigen Perspektive unter anderem zu sagen: Partizipative Teilhabe hat mehrere Ebenen, nicht nur die der Mitentscheidung!

Partizipation heißt: sich zu informieren und informiert zu werden, die eigene Meinung zu äußern und zu Diskussionen eingeladen und gehört zu werden, zur Abgabe einer Expertise bereit zu sein oder angefragt zu werden, sich an bestimmten Stellen in Prozesse einzumischen und auch wieder herauszuziehen, für Strukturen zu sorgen und Methoden zur Verfügung zu stellen, die Beteiligung zu ermöglichen, die Botschaften anderer ins Geschehen einzubringen, Beobachtungen mitzuteilen, Gefühle auszusprechen, mitzudiskutieren, mitzusteuern und nach diesem langen Prozess letztendlich vielleicht die Endentscheidung auszuführen oder auch nicht.

Partizipieren heißt, sich zu beteiligen, und wem Partizipation ein Anliegen ist, der/die nimmt das „Wie“ der Beteiligung immer wieder ins Auge und in die öffentliche Reflexion. Personen, die Leitungsfunktionen einnehmen, können Entscheidungen treffen und es wird trotzdem eine Partizipation Vieler gegeben haben.

Interessenunterschiede sind kein Grund zum Scheitern

Unterschiedliche Interessen von unterschiedlichen Personen und Personengruppen sind nicht die Ursache des Scheiterns tragfähiger Lösungen. Die zu bewältigende Herausforderung ist die Investition in die Entwicklung von Kooperationshaltungen, Ressourcen und Prozessgestaltungen.

Wer eine andere Interessengruppe vertritt, vertritt naturgemäß andere Interessen. So logisch das klingt – ist dieser Umstand denn wirklich anerkannt? Katholische Frauen(-Vertreterinnen) werden z.B. für die Familie eintreten, bürgerliche Frauen (-Vertreterinnen) werden unternehmerisch oder traditionserhaltend argumentieren, Arbeiterinnen werden sich für Sozialleistungen, freien Zugang zu Bildung und Anerkennung ihrer gesamtgesellschaftlichen Relevanz einsetzen.

Je mehr ich mich mit einer Gruppierung identifiziere, mich für sie interessiere, ihre Verhältnisse und Rahmenbedingungen kenne, umso eher werde ich dieser Gruppierung entsprechende Interessen formulieren und vertreten können. Und nachdem es – nicht nur seit der Globalisierung, sondern immer schon – die Vielfalt unterschiedlicher Schichten, Altersgruppen, Berufe, Geschlechter, Ethnien und mit ihnen auch durchaus widersprüchliche Anliegen gegeben hat, wird die Produktivität der Gemeinsamkeit immer in der Verhandlung, der Konfliktbewältigung und der bewussten Entscheidung für eine kollektive Lösung zu finden sein.

Natürlich sind die Einflussmöglichkeiten sozialer, politischer und kultureller Partizipation ungleichmäßig entlang den jeweiligen gesellschaftlichen Schichtungskategorien (Geschlecht, Klasse, Ethnizität) verteilt.[3] Aber als politisch Handelnde untersuche ich diese Umstände als Teil der Situationsanalyse, um aus dem, was der Fall ist, politische Ausrichtungen zu definieren und Ziele zu formulieren.

Partizipative Aushandlungsprozesse brauchen zu Beginn eine Situationsanalyse aller Faktoren, welche die Ausgangslage ausmachen (Daten, Fakten, Vorgeschichte/n, Interessen, Erwartungen, Befürchtungen). Günstig ist ebenfalls die Anerkennung dieser Ausgangslage durch die Beteiligten, und wenn diese durch widersprüchliche Einschätzungen und Sichtweisen gekennzeichnet ist, dann gehören diese Widersprüche oder unterschiedlichen Beurteilungen zu der Situation, mit welcher gearbeitet wird.

Wenn es dann zu einer gemeinsamen Festlegung auf eine Zielrichtung, ein angestrebtes Ergebnis auf Basis dieser Situationsanalyse kommt, sind dies die ersten zwei erfolgreichen Schritte, die auf dem Weg zum Ziel bereits gemacht wurden! Die Einigung über die Ausgangslage und die Vereinbarung über eine Ausrichtung werden oft in der Vorfreude am Endlich-gestalten-Wollen zu kurz gehalten, zu schnell übersprungen und rächen sich später, wenn sich z.B. nach stundenlangen Diskussionen herausstellt, dass die ProponentInnen von unterschiedlichen Annahmen bezüglich Ausgangslage und angestrebter Ausrichtung ausgingen.

Danach gilt es den Prozess der Kommunikation mit Einbeziehung folgender Fragen zu gestalten: Wer wird wann von welchen Inhalten informiert? Wer wird mit wem welchen Inhalt verhandeln? Welche Ressourcen an Strukturen und Begleitung braucht genau dieser Aushandlungsprozess? Wann wird in kleinerem Rahmen diskutiert, an welchen Schnittstellen wird ein größerer/anderer Personenkreis einbezogen? Wer trifft wann unter welchen Bedingungen die Entscheidung, die für wen wie verbindlich ist?

Letztendlich ist eine kooperative Haltung der Beteiligten nötig, in deren Zentrum die Anerkennung steht: Die Anerkennung der anderen Personen, der Situation, der Ressourcen und Mängel, der Fähigkeiten und Einschränkungen, der Rahmenbedingungen, der Struktur, der Haltungen und Einstellungen, der Meinungen und Gefühle, der individuellen und der kollektiven Verantwortung für das Ergebnis.

Kritische LeserInnen werden vielleicht anmerken: „Gerade politische EntscheidungsträgerInnen sind an dieser Haltung doch nicht interessiert. Sie sind nur auf

---

3 Ralser, Michaela (Hrsg.): Egalitäre Differenz – Ansätze, Einsätze und Auseinandersetzungen im Kampf um Anerkennung und Gerechtigkeit, Innsbruck 2001, S. 13.

persönlichen Machtgewinn aus." Oder: „Wer kümmert sich schon um die Rahmenbedingungen und nötigen Prozesse und Ressourcen, dafür gibt es doch kein Verständnis, kein Geld und keine Zeit."

Sicher werden diese Zweifel im Alltag der Aushandlungsprozesse oft bestätigt. Das ändert aber nichts an meiner Überzeugung, dass zur Optimierung demokratischer Prozesse diese Grundlagen notwendig sind, und wenn diese nicht beachtet oder als zweitrangig betrachtet werden, dann sind den ProponentInnen die demokratischen Prozesse eben nicht wichtig genug und es geht ihnen deutlich um andere Interessen – welcher Art auch immer diese sein mögen.

Gehen wir, was die notwendigen Kompetenzen betrifft, einen Schritt weiter. Wenn die Haltung der Anerkennung der unterschiedlichen Interessen eingenommen ist, geht es weiter zum Aushandeln, um zu Vereinbarungen zu gelangen.

Das weite Feld der Machtspiele, der persönlichen Interessen und Einflussnahmen ist damit eröffnet. Persönliche Stabilität und Klarheit über eigene Ressourcen, das eigene Rollenrepertoire und Strategieoptionen, die mir zur Verfügung stehen und welche ich gut vertreten kann, sind hilfreiche Fähigkeiten. Die Reflexion eigener Erfahrungen wirkt ebenso unterstützend: Dann wirft nicht jede Ohnmachtssituation in die Kindheit zurück, nicht jede Ungerechtigkeit stimuliert Weltuntergangsgefühle, nicht jede Kränkung bringt aus der Bahn der eigenen Vorhaben und Handlungsspielräume.

> „Arbeitsfähigkeit meint in diesem Zusammenhang, dass eine Gruppe in der Zusammenarbeit nicht mehr darauf angewiesen ist, Machtkämpfe und Einflussunterschiede über den Inhalt auszufechten. Durch das allmähliche 'Besprechbarmachen' dieser Unterschiede und im Ringen um eine gute Lösung erhöht sich die Wahrscheinlichkeit, dass alle denkbaren Alternativen ausgeleuchtet werden, ohne dass es zu Verletzungen und Abwertungen auf der persönlichen Ebene kommen muss."[4]

Hier wird der Optimalfall der kooperativen Arbeitsfähigkeit beschrieben, welche in gruppendynamischen Lernsettings gelernt wird. Nachdem wir von diesen kooperativen Fähigkeiten und Haltungen nicht immer und überall ausgehen können, bleibt dennoch für jede und jeden der erste Schritt, die eigene Kooperationsfähigkeit zu schulen und zu entwickeln. Und das ist auch genau der Handlungsspielraum, der jeder Person zur Verfügung steht.

Wenn es gelingt, die unterschiedlichen Standpunkte wirklich anzuhören, zu bewerten, ihren Gehalt fürs Gemeinschaftliche zu prüfen und zu verhandeln, ist dies der nächste Schritt im partizipativen Prozess.

Hier eröffnet sich die bedeutungsvolle und kreative Möglichkeit der selbstbewussten und verantwortlichen inhaltlichen Beteiligung: der Mitteilung von Infor-

---

4 Vater, Gudrun: Gruppendynamik und ihr Beitrag zur Diversity-Debatte. In: Heintel, ebd., S. 150.

mationen, dem Aussprechen von Einschätzungen und Bewertungen, dem Aussprechen von Interessen und Zielen, dem Mitteilen von Gefühlen, dem gemeinsamen Analysieren und Diskutieren der Handlungsoptionen und Entscheidungsmöglichkeiten im Bezug auf das vereinbarte Vorhaben. Dabei gilt es Beleidigtheiten und Zurückhaltungen, die sich vielleicht im bisherigen Prozess gebildet haben, aufzugeben und sich als Person und/oder InteressenvertreterIn mit der eigenen Positionierung und dem eigenen Wissen klar, deutlich und kräftig einzubringen. Im optimalen Fall werden an dieser Stelle Meinungen (neu) gebildet und Lösungen vorbereitet oder sogar schon generiert.

Was als Nächstes zu ertragen sein wird, ist die Begrenztheit der Rahmenbedingungen. Oft haben wir den Idealfall der Vision im Hinterkopf, dass, wenn alle gehört, alle Standpunkte bezogen, alle Bedenken ausgesprochen sind, eine Lösung zu finden sein wird. Die persönliche Fertigkeit, die an dieser Stelle von den ProponentInnen verlangt wird, ist die des Verzichts; die alternativ wählbare Möglichkeit ist die bewusste Veränderung der Rahmenbedingungen und die gemeinschaftlich getragene Verantwortung dafür.

Verzichten heißt anzuerkennen, dass wir im vereinbarten Rahmen so und so weit gekommen sind – und nicht weiter. Wir wissen noch nicht alles, es ist aber dringlich, jetzt zu entscheiden und diese Verantwortung der unperfekten Entscheidung auch zu tragen, um sie als Arbeitsgrundlage für den nächsten Schritt nutzen zu können. Wenn Funktionen verteilt sind, es ein/e Entscheidungsperson, -gremium gibt, gilt es dieser/n Person/en die Entscheidung zuzutrauen – und, auch wenn diese Entscheidung nicht meinem Dafürhalten entspricht, sie als Entscheidung, die im gemeinsam gestalteten kollektiven Rahmen möglich war, anzuerkennen und mit dieser als Grundlage für den nächsten Schritt weiterzuarbeiten.

Weitere Aspekte in Beteiligungsprozessen

Bewerten statt Abwerten

Zumeist haben wir im Lauf der Sozialisation in dieser Gesellschaft gelernt, auf- und abzuwerten statt zu bewerten. „Wir sind gewohnt in richtig und falsch, gut und schlecht zu denken, zu kategorisieren und Entscheidungen und Handlungen aus dieser Zweiteilung abzuleiten.“[5] Um die Produktivität des Gemeinsamen zu erkennen, Interesse für andere Meinungen aufzubringen, diese als Bestandteil der Lösung

5 Trotz, Regina: Gruppendynamik. Gesellschaftstheorie. Differenzkompetenz. In: Lehner, Lilli/Müllner, Rudolf/Sanz. Andrea/Trotz, Regina (Hrsg.): Hier und Jetzt. Gruppendynamik und gesellschaftliche Entwicklungen, Wien 2006, S. 109.

zu betrachten wie die eigene Meinung, müssen wir ein Stück weit alte Auf- und Abwertungsmuster verlernen und situations- und zielorientiertes Bewerten neu lernen.

Die verinnerlichte Abwertung der fremden (unpraktischen, unverständlichen, unpassend erscheinenden, zu komplizierten) Meinung/Lösung muss jede/r bei sich selbst erst langsam wahrnehmen. Dann können sie in einem nächsten Schritt umgewandelt werden in Aufmerksamkeit für das Unverständliche, Interesse für das Unpassende, Neugier auf das Komplizierte.

Die unterstützende Funktion der Funktionalität

Funktionalität heißt hier, die Möglichkeit zu nutzen, sich unterschiedliche Aufgaben im Gestaltungsprozess aufzuteilen. Diese Aufgaben haben Möglichkeiten und Grenzen: Der/die MitarbeiterIn diskutiert, bringt Wissen, Erfahrungen und Arbeitsergebnisse ein, der/die ModeratorIn strukturiert den Prozess, der/die LeiterIn achtet auf die Zielerreichung und entscheidet, der/die BeraterIn beobachtet und stellt eine Expertise (Fach- oder Prozessberatung) zur Verfügung. Konzentriertes Arbeiten im Rahmen der eigenen Funktion kann die individuelle Produktivität fokussieren, frau/man lernt die unterschiedlichen Qualitäten einzelner Funktionen und damit unterschiedliche Möglichkeiten der Beteiligung kennen und kann als Hilfe im Umgang mit Konkurrenz dienen.

Bewusster Einsatz und Umgang mit Ressourcen

Dieser wird möglich, wenn Vereinbarungen ernst genommen und bei Bedarf gemeinsam neu vereinbart werden. Die Vorgangsweise scheint gelegentlich banal, sichert aber mehr Grundlagen, als offensichtlich ist! Wenn wir eine halbe Stunde länger brauchen als vereinbart, ist es günstig, dies anzusprechen und die Zustimmung der Beteiligten zur Vereinbarungsänderung einzuholen. Das vermittelt den Personen und ihren Ressourcen gegenüber Wertschätzung, stärkt die Rahmenstruktur und erleichtert die Produktivität innerhalb dieses Rahmens. Es schafft Vertrauen in die gemeinsame Wirklichkeit der Personen, Ressourcen und Strukturen.

Konflikte und Widerstände auch als „Produktionsmittel" begreifen

Konflikte und Widerstände gehören zur Entwicklung von Gruppen auf dem Weg zur gemeinsamen Produktivität. Sie sind Teil der Umsetzung auf dem Weg zum

Ergebnis. Es geht darum, mit den Widerständen und Konflikten zu arbeiten und nicht gegen sie, den Widerständen und Konflikten Neugier und Erkenntnisinteresse zu schenken: Was haben wir übersehen, was drückt eine Person aus und inwiefern könnte dies für das weitere Tun hilfreich sein? Es heißt aber auch, bewerten zu können, dass u.U. eine tiefere Auseinandersetzung an dieser Stelle nicht hilfreich ist, den Konflikt sein zu lassen oder den Widerstand aufzugeben.

Beachtung des Hier und Jetzt als Hilfe

Oft sind wir verführt, in Gedanken zu springen und uns in Illusionen aufzuhalten, weil dies angenehmer ist als die reale Wirklichkeit und den momentanen Bedürfnissen vielleicht mehr entspricht. Doch führt dies gelegentlich dazu, dass die beteiligten Personen in unterschiedlichen Bildern unterwegs sind und keine Verständigung mehr möglich scheint. In solchen Situationen ist es nützlich, sich auf den Boden der Realität zu besinnen: Was war unsere Ausgangslage, wo stehen wir jetzt, in welcher Situation befinden wir uns eigentlich und wie geht es uns damit?

Strukturen und andere Einflüsse als Konfliktproduzenten

Strukturelle Unmöglichkeiten oder andere verhindernde Parameter fallen oft nicht direkt auf, sondern erst über Konflikte zwischen den Betroffenen. Das bedeutet, dass man im Konfliktfall immer auch auf die Umgebungsstrukturen achten muss, was diese ermöglichen oder verhindern oder eben an Konflikten (mit)produzieren. Das kann das falsche Thema im falschen Gremium sein, das kann fehlende Information sein, das können Funktionen der Beteiligten in anderen Strukturen und vieles mehr sein, was eine Lösungsfindung erschwert bis unmöglich macht.

Herausforderung der individuellen Integrität

Gruppenlösungen/-entscheidungen sind Einzellösungen/-entscheidungen in vielen Situationen überlegen. Deswegen wird sich das Modell der Partizipation in Organisationen langfristig durchsetzen. Partizipative Prozesse müssen gelernt und geübt werden.

Diese partizipative Arbeit ist eine Herausforderung. Eine der Anforderungen an die beteiligten Personen ist, den möglichen Widerspruch zwischen dem persönlichen Dafürhalten und dem, was im Verhandlungsprozess mit den beteiligten Parteien möglich geworden ist, als gemeinsame Handlungsgrundlage anzuerkennen. Das ist nicht (immer) leicht und verlangt persönliche Integrität.

Eine Art Resümee

Wer jedoch einmal selbst Kooperationserfolge auf diesem Weg erzielt hat, ein Gespür für die Aushandlungsprozesse entwickelt und bereits erlebt hat, dass es mit der Zeit sogar einfacher wird, kann mit dem kooperativen Denken und Handeln nicht mehr aufhören.

Anlass für diesen Artikel war mein Workshop „Gruppendynamik und partizipative Prozesse in Organisationen" auf der Tagung.[6] Ich habe dort nach einer theoretischen Einführung versucht, mit der Gruppe eine Laborsituation zur Entscheidungsfindung herzustellen.

Mein Zielvorschlag – „einen nächsten Schritt zur Erweiterung der Handlungsspielräume von Frauen in gesellschaftlichen Gestaltungsprozessen zu formulieren" – wurde angenommen. Der Zeitrahmen wurde strukturiert in Zeit für Diskussion und Zeit für Entscheidung. Die Formulierung der Empfehlung am Schluss wurde von zwei Teilnehmerinnen übernommen, die Gruppe hat die Funktion der Ergebnisverantwortung an diese beiden übertragen. Weiters gab es eine Beobachterin, die zwischen Diskussion und Entscheidung ihre Beobachtungen zur Verfügung stellte. Diese Beobachtung war ein wertvoller Beitrag zum Ergebnis, welches dann in etwa lautete:

Als nächster Schritt für die Erweiterung der Handlungsspielräume von Frauen in gesellschaftlichen Gestaltungsprozessen wird empfohlen, dass die einzelnen Frauen und Frauengruppen sich ihre Fähigkeiten und Fertigkeiten bewusst machen, diese benennen, sich um die An-Erkennung dieser Potenziale bemühen und sich und sie einander vermitteln.

6 Frauen und Demokratie. Nachrichten aus Demokratien. Tagung der Frauenhetz im Oktober 2006.

Birge Krondorfer

Demokratie ist Konsens?[1]

Oder: noch keine Pluralität, nirgends

Jede Art von Gemeinwesen ist zuinnerst kontaminiert von Leiden-schaften, was gleichsam die A-Inszenierbarkeit des Sozialen bedeutet. Gefundenes Wort für die Untiefen des Humanum und ihre ersehnte Überwindung und sie – die Unheimlichen – indizieren ein Unsägliches: Sie verhalten sich zu Demokratie und Konsens wie der Teufel zum Weihwasser. Das Terrain ist abgesteckt: Was lässt sich denn heute noch mit-teilen, wo zwischen dem Wehen eklektizistischer Sprachbilder und den Wehen behaupteter Gattungsgeschichte scheinbar nichts mehr zu sagen ist. Das Terrain ist entgrenzt: Das System der permanenten Ausdifferenzierungen ist, wo alles und jede/r ein konsumierbares Produkt darstellt, in diesem Sinn entdifferenziert, weil es immer mehr vom Gleichen herstellt. Dieser Gleich-Gültigkeit zu begegnen, das wäre noch eine Haltung, die das „Gegen" in der Begegnung nicht scheut, um das demokratische Projekt ernsthaft einzulösen.

Es bedarf wohl keiner besonderen Erwähnung, dass es in aller Theorieschreibung einen Zusammenhang zwischen Motivation und Motiv gibt. Jeder intelligible Zugang zu den (Ver-)Ordnungen unserer Welt ist geprägt und intentional – ob es gewusst wird oder nicht. Dass jedoch Reflexionen über das Geschlechterverhältnis schneller als über anderes der eingeschränkten Wahrnehmung verdächtigt werden, ist so alt wie die Denk- und Tatsache, dass das sich behauptende Allgemeine einen Anspruch vertritt, der längst als männlich determinierte Partialität des Begreifens und der Repräsentation dekonstruiert wurde. Es geht also hier um einen der Grundwidersprüche menschlicher Existenz, um Frauen und Männer. Für den Horizont einer wahrhaftigen Demokratie ist es unumgänglich – im Unterschied zum realexistierenden *demos kratos* –, dieses Wider-Sprechen zu ermöglichen und offen zu halten. Wie und ob dann in der Haltung dieser Differenz überhaupt die „demokratischen" Begrifflichkeiten „plural" und „konsensual" zu halten sind – ist die hier zu befragende Ansprechung.

1 Stark gekürzte und modifizierte Fassung von: Vom Dispens der weiblichen Dissidenz. Oder: die Singularität des Pluralitären. In: Schmitz, Bettina/Prechtl, Peter (Hrsg.): Pluralität und Konsensfähigkeit (Studien zur Anthropologie, Band 21), Würzburg 2001, S. 159-174.

Gestaltlose Politik

Zurzeit läßt sich schlechterdings von einer „Entpolitisierung der Politik" sprechen. Schon Hannah Arendt konstatierte, dass das Politische ein flüchtiger Gast im menschlichen Gemeinwesen ist und dass die Entwicklung zu Freiheit – als der Selbstzweck der Politik – die Bildung politischen Urteilsvermögens und das gemeinsame politische Handeln darstellt. Doch hat Politik heute überhaupt noch Gestaltungsansprüche oder ist sie nicht beschränkt auf De/Regulierungsmechanismen und Abwicklungen von Miseren? Fragen wie Armut, Arbeitslosigkeit, Finanzwirtschaft und Flüchtlinge werden zunehmend an außer- oder vorpolitische Instanzen, an Verwaltungseinrichtungen, Betreuungsagenturen, Rechtsbürokratie delegiert. Dieser Bestandsaufnahme korrespondiert eine zunehmende Orientierungslosigkeit, die durchs Warenangebot der Super-Märkte und der Freizeitterrains sowie im Rückzug ins Private kompensiert wird. Damit einher geht ein Utopieverlust – auch der Frauenbewegungen und ihrer akademischen Reflexionen. Eingeklemmt zwischen allerorts beschworenen Sachzwängen und steigenden Anforderungen an individuelle Überlebensprofilierung, fällt es auch feministisch engagierten Frauen schwer, noch systemkritisch zu denken und zu handeln. Entwürfe zur Gestaltung einer Gesellschaft aus weiblicher Perspektive scheint es nicht mehr zu geben. Im Gegenteil – die Situation von Frauen erscheint in einem zunehmend gelähmten gesellschaftlichen Spannungsverhältnis: Es ist ein durch die Frauenbewegung initiierter, scheinbar allgemein realisierter Emanzipationsprozess zu verzeichnen, der aber mit der konkreten Wirklichkeit vieler Frauen wenig zu tun hat. Die Arbeitsproblematik, Neokonservativismen, Gewaltpotenzierung etc. haben die nie wirklich aufgehobene Ungleichheit zwischen den Geschlechtern, die auch von Frauen mitgestützt wird, wieder verschärft.

Und die nach wie vor funktionierenden Politikformen sind – wie alle herkömmlichen Organisationen – männerbündisch institutionalisiert. Frauen haben darin die Funktion der Zu- und Mitträgerschaft innerhalb von Normen, die sie nicht selbst gesetzt haben. Sie sind gezwungen, wollen sie innerhalb der jeweiligen Organisation bestehen, sich dieser unter- oder zumindest einzuordnen. Dies prolongiert zumeist den Effekt der Spaltung unter Frauen und hat historisch und gegenwärtig zur Folge, dass es öffentlich-politische Verbindungen und Verbündungen von Frauen als Frauen kaum gibt und wenn, dann werden sie öffentlich nicht wahrgenommen. Und das heißt, dass Pluralität in genuinem Sinn nicht existiert, solange Demokratie die Bedeutung der Geschlechterdifferenz nicht wahr-nimmt.

Fragwürdiger Konsens

Die Befähigung zur Konsensbildung wird in allgemeinen – auch kritischen – politischen Philosophien geschlechtsneutral gedacht. Dennoch mögen hier zwei (m.E.) wichtige Reflexionsansätze kursorisch skizziert werden, die in den geläufigen Theoretisierungen eher unbekannt sind; vielleicht, da sie – um es klassisch zu formulieren – mehr mit der praktischen Vernunft, der Genealogie „sozialer Körper" zu tun haben und eben damit vieles zur grundlegenden Infragestellung des Common Sense einer bloß formalisierten Pluralität beizutragen hätten. Auch diese reflektieren zumeist abstrahiert von der jeweiligen historischen Formation der Geschlechterdifferenz; wobei die (im Folgenden) anvisierte Notwendigkeit der Selbsteinsicht der Menschen in ihre Kollektivitätsgestaltung prinzipiell auch frauenpolitischen Denk- und Handlungsalternativen dienlich sein könnte.

Was bedeutet eigentlich „Konsens"? Dieser sei die eloquenteste, d.h. reifste Form der Konfliktlösung, heißt es in anthropologisch grundierter Organisationstheorie. Der Umgang mit Konflikten ist gemeinhin das Umgehen dieser bzw. das Delegieren an irgendwelche Instanzen. Wer sich nicht in Konflikte begibt, so könnte gesagt werden, kommt in ihnen um. „Der Kampf ist der Vater aller Dinge" meint auch, dass Konfliktlosigkeit Stillstand bedeutet. In jeder Art von Konflikten (persönlicher, Paar- und Dreiecks-, Innergruppen-, Organisations-, Institutions- und System-„Natur") garantieren diese im Grunde genommen Weiterentwicklung. Widerspruchslosigkeit wäre also der Tod im Leben! Womöglich ist der Kapitalismus ein Ausbund phantasmatischer Unsterblichkeitsphantasie, indem die Tilgung von störendem Anderem sich verwechselt mit „Frieden"? Gattungsgeschichtlich lassen sich unterschiedliche Konfliktlösungsfiguren nachvollziehen, die alle insofern die Konfliktgegenstände zum Verschwinden bringen, als die Handlungsfähigkeit nicht (mehr) beeinträchtigt wird. Die Lösungsformen, als individuelle und kollektive prozessuale Re-Aktionen, verlaufen, im Bild des Fortschritts gedacht, folgend: Flucht, Vernichtung, Unterordnung, Delegation, Kompromiss und last not least Konsens.[2] Konsens, so die These, setzt eine aporetische Situation voraus, eine ausweglose Lage. Die Konsensfindung selbst muss noch einmal sämtliche Schritte (Flucht etc. etc.) durchlaufen, damit es möglich wird, eine Synthese zu finden, wo keiner der Gegner etwas verliert. „Damit haben beide Recht bekommen und recht behalten. Es ist etwas Neues entstanden [...] ohne die Gegensätze zu vernichten."[3] Derart ideal reflektiert aber leben wir in der Fäulnis von Kompromissen und all den anderen Lösungsformalinen.

2 Nach: Schwarz, Gerhard: Die heilige Ordnung der Männer, Opladen 1987.
3 Ebd., S. 248.

Was bedeutet es im Zeitalter der Globalismen, die scheinbar konsensuale Einstimmung in Pluralismus gut zu heißen? Sind wir doch alle Insassen in einem universalisierten Wirtschaftssystem, das lediglich eine Teilwirklichkeit ist und damit nur bestimmte Probleme und Bedürfnisse bewältigt, aber in seiner Totalität alles zu lösen vorgibt. Der Kapitalismus als materialisierter Weltgeist zementiert eine immaterielle Kohärenz durch das Prinzip der allgemeinen Äquivalenz, die uns zur Systemimmanenz verurteilt und nichts mehr aus/sen lässt. Politik, die noch Widersprüche zur Erscheinung bringen könnte, wird zur Systemfunktion und unterwirft sich dieser abstrakten Konsensualität. Demokratie ist zu einem leeren formalen additiven Pluralismus geronnen, dessen einziger Inhalt der ökonomische Mehr-Wert zu sein scheint. Wo gibt es in einem universellen System, das sich selbst die passende Wahrheit schafft und umso mehr davon reproduziert, je mehr Menschen in ihm leben, überhaupt Räume der unbeeindruckten Distanz?

> „Man muß zur Kenntnis nehmen, daß durch Universalisierung (Abschaffen bestehender Alternativen) [...] das bestehende ökonomische System sich bestens vor jeder kollektiven Selbstreflexion, zumal der Betroffenen, schützt: sein innerer Prozeß verfügt ständig Denkverbote.“[4]

Differenz- und Selbstreflexion müssten zur ständigen Begleitung unserer Wirklichkeit und der in ihr Handelnden werden: Dafür müssten für alle Beteiligten Organisationsformen des „Aussteigens“ und „Innehaltens“ gefunden werden.

Geschlechterdifferent bedacht, dürfte – daraus folgernd – eine Annahme sein, dass gerade Frauen als nicht gleich-artig Partizipierende mehr Sinn für Grenzen haben und von da her den Ort der Systemreflexion und -überschreitung darstellen und einnehmen könnten.

Homosoziale Ordnung

Stattdessen ist (formale) Geschlechterdemokratie heute in fast allen Mündern. Wir dürfen wählen, wir dürfen uns bilden, wir dürfen einen Beruf ausüben, wir dürfen Kinder kriegen, aber dieses „Dürfen“ bedeutet auch ein „Müssen“. Statt „Kinder, Küche, Kirche“ gilt heute das Weiblichkeitsmuster „Kinder, Karriere, Kapital“.

> „An diesem Punkt sind wir heute. Keine passiven Objekte mehr, nein wir sind aktiv. Aber um den Preis einer Selbstunterwerfung, die männlich ist. Das Pendant dazu ist dann die Regression [...]. Gegen die geschichtlichen Fußangeln wird nicht mehr revoltiert – stolpern kann sich niemand mehr leisten. Sie werden einfach der Progression angepaßt. Dem ‘Fortschritt’.“[5]

---

4 Heintel, Peter: Alternative Modellbildung in der Ökonomie. In: Der verlorene Glanz der Ökonomie, Wien 1993, S. 33 f.

5 Treusch-Dieter, Gerburg: Autonomie auf der Überholspur. In: Autonomie in Bewegung. 6. österreichische Frauensommeruniversität, Wien 1991, S. 252.

Das Verhältnis des öffentlichen Raums, der vom Markt domestiziert ist, zur Sphäre des Privaten, die vom Markt dominiert ist, erscheint eindeutig. Was Frauen repräsentieren, wird nicht als gesellschaftsbedeutsam verstanden. Unangetastet scheinen Männer – in ihren Verbindungen – Maßstab für politischen Status, für Kultur, Ökonomie und Arbeit darzustellen. Nutzen für derartige Subjekte hat nur das Mittel, das zum Zweck seines Bedarfs eingesetzt werden kann. Dieses ist dann gut, wenn es Warenform besitzt, angeeignet werden kann, Tauschwert erhält und mit dem Preis eines Gutes identisch wird, um den es zu haben ist. Güter ohne Tauschwert können sich auf dem Markt nicht verständlich machen, unabhängig davon, was sie wert sind (wie z.B. Reproduktions- und mütterliche Arbeit). Frauen, so eine feministische Kritik, sind materielle Basis gesellschaftlicher Vorgänge, aber nicht Beteiligte an den gewerteten und anerkannten Tätigkeiten.

Drei Motivationen zur Bildung dieser Ordnung – des Männerbundes, der Väter-Söhne-Hierarchie, des Bruderclans –, die Weiblichkeit produktiv einschließt und Frauen als Frauen konstitutiv ausschließt, lassen sich festhalten: die latente Homophilie, die manifeste Heterophobie und die narzisstische Kompensation. In dieser Sicht fungieren Institutionen als Mutterersatz.

D.h.: Wir leben in einer männlich dominierten Welt, die man als homosozial strukturiert betrachten muss. Diese gesellschaftliche und kulturelle Ordnung basiert auf einer latenten männlichen Homoerotik (gemäß der psychoanalytischen Einsicht, dass uns zu neun Zehnteln das Unbewusste treibt). Organisationen und Institutionen sind homophil und heterophob strukturiert, sie schließen Frauen aus und Weiblichkeit/Mütterlichkeit ein – was auch darauf verweist, dass männliche Produktivität von narzisstischen Kompensationsgründen genährt wird: Männer können nicht auf die Welt bringen, deswegen müssen sie rasend und massenhaft viel herstellen.[6] Indem sich die Frauen „emanzipatorisch" darin einordnen, bleibt der homo-soziale Maßstab bestehen: Logik der Identität, Parabel der Identifikation, Dynamik der Ver-Gleichung.

> „Simone de Beauvoirs Formel, daß die Frau bestimmt und unterschieden wird mit Bezug auf den Mann, er aber nicht mit Bezug auf sie, soweit er Subjekt, sie Objekt ist, [ist] noch immer nicht außer Kraft gesetzt. Zwar ist die symbolische Ordnung des 'abendländischen Denkens' [...] transparent geworden. Doch, daß die materielle Gewalt dieser symbolischen Ordnung damit aufgehoben sei, davon kann keine Rede sein."[7]

6 Vgl.: Krainz, Ewald: Die männerbündische Organisation. In: Gruppendynamik. Geschichte und Zukunft, hrsg. von Peter Heintel u.a., Wien 1993.

7 Treusch-Dieter, Gerburg: Frei vom Körper, jenseits der Geschlechterdifferenz – den Knoten des Sozialen lösen. In: Am Ende vorbei, hrsg. von Oskar Negt, Rudolf Maresch u.a., Wien 1994, S. 286 f.

Die „Symbolische Ordnung“ – so eine Perspektive auf die Entwicklungsgeschichte des männlichen Hegemons – basiert auf dem Frauentausch. Durch diesen Tausch erhielten die Frauen neben ihrem praktischen Nutzen als Gebärerin und Arbeitskraft die Funktion von Zeichen. Sie symbolisieren das Bündnis zwischen Männern, wobei nicht sie als konkrete Frauen in die Gleichung eingehen, sondern als ihre abstrakte Eigenschaft, als Frau mit einer anderen Frau vergleichbar und somit austauschbar zu sein.[8]

Deshalb wird weibliche Subjektivität in der gesellschaftlichen Symbolik nicht repräsentiert. Luce Irigaray beschreibt den kollektiven Reichtum als basierend auf der Ausbeutung der weiblich-geschlechtlichen Materie, die „so sehr konstitutiv für unseren soziokulturellen Horizont [ist], daß sie innerhalb desselben nicht interpretiert werden kann“.[9] Sie ist eine verleugnete Infrastruktur der Sozialität.

Diese „Ordnung“ bedeutet zum Weiteren, dass der Phallus „als altes universales Symbol männlicher Selbsterzeugung und geistiger Neuschöpfung der Welt [...] für die symbolische Potenz des Mannes, seine Fähigkeit zu Sublimierung und Selbstdisziplin“ steht.[10] Er spielt dabei

> „die Rolle eines Fetischs, mit dem sich der Mann immer wieder versichert, daß er ‘ihn’ hat und auch nicht verlieren kann, indem er das ‘Loch’, das ihn so in Schrecken versetzt, mit beliebigen Objekten zustopft. [...] Die Frau fungiert als eine Art Fremdarbeiterin in diesem System, als Kolonialisierte, aber auch als Komplizin, sobald sie seine Gesetzlichkeit anerkennt“.[11]

Monströse Gemengelage

Nun ist diese phallische Funktion eine real-funktionierende Fiktion, die sich auch bewährt in der Einbildung, „mann“ hätte die Macht.

> „Das, was die getreuen Gefolgsleute vor der paternalen Figur des Führers verbergen müssen, ist genau diese Kluft zwischen dem Führer in der Unmittelbarkeit seiner Person und dem symbolischen Platz, den er einnimmt, die Kluft, auf Grund deren der Vater qua wirkliche Person völlig ohnmächtig und lächerlich ist.“[12]

D.h., es bedarf einer Idealisierung von Autorität, um diese „Leerstelle“ zu füllen. Frauen neigen, qua des eingeübten Status von „An/ge/hörigen“, speziell dazu –

8 Vgl.: Nölleke, Brigitte: In alle Richtungen zugleich. Denkstrukturen von Frauen. München 1985 S. 180.

9 Irigaray, Luce: Das Geschlecht das nicht eins ist, Berlin 1979, S. 178.

10 Nölleke, ebd., S. 183.

11 Nölleke, ebd., S. 203.

12 Žižek, Slavoj: Liebe Deinen Nächsten. Nein, Danke. Die Sackgasse des Sozialen in der Postmoderne, Berlin 1999, S. 137.

einerseits. Andererseits stehen sie *zwischen* dem totalisierten phallischen und dem unbezeichenbaren nicht-phallischen Bereich. Das entspricht dem

> „Nicht-Allen der weiblichen jouissance, zur jouissance, die niemals in ihrer Gänze 'gesagt' werden kann. […] ist dann eine solche Rückzugsgeste nicht die höchste Form von Autonomie: nicht als die Opfergeste, die sich an irgendeine Form des großen Anderen wendet, sondern als Geste, die ihre eigene Befriedigung liefert […]? Ihr Objekt der Begierde [ist] die Kluft selbst […] da ihr höchster Partner die Einsamkeit selbst als der Ort der jouissance feminine jenseits des Phallus ist."[13]

Könnten Frauen ungewusst, aber existent widerständiger gegenüber bestehenden Ordnungen der Macht sein, die sozio-symbolischen Netze unterminieren, deshalb, da sie nie ganz in ihnen aufgehen? JA. Doch die Schwierigkeit besteht darin, wie es zu einem *anderen Genießen* kommen kann, wenn die Gesetze selbst konstitutiv durchdrungen sind von Befried/ig/ungen aller Un/Arten.

In sozio-ökonomischen Begriffen gefasst, ist das sich selbst steigernde Kapital nicht nur eine Abstraktion, sondern ein solipsistischer Pfad der Selbstbefruchtung, ein sich selbst hervorbringendes Monster, welches seinen Weg ohne Rücksicht auf menschliche oder umweltliche Belange verfolgt und die Struktur der materiellen Sozialprozesse ganzer Bevölkerungsschichten und manchmal ganzer Länder bestimmt.[14] Der Tausch als Organisationsmittel abstrahiert von Widersprüchen und durch sein Äquivalenzprinzip werden diese eliminiert bzw. in der entgrenzten Dingproduktion als Verdrängte verdrängt. So bleibt ein unaufhebbarer Rest, der immer wieder eingeholt und gelöscht werden soll und dadurch werden die Identitäten im Gleichtakt codiert. Dieser Rest – könnte er als das unterschlagen Weibliche markiert werden?

Möglicherweise hat sich in all dem eine männliche Unabhängigkeitsillusion zementiert und generiert, die im Werken der „Homo-genisierung" inzwischen auch für Frauen Gültigkeit beansprucht und damit einer (Selbst-)Entwertung des Weiblichen die Hand gibt.

> „Mit dem Kapital verwirklicht sich […] das Ideal der Männer, sich selbst zu vermehren: MADAME LA TERRE verschwindet, MESSIEURS LE PÈRE-CAPITAL und LE FILS-TRAVAIL glauben, sie genügen, damit sich der Corpus sociandum reproduzieren kann, sozusagen ohne fremdes Zutun. Im männlichen Zyklus verschwinden die Frauen, sie sind als Arbeiterinnen in die Warenproduktion integriert, als Mütter in die Reproduktion der Ware Arbeitskraft, unmittelbar als Waren (Covergirls, Prostituierte der Massenmedien, human relations-hostessen), oder schließlich als Managerinnen des Kapitals."[15]

---

13 Žižek, ebd., S. 67 ff.

14 Vgl.: ebd., S. 51.

15 Lyotard, Jean-François: Das Patchwork der Minderheiten, Berlin 1977, S. 60 f. (Hervorhebung vom Autor).

Die darin liegende Ent/Täuschung entlarvt die sozialen Operationen als Bindemittel, die dort Gleichheit suggerieren, wo sie hegemoniale Verhältnisse substituieren und damit erhalten. In dieser Dynamik sind tatsächlich alle Menschen Gleiche geworden, was zum Ausschluss, zur Vernichtung, zur Unterwerfung, zur Angleichung und Anpassung alles Besonderen führt(e).

> „Die anderen Kulturen haben weder Universalität noch Differenz beansprucht (zumindest nicht, bevor man sie ihnen eingeimpft hat, wie in einem kulturellen Opiumkrieg). [...] Der radikal Andere ist unerträglich [...] man kann ihn [...] nicht akzeptieren: man muß den anderen zum Verhandlungsgegenstand machen, zum anderen der Differenz. Hier setzt eine Form subtiler Ausrottung ein, in der alle humanistischen Tugenden der Moderne ins Spiel kommen.“[16]

Eine Philosophie der Alterität – also einer leibhaftigen Pluralität – versucht diese „humanistischen Tugenden“ bezüglich der Un/Bestimmtheit der Differenz der Geschlechter zu bedenken. Denn nicht nur die Begriffsarbeit, sondern auch die begriffene Arbeit enthält geschlechtsmetaphysische Prämissen, in denen männliche Identität durch Arbeit und kulturelle Vermittlung erschaffen wird, was diese Position privilegiert. Durch die (z.B. Hegel'sche) Idee, dass die Frau (Natur) Basis und der Mann Vermittlung ist, kann die Arbeit der Vermittlung sich zu einem Zweck an sich erheben und sich als Teil seiner eigenen geistigen Totalität setzen. Demnach werden Frauen je nach Bedarf homo- und heterogenisiert, dem Geist des All-gemeinen un/gleichgemacht. In diesem Sinn ist die Geschlechterdifferenz nach wie vor ungedacht.

> „Stets gegenwärtig, ohne eigentlich Gegenstand zu sein, ist die Geschlechterdifferenz etwas, das zirkuliert und ausgetauscht wird. Sie zirkuliert im Verborgenen [...] weil man (sie) nicht sehen, nicht an sie rühren will? [...] Sie zirkuliert in ihrer Verknüpfung mit anderen Differenzen: Obgleich klar ist, daß sie die primäre Differenz, die erste von allen darstellt, wird sie nur im Zusammenhang mit anderen Differenzen erwähnt [...] mit Klassen-, Rassen-, Altersunterschieden, immer im Rahmen von Diskursstrategien, die sei's auf Unterwerfung, sei's auf Subversion zielen.“[17]

Einschließende Ausschließung

Die Debatten innerhalb der Feminismen können reflektiert werden als Replik auf dieses Unanrührbare, das einen dilemmatischen Riss durch die „Gemeinde“ zieht. Zwei wesentliche Denkerinnen bestreiten paradigmatisch die Gegensätzlichkeit zur Annahme weiblicher Subjektivität. Für Simone de Beauvoir ist der Mann

16 Baudrillard, Jean: Die Transparenz des Bösen, Berlin 1992, S. 152 f.
17 Fraisse, Geneviève: Geschlechter Differenz, Tübingen 1996, S. 62 f.

schlechterdings das Absolute und das allein zur Transzendenz befähigte Subjekt, während die Frauen auf die Immanenz verwiesen wurden und das projiziert ganz Andere darstellen. Demgemäß ist das Ziel, gleichberechtigt an den Privilegien des transzendenten Subjekts zu partizipieren. Für Luce Irigaray hingegen gilt die Frage, wie für Frauen Subjektivität zu erlangen sei, die nicht aufgeht, aufgelöst wird, in der vermeintlichen Indifferenz des Subjekts. Die Dekonstruktion patriarchaler Mechanismen kritisiert also auf der einen Seite die „Veranderung" von Weiblichkeit (zum Anderen machen) und auf der anderen Seite die „Verselbung" von Weiblichkeit (zum Selben machen).[18]

Konstruktivistische Ansichten versuchen beide quasi unauflösbaren Perspektiven zu unterlaufen, indem sie sagen, dass es sich bei Subjektpositionen jedwelcher Art ständig um Reartikulationen handelt. Jeder Begriff, der eine Realität repräsentiere, sei ein Effekt seiner eigenen Operation und jede determinierende Struktur gewinne sich durch Wiederholungen und wäre deshalb kontingent.

> „Und es bedeutet, daß 'Systeme' maskuliner Herrschaft keine systemischen Totalitäten sind, die Frauen in Positionen der Unterdrückung halten, sondern vielmehr hegemoniale Machtformen, die ihre eigene Zerbrechlichkeit genau in dieser Operation ihrer Wiederholbarkeit enthüllen. Die strategische Aufgabe des Feminismus ist es, diese Gelegenheiten der Zerbrechlichkeit auszunützen, sobald sie auftreten."[19]

Ob für diese Art der Résistance das System nicht zu resistent ist? Welche Zerbrechlichkeiten werden angesichts der Lage da anvisiert? Und welcher Feminismus kann da wie-wann-wo-was „ausnützen"?

Diese Wortwahl selbst indiziert ja eher ein ehernes nichtäquivalentes Verhältnis, also ehestens eine willkürliche Pluralität, weit entfernt von irgendwelchen plural gefassten Übereinstimmungen. Oder entspringt die Vorstellung eines demokratischen Konsenses einem Vollkommenheitsphantasma? In der Tat scheint es so zu sein, dass universale Ethiken oder Demokratiekonzeptionen mit Ver*söhn*ungscharakter an dem „realen Mangel" bzw. der „Unmöglichkeit des Sozialen" scheitern. Das Ideal totaler Gleichheit ist nicht nur nicht erreichbar, sondern

> „eine Gesellschaft ohne jegliche Art von Ausschließung [wäre] ein psychotisches Unternehmen. [...] Sie ist auch logisch unmöglich, insoweit das Soziale durch auf einem unentscheidbaren Terrain getroffene Entscheidung konstruiert wird. Wir können so demokratisch wie möglich mit Ausschließungen umgehen [...] aber das kann die Tatsache nicht verbergen, daß Politik zu einem großen Ausmaß eine Serie

18 Vgl.: Schor, Naomi: Dieser Essentialismus, der keiner ist – Irigaray begreifen. In: Dekonstruktiver Feminismus. Literaturwissenschaft in Amerika, hrsg. von Barbara Vinken, Frankfurt 1992, S. 219-246.

19 Butler, Judith: Weitere Reflexionen zu Hegemonie und Gender. In: Das Undarstellbare der Politik. Zur Hegemonietheorie Ernesto Laclaus, hrsg. von Oliver Marchart, Wien 1998, S. 256.

> von Verhandlungen um das Prinzip der Ausschließung ist, das es immer gibt als das unauslöschbare Terrain des Sozialen. Wie üblich, determinatio est negatio".[20]

Aber läge nicht auch eine Chance in dieser unaufhörlichen Grenzziehung? Denn ethische Prinzipien, die durch eine bloß abstrakt gegenseitige Anerkennung garantiert sind, können die Andere/n letztlich nur als eine Version von sich selbst ausgeben; und nicht von der Alterität ausgehen, die jedes mit Sprache begabte Wesen durchquert. Die Nichtachtung der nichtidentifizierbaren Differenz ist „untrennbar von der Verneinung der Andersheit im Herzen des Selben, einer Andersheit, deren Spuren schlechthin die Sterblichkeit und die geschlechtliche Differenz sind".[21] Und wo durch ein dialektisches Denken an der Oberfläche das Universale mit dem partikularen Anderen sich vermittelt, da wird durch die Ausdehnung dieser Inklusion die Irreduzibilität ausgelöscht, da Differenzen sich letztlich dem Allumfassenden unterzuordnen haben.

> „Während die Figur des 'unmeisterbaren' und 'mysteriösen' Femininen in maskulinistischen ethischen Befragungen verwandt wurde, um die eines reziproken Verhältnisses zwischen Männern und Frauen zu befestigen, [... sollte ...] genau diese Unmeisterbarkeit im Feminismus neubewertet werden, um ethische Gegenseitigkeit als eine List zu entlarven. [...] In dem Ausmaß, in dem gegenwärtige Repräsentationsweisen diese Ungleichheiten voraussetzen und reinstallieren, ist feministische Forschung gezwungen, die Grenzen der Repräsentierbarkeit als solcher zu denken."[22]

Die Grenze des Darstellbaren zu bekennen würde bedeuten, die bisherigen Anerkennungsvorstellungen einzugrenzen; hieße Anerkennung neu zu denken als Geste der Demut gegenüber dem, was man/n nicht gänzlich verstehen kann.

Partikulärer Pluralismus

Wir müssen den (unbewusst) geformten und (bewusst) genormten Charakter der Institutionen und Disziplinen, in welchen und durch die wir leben, derart hinterfragen, dass das homogenisierte Pluralitäre nicht das Egalitäre in seiner schlechten Dialektik bleibt. Wenn das Besondere durch eine totale Verschleifung inexistent gemacht wird beziehungsweise derartige Ganzheitsphantasien nur über Opfer zu haben sind, dann entpuppt sich das Allgemeine als das entfesselte Partikuläre. Wo

20 Laclau, Ernesto: Gleichheiten und Differenzen. In: ebd., S. 241 f.

21 Weber, Elisabeth: Verfolgung und Trauma. Zu Emmanuel Lévinas' „Autrement qu'être ou au-delà de l'essence", Wien 1990, S. 211.

22 Drucilla Cornell: nach Butler, Judith: Poststrukturalismus und Postmarxismus. In: Das Undarstellbare der Politik, ebd., S. 213.

keine Grenzen mehr wahrgenommen werden, sind wir zur Erfahrungslosigkeit verdammt und Identität wird zur Makulatur. In welchem Kontingent die heute viel beschworene post-konstruktive Kontingenz dann eingehegt ist, wäre eine endlich zu bestreitende Frage. Eine Hoffnung läge wohl im Begehren (des Politischen) selbst, das im Unterschied zum erfüllbaren Wunsch nichts Vergleichbares und keine Gleichheit kennt, da es vom Mangel lebt. Dass diesen aufzufüllen effizient arbeitende (Geschlechtermiss-)Verhältnisse gefunden wurden, die den Effekt zeitigen, mit immer mehr vom Gleichen – in und durch einen soufflierten Pluralismus – die Ermangelung zu reproduzieren, hat eine ubiquitäre Entleerung von Pluralität zur Konsequenz.

> „Wenn die Dinge, die Zeichen, die Handlungen von ihrer Idee, ihrem Begriff, ihrem Wesen, ihrem Wert, ihrer Referenz, ihrem Ursprung und ihrer Bestimmung befreit sind, treten sie in endlose Selbstreproduktion. Die Dinge funktionieren weiter, während die Idee von ihnen längst verloren gegangen ist. Sie funktionieren weiter in totaler Gleichgültigkeit gegenüber ihrem eigenen Gehalt.“[23]

Bewusste Einsicht in die Abhängigkeit von Anderen und in die unbewussten Dependenzen von unseren Leiden-schaften und Dingen könnte eine sozusagen volle Vielheit erwirken. Und nicht diese abstrakte leere Unabhängigkeit – Individualismus genannt –, die sich pluralistisch illusioniert und dabei bloß selbstapplizierend funktioniert. Diese „Hölle des Gleichen“ (Baudrillard) stellt sich als die *Eine* – allen gemeinsam sein sollende – dar und verurteilt Frauen (und alle die Anderen) zur Weltlosigkeit. Aber ein welt- und menschenbezogenes (politisches und demokratisches) Handeln

> „bedarf einer Pluralität, in der zwar alle dasselbe sind, nämlich Menschen, aber dies auf die merkwürdige Art und Weise, daß keiner dieser Menschen je einem anderen gleicht, der einmal gelebt hat oder lebt oder leben wird. […] Der Neubeginn, der mit jeder Geburt in die Welt kommt, kann sich in der Welt nur darum zur Geltung bringen, weil dem Neuankömmling die Fähigkeit zukommt, selbst einen neuen Anfang zu machen, d.h. zu handeln“.[24]

Handeln aber hieße, dass das reine Durchschauen der schlechten Wirklichkeit keine Alternativen mehr zu gestalten vermag. Wir müssen neue – wissende – Sozialformen erfinden, welche mehr sind als die Aneinanderreihung von Meinungen und ästhetischen Reflexionen. Das Politische zu denken impliziert für Frauen nicht nur die Hinterfragung ihrer Identität als (Gegen-)Abbild des Ebenbildes, sondern eine Befragung der Tiefendimensionen der Sozialität selbst.

---

23 Baudrillard, ebd., S. 121.

24 Arendt, Hannah: Vita Activa, München – Zürich 1989, S. 15.

Eine Politik der Alterität würde die Fähigkeit und das Wollen der divergierendsten Frauen begehren, ihren jeweils zu verhandelnden Eigen- und Gemeinsinn – ohne faule Kompromisse – sich und der öffentlichen Sphäre darzubringen. Das wäre dann vielleicht eine (weibliche) Demokratie – wenn konkrete Pluralität die Würde des Fremdseins nicht vergessen darf.

Verzeichnis der Mitarbeitenden

Gerda Ambros

Philosophin. Publikationen zu Ästhetik und politischer Philosophie, vor allem mit Bezug auf das Denken Hannah Arendts und Jacques Derridas. Essays u.a.: Hannah Arendt – Martin Heidegger. In: Brigitta Keintzel (Hrsg.): Bewegliche Ziele. Positionen zu einer Philosophie der Gefühle, Wien 1998; Bezugsfelder der philosophischen Reflexion zu Kunst und politischer Praxis. In: Stella Rollig/Eva Sturm (Hrsg.): Dürfen die das? Kunst als sozialer Raum, Wien 2002.

Carla Amina Baghajati

Studium der Literaturwissenschaft, Arabistik und Geschichte in Wien; Schauspieldiplom. Mitbegründerin der Initiative muslimischer ÖsterreicherInnen und mit Andrea Saleh als erste Frauen Mitglied des Obersten Rates der Islamischen Glaubensgemeinschaft (Medienreferentin). Mitgestaltung zweier Europäischer Imamekonferenzen in Österreich. Dozentin in der Ausbildung islamischer ReligionslehrerInnen. Vier Kinder.

Anette Baldauf

Studium der Erziehungswissenschaften in Wien, Soziologie, Cultural und Urban Studies in New York (The New School University). Forschungen zu postindustriellen Stadtformationen, Pop- und Alltagskultur, sozialen Bewegungen und kritischer Kunst. Kontinuierliche Kooperation mit KünstlerInnen. Lehraufträge an internationalen Universitäten. Neuere Veröffentlichungen: The She Zone (mit D. Margreiter), Wien 2007; Entertainment Cities. Unterhaltungskultur und Stadtentwicklung, Wien 2007. (Übersetzung.)

Luzenir Caixeta

Studium der Philosophie und Befreiungstheologie in Brasilien. Seit 1995 in Österreich, hier Promotion in Sozialethik. Mitbegründerin der Migrantinnen-Selbstorganisation maiz in Linz (http://www.maiz.at). Dort Koordinatorin des Sozialbereichs, Beraterin und Wissenschaftlerin. Diverse Studien und Publikationen – auch gemeinsam mit Rubia Salgado – zu Frauen und Migration.

Elisabeth Cepek-Neuhauser

Studium der Publizistik/Kommunikationswissenschaften und von Fächern internationaler Politikwissenschaft in Wien und mehrjährige Tätigkeit im Bereich der Menschenrechtsarbeit. Seit 2002 Mitarbeiterin bei maiz in Linz und im Rahmen von EU-Projekten zu den Themenschwerpunkten Arbeitsmarkt und Frauenmigration. Derzeit im Rahmen des Leonardo-da-Vinci-Projektes „PreQual-steps" (http://www.prequalonline.org).

Maureen Maisha Eggers

Promovierte Erziehungswissenschaftlerin, wissenschaftliche Mitarbeiterin im Studiengang Gender Studies am Institut für Erziehungswissenschaften der Humboldt-Universität-Berlin. Seit 1993 aktiv bei ADEFRA, Schwarze Frauen in Deutschland. Mitherausgeberin des Bandes: Mythen, Masken und Subjekte: Kritische Weißseinsforschung in Deutschland, Münster 2005. Arbeits- und Forschungsschwerpunkte: Kritische Weißseinsforschung, Kritische Kindheitsforschung, Schwarze Frauenbewegung in Deutschland.

Andrea Ellmeier

Historikerin und Kulturwissenschaftlerin, Lehrbeauftragte an der Universität Wien. Forschungsschwerpunkte: Konsumgeschichte, kulturelle Diversität, europäische Kultur- und Medienpolitik(en), kultureller Arbeitsmarkt – Prekariat in Wissenschaft und Kunst. Käthe-Leichter-Förderungspreisträgerin 2006. Jüngste Veröffentlichung: S/he: The Making of the Citizen Consumer. Gender und Konsumgeschichte/feministische Konsumgeschichte revisited. In: *L'Homme. Zeitschrift für feministische Geschichtswissenschaft*, Wien 2007.

Eveline Goodman-Thau

Rabbinerin und Professorin für jüdische Religions- und Geistesgeschichte. 1938 Flucht von Wien nach Holland. Lebt seit 1956 in Jerusalem. Gastprofessuren in Deutschland, den USA und Österreich. Gründung und Leitung der Hermann-Cohen-Akademie in Buchen/Odw. (D). Jüngste Publikationen: Erbe und Erneuerung. Kulturphilosophie aus den Quellen des Judentums, Wien 2004; Das eigene Erinnern. Gedenkkultur zwischen Realität und Normalität (Hrsg.), Wien 2007; Das jüdische Erbe Europas. Krise der Kultur im Spannungsfeld von Tradition, Geschichte und Identität (Hrsg.), Berlin 2005.

LUISE GUBITZER

Ökonomin und Professorin am Institut für Institutionelle und Heterodoxe Ökonomie der Wirtschaftsuniversität Wien. Beschäftigung mit politökonomischen Themen unter Einbeziehung feministischer, internationaler und alternativökonomischer Fragestellungen. Publikationen u.a.: Das Menschenbild in der Ökonomie. Eine verschwiegene Voraussetzung (Hrsg.), Wien 2007; Gender Budgeting (Hrsg.), Wien 2004; Wirtschaft ist mehr! Sektorenmodell der Gesamtwirtschaft als Grundlage für Geschlechtergerechtigkeit. In: *Widerspruch*, 50, Zürich 2006.

ANDREA GÜNTER

Dr. theol., Dr. phil. habil., Hochschuldozentin und freischaffende wissenschaftliche Autorin, Tätigkeiten in der beruflichen Fort- und Weiterbildung. Lebt in Freiburg. Neueste Publikationen: Geist schwebt über Wasser. Postmoderne und Schöpfungstheologie, Wien 2007; Welt, Stadt, Zusammenleben. Pluralität und Geschlechterphilosophien, Königstein/Ts. 2007; Frauen – Autorität – Pädagogik. Theorie und reflektierte Praxis (Hrsg.), Königstein/Ts. 2006; Die weibliche Seite der Politik, Königstein/Ts. 2001.

FRIGGA HAUG

Bis 2001 Professorin an der Hamburger Universität für Wirtschaft und Politik. Mitherausgeberin und Redakteurin der Zeitschrift *Das Argument* und des „Historisch Kritischen Wörterbuchs des Marxismus"; Redakteurin des Forums Kritische Psychologie. In der Frauenbewegung von Anfang an. Zahlreiche Veröffentlichungen zu Frauensozialisation und -Politik sowie zu Arbeitsforschung und Lernen. Letzte Buchveröffentlichungen: Rosa Luxemburg und die Kunst der Politik, Hamburg 2007; Die Vier-in-Einem-Perspektive. Politik für eine neue Linke, Hamburg 2008.

UTTA ISOP

Studium der Philosophie in Wien. Seit zwei Jahren Mitarbeit am Zentrum für Frauen- und Geschlechterstudien der Alpen-Adria-Universität Klagenfurt. Forschungsschwerpunkt: Soziale Bewegungen und Geschlechterkritik. Forschungsaktivitäten und Engagement in den Bereichen Kultur und Konflikt, Alternative/Solidarische Ökonomien; Migration, Universität und Existenzsicherung/Arbeitsmarkt.

Therese Kaufmann

Co-Direktorin des eipcp – European Institute for Progressive Cultural Policies in Wien. Koordination des transnationalen Forschungsprojekts „translate“. „Beyond Culture: The Politics of Translation“. Redaktionsmitglied der *Kulturrisse* und Unterricht zu kulturwissenschaftlichen und kulturpolitischen Themen. http://eipcp.net/ http://translate.eipcp.net/ (Übersetzung).

Birge Krondorfer

Philosophin, Politologin, Universitätslehrbeauftragte im In- und Ausland. Erwachsenenbildung, Gruppentraining, Supervision, Mediation. Zahlreiche Veröffentlichungen zur Geschlechterdifferenz und -politik. U.a.: Gender im Mainstream? Kritische Perspektiven. Ein Lesebuch (Hrsg.), Wien 2007 (erhältlich über office@frauenhetz.at); Sinn – Grundlage von Politik (Autorinnengemeinschaft), Rüsselsheim 2005; Frauen und Ökonomie. Oder: Geld essen Kritik auf (Hrsg.), Wien 2000; Mitgründung, langjährige Obfrau und ehrenamtlich tätig in der Frauenhetz.

Karin Liebhart

Politologin, wissenschaftliche Mitarbeit am Institut für Politikwissenschaft/Universität Wien, Lehrbeauftragte an verschiedenen Universitäten, Secretary General der Central European Political Science Association (CEPSA), Forschungen: politische Systeme, politische Kulturen und politisches Gedächtnis, politische Mythen, Symbole und Rituale, europäischer Integrations- und Erweiterungsprozess, Gender Studies. Publikation u.v.a.: Nationale und europäische Gedächtnispolitiken nach 1989 (erscheint 2008).

Sandra E. Mayer

Mag. phil. Studium der Keltologie an der Universität Wien; Diplomarbeit „Rollenbild und Darstellung der Frau in der irischen Helden- und Königssage“. Zurzeit freiberufliche Lektorin in Wien. (Erstkorrekturen.)

Angela Moré

Professorin für Psychologie an der Evangelischen FH Darmstadt; Außerordentliche Professorin für Sozialpsychologie an der Universität Hannover. Schwerpunkte: Frauen- und Geschlechterforschung, psychoanalytische Theorieentwicklung, Transgenerationalität. Veröffentlichungen u.a.: Psyche zwischen Chaos und Kosmos.

Die psychoanalytische Theorie Janine Chasseguet-Smirgels, Gießen 2001; Zur Geschlechtsspezifik transgenerationaler Übertragungen – unter besonderer Berücksichtigung ethnischer Konflikte. In: Inter-Kulturalität. A. Götzelmann et al. (Hrsg.), Freiburg 2006.

CHANTAL MOUFFE

Professur für Politische Theorie am Centre for the Study of Democracy an der Westminster Universität in London. Lehre und Forschung in Europa, den USA und Südamerika. Korrespondierendes Mitglied des Collège International de Philosophie in Paris. Zahlreiche Publikationen zu Marxismus, Radikaler Demokratie, Hegemonie. U.a.: The Democratic Paradox, London 2000; Hegemonie und radikale Demokratie (gem. mit E. Laclau), Wien 1985/2006; Über das Politische. Wider die kosmopolitische Illusion, Frankfurt/M. 2007.

GUDRUN PERKO

Philosophin, Wissenschaftscoach, Mediatorin, Lehrbeauftragte in Wien und an der Alice-Salomon-Hochschule/Berlin. Schwerpunkte: Politische Philosophie, Ethik, Gender und Queer Studies, Social Justice und Diversity-Theorien, Dialog und Konfliktkompetenz. Letzte Publikationen: Queer-Theorien. Über ethische, politische und logische Dimensionen des plural-queeren Denkens, Köln 2005; Diversity in außerökonomischen Kontexten (gem. mit L. C. Czollek). In: Anne Broden et al. (Hrsg.): Re-Präsentationen. Dynamiken der Migrationsgesellschaft, Oldenburg 2007.

ELISABETH VON SAMSONOW

Philosophin und Bildhauerin, Professorin für philosophische und historische Anthropologie der Kunst an der Akademie der bildenden Künste, Wien. Publikationen u.a.: Anti-Elektra. Totemismus und Schizogamie, Zürich – Berlin 2007; Fenster im Papier. Die Kollision der Schrift mit der Architektur oder die Gedächtnisrevolution der Renaissance, München 2001; Herausgeberin der Reihe TRANSART (mit Eric Alliez); zahlreiche Texte zu zeitgenössischen Künstlern.

TOVE SOILAND

Beschließt zurzeit die Dissertation mit dem Titel „Die intervenierende Dritte: Luce Irigarays Denken der sexuellen Differenz an der Schnittstelle von Dekonstruktion und Psychoanalyse“. Lehrbeauftragte der Universität Zürich und Seminarleitungen zu politischer Theorie für Frauen; Redaktionsmitglied der Zeitschrift *Widerspruch*. Veröffentlichung u.a.: Was sind sexuierte Positionen? Anmerkungen zu Judith Butlers Lacan-Rezeption. In: *Zeitschrift für Frauenforschung und Geschlechterstudien*, Heft 1, Bielefeld 2004.

Andrea Strutzmann

Studium der Theaterwissenschaft in Wien, Erwachsenenbildung, Bereichsleitung für arbeitsmarktpolitische (Frauen-)Projekte am bfi Berufsförderungsinstitut. Arbeits- und Interessenschwerpunkte: feministische Bildung, Frauen- und Arbeitsmarktpolitik; Teamwork und Leadership – Frauen in Führungspositionen (Institut für systemische Organisationsforschung – I.S.O.). Ehrenamtlich tätig in der Frauenhetz. Zwei Kinder. (Co-Herausgeberin.)

Lisbeth N. Trallori

Feministische Wissenschaftlerin, lehrt Frauen- und Geschlechterforschung u.a. an den Universitäten in Wien und Graz. Studien zu Körperpolitik/en, zu Nationalsozialismus und Widerstand, zu Kultur- und Techniksoziologie, Transformationstheorien in der Post/Moderne. Käthe-Leichter-Preisträgerin. Publikation u.a.: Es ist, was es ist – der einseitige Blick des politikwissenschaftlichen Main- bzw. Malestream auf Macht und Herrschaft. In: Helmut Kramer (Hrsg.): Demokratie und Kritik – 40 Jahre Politikwissenschaft in Österreich, Frankfurt/M. 2004.

Gerburg Treusch-Dieter (†)

Professorin an der FU Berlin, HdK Berlin und Universität Wien. Verschiedene Gastdozenturen in Deutschland und Österreich. Unzählige Veröffentlichungen zur Gender-Problematik im Spannungsfeld Antike/Moderne/Postmoderne in kulturwissenschaftlicher Perspektive. U.a.: Die Spindel der Notwendigkeit. Zur Geschichte eines Paradigmas weiblicher Produktivität, Hannover 1985; Von der sexuellen Rebellion zur Gen- und Reproduktionstechnologie, Tübingen 1990; Die Heilige Hochzeit. Studien zur Totenbraut, Pfaffenweiler 1997/2001.

Regina Trotz

Psychologin, Psychotherapeutin, Gruppendynamiktrainerin. Mitgründerin des Netzwerks Sophie A. Weitinsfeld: Gruppencoaching – Seminare – Training für

Frauen an Universitäten und Hochschulen; Mitgesellschafterin der „beraterInnengruppe naschmarkt“, Wien. Publikationen: Die Macht begehren. Politische Haltungen in der Gruppendynamik, Wien 2000; Hier und Jetzt. Gruppendynamik und gesellschaftliche Entwicklungen, Wien 2006.

CLAUDIA VON WERLHOF

Univ.-Prof. für Frauenforschung (Frauenlehrstuhl) am Institut für Politikwissenschaft der Universität Innsbruck; Forschungen in Lateinamerika. Zahlreiche Schriften zur feministischen Gesellschaftstheorie, Kapitalismus-, Patriarchats-, Technik- und Globalisierungskritik sowie zur Matriarchatsforschung. Publikationen u.a.: Subsistenz und Widerstand. Alternativen zur Globalisierung (Hrsg.), Wien 2003; Neoliberalismus – Militarismus – Rechtsextremismus (AutorInnengemeinschaft), Wien 2001.

MIRIAM WISCHER

Philosophin und Mediatorin. Projektkoordination im Bildungszentrum Frauenhetz. Interessenschwerpunkte: feministische Ethik, Ästhetik, Erkenntnistheorie, Psychoanalyse und politische Philosophie. Texte u.a.: Weib, Welt und Gewalt. Vom Krieg gegen den Staat (gem. mit G. Ganglbauer). In: Krieg/War. Wiener Philosophinnenclub (Hrsg.), München 1997; Solidarität oder die Ermöglichung der Einbildungskraft durch ihre Teilung (gem. mit J. Schaffer). In: *Ihrsinn*, N° 24, Bochum 2001. Drei Kinder. (Co-Herausgeberin.)